노숙자에서 백만장자가 된

주식의 신

노숙자에서 백만장자가 된

주식의 神

마이클 파네스 지음 · 이병무 옮김 · 신혁승 감수

The Art of
Trend Trading:
Animal Spirits and
Your Path to Profits
by Michael Parness

다반

마이클 파네스 – 성공한 트레이더, 그의 성공 비결은?

저자로서 마이클 파네스는 분명 일가를 이루었다. 멋진 사람인 것도 마음에 든다. 적은 돈을 어마어마한 액수로 불리는 것은 주식 시장 초보자라면 으레 꾸는 꿈이다. 그러나 99.9퍼센트는 성공하지 못한다. 그 이유는 여러 가지로, 그것을 주제로 따로 기사 하나를 쓸 수도 있다. 미국인들은 분명히 다른 나라 사람들과 트레이딩 스타일이 완전히 다를 수 있다. 만약 미국인에게 5,000달러를 주면 그는 그것을 주식에 투자할 것이다. 전부 말이다! 그것이 2만 달러가 되면 그것 역시 주식에 투자할 것이다. 전부 말이다! 하지만 일반적으로 다른 나라 사람들은 5,000달러를 주면 그는 500달러로 주식 계좌를 개설하고 트레이딩당 5달러를 버는 데 만족하면서 나머지 4,500달러는 연이율 1.3퍼센트로 은행에 맡겨 안전하게 보전하려 할 것이다(무슨 일이 벌어질지 어떻게 알아! 무슨 일이라도 나면 어쩔 거야?). 파네스는 3만 3천 달러로 시작해 15개월 만에 7백만 달러를 벌었다. 하하…! 말하지 않았나, 멋진 사람이라고.

마이클 파네스는 뉴욕 퀸스에서 태어났다. 그의 아버지는 그가 2살 때 가족을 버리고 떠났다. 어머니는 3개의 일을 하면서 가족을 먹여 살렸다. 10대 때 파네스는 가출해서 몇 달 동안 공원 벤치에서 잠을 자며 노숙 생활을 했다. 그러다가 경찰에 붙잡혀 집으로 돌려보내졌다. 고등학교를 졸업하고 여러 대학에서 공부하다가 어떤 쓰라린 경험을 하면서 인생이 송두리째 바뀌었다. 말하자면 좋은 쪽으로 말이다. 마이클 파네스가 가장 중요하게 생각하는 인생 목표는 영화를 만드는 것으로, 그는 이를 위해 꾸준히 작업한다. 지금 그는 뉴욕 시에 풀 글래스 필름(Full Glass Film)이라는 영화 제작사를 소유하고 있다. 다음의 인터뷰는 마이클 파네스의 변화무쌍한 인생사를 들려주며, 그를 성공으로 이끈 전략들에 대해서도 귀띔해 준다.

어떻게 노숙 생활을 청산하고 사업을 시작하시게 되었습니까?

파네스: 한 9개월 동안을 길에서 아무 희망도 없이 노숙 생활을 했습니다. 먹을 것을 구걸하기도 했죠. 보기 좋은 일은 아니었지만, 어쨌든 저는 살아남았습니다. 이 인생의 암흑기를 거친 뒤에 전 친척 집에서 신세를 지면서 고등학교를 다시 다녀 졸업을 했습니다. 그런 다음 여러 대학에서 공부를 했는데, 2년 동안 4군데 학교를 다녔죠. 성적은 졸업이 가능할 정도는 되었지만, 불행히도 경제학 과목에서 낙제를 했습니다. 결국 저는 공부를 때려치우고 바텐더 일을 했죠. 그러다 우연히 야구 카드가 꽤 장사가 잘 된다는 기사를 읽었어요. 어릴 때 이 카드를 모았던 것이 곧바로 기억나더군요. 모은 카드들을 들고 업자를 찾아갔더니 800달러를 주겠다고 하더군요. 하지만 그 카드들은 시세로 치면 8천 달러는 나갔어요. 그래서 내가 직접 카드를 팔기로 결심했죠. 그렇게 해서 왁스먼이라는 작은 회사를 차리게 된 거예요. 얼

마 뒤 홈쇼핑 소매업체에 정기적으로 카드를 판매하게 되었는데, 사업이 꽤 잘 됐어요. 나중에 주식 트레이딩에서 성공을 거두면서 이 사업을 접었죠.

왁스먼 시절에 브로커로 일하던 친구 한 사람이 '조언'을 해주었다고 들었습니다. 그 조언이 정확히 어떤 결과를 가져왔는지 말씀해 주시겠습니까?

파네스: 트레이딩을 시작하기 전에, 저는 이미 이 조그만 사업으로 꽤 많은 돈을 벌었습니다. 전부 다 해서 15만 달러를 저축했는데, 이 돈이면 영화 한 편을 만들 수 있었죠. 한 친구가 돈을 투자해서 계속 불리라고 하더군요. 저는 처음에는 회의적이었지만, 결국 5만 달러를 그 친구한테 위탁하기로 했죠. 이 친구가 돈을 기가 막히게 불리기에, 나머지 돈도 다 줬죠. 처음에는 모든 것이 순조로웠는데, 시장이 무너지더니 제 계좌도 텅 비게 되었습니다. 저축한 돈을 거의 몽땅 날려 버려, 전 엄청난 충격에 빠졌죠. 화가 치밀어 오르고, 누가 내 돈을 모조리 훔쳐 간 것 같은 기분이었습니다. 그래서 그 돈을 도로 찾을 방법을 직접 찾기로 결심했습니다. 시장을 집중적으로 연구하고서 항상 새로이 반복되는 추세들이 있다는 것을 알게 되었습니다. 이런 추세들을 제대로 이용해 트레이딩을 하면 많은 돈을 벌 수 있는데, 제가 한 게 바로 그것이었습니다. 그 브로커 친구 때문에 알거지가 됐지만, 그 덕분에 제가 이 일에 뛰어들게 되었던 거죠.

그 브로커 친구와는 지금도 가깝게 지내시나요? 그분은 여전히 브로커로 일하시고요?

파네스: 아니오. 그 친구하고는 연락을 끊었습니다. 아직도 브로커로 일하는지는 잘 모르겠습니다만, 이발사를 하고 있는 게 더 나을 거라고 생각합니다. 브로커로 얼마나 끔찍한 실수를 저질렀는지를 생각하면, 그 쪽이 훨씬 낫죠.

이런 일을 겪지 않으셨다면 주식 트레이딩 일을 하지 않으셨을까요?

파네스: 절대로요! 이쪽 분야에는 지식도 경험도 없었습니다. 파산을 했기 때문에 성공적인 트레이딩을 하려면 어떻게 해야 하는지 배울 야심과 동기가 생겼던 거죠. 이런 일이 없었다면 저는 지금도 야구 카드를 팔아 영화를 만들 돈을 벌고 있었을 겁니다. 결국 그 친구한테 신세를 졌다고 해야겠네요.

직접 이 일을 하시기 전에는 트레이딩에 대해 어떤 생각을 갖고 계셨습니까?

파네스: 굉장히 위험한 일이라고 생각했죠. 대부분의 사람들이 트레이딩에서 결국 돈을 잃는다고 생각했어요. 하지만 그렇지 않더군요. 제 고객들은 대부분 트레이딩으로 돈을 법니다. 이 일은 인생을 즐기는 한 가지 방법이 될 수 있고, 어떤 경우에는 이 일로 떵떵거리며 살 수도 있습니다. 저 개인적으로는 이 일은 제 꿈을 이루게 해주는 수단이라고 할 수 있습니다.

처음부터 성공을 거두셨나요?

파네스: 네. 운이 좋아서인지 금세 꽤 많은 돈을 벌었습니다. 하지만 얼마 뒤에 시장 분위기가 바뀌었고, 가격이 떨어질 때는 어떻게 돈을 벌어야 할지 알 수가 없더군요. 적절한 지식과 기술을 익히는 데 시간이 좀 걸렸습니다만, 결국 더 큰 성공을 거둘 수 있었습니다.

3만 3천 달러를 15개월 만에 7백만 달러로 만드셨습니다. 어떻게 하신 겁니까?

파네스: 물론 운이 많이 따랐죠. 게다가 당시 시장은 지금보다 훨씬 더 변동성이 컸습니다. 돈을 쉽게 버는 게 트레이딩의 핵심이라고 말할 수는 없겠죠. 내 생각에는 경험 많은 멘토가 있는 것이 중요합니다. 제가 아주 좋아하는 격언이 있는데, "똑똑한 사람들은 실수하면서 배운다. 하지만 현명한 사람들은 다른 사람들의 실수에서 배운다."는 겁니다. 전 많은 실수를 했고 아직도 간신히 트레이딩에 성공합니다. 제대로 된 트레이딩 경험도 없이 무턱대고 뛰어들어 저축한 돈을 날릴 위험에 처할 이유가 무언가요? 실수를 피할 방법을 배우는 게 최고입니다. 이렇게 해서 트레이딩의 학습 곡선은 상당히 짧아질 수 있습니다. 트레이딩을 비즈니스로 보는 것도 필요합니다. 도박하듯 돈을 투자하고 단기간에 돈을 10배로 불리고 싶어 하는 사람들은 실패하는 경우가 많은데, 왜냐하면 이런 사람들은 너무 큰 위험을 무릅쓰기 때문입니다.

내가 이렇게 큰돈을 벌었을 때는 상황이 사뭇 달랐습니다. 요즘 시장은 1998~2000년과는 다르며, 그때그때 많이 다르기도 합니다. 시장이 특정한 때에 제공할 수 있는 것과 없는 것에 집중해야 합니다. 지금은 시장 상황이 아주 순조로워서, 제 전략들이 비교적 잘 먹혀듭니다. 그렇지만 시장에 의

존하지 않는 것이 중요합니다. 우선 트레이딩에 대한 경험이 있어야 합니다. 관련된 책을 읽거나 다른 사람 말을 듣는 것으로는 충분치 않습니다. 특정 시점에 진정으로 중요한 것이 무엇인지 알려면 직접 뛰어들어야 합니다. 멘토 입장에서 보자면, 트레이딩 기술 자체를 내세우는 것이 아니라 제대로 된 기초 자산을 선택해야 합니다. 이런 말이 있죠. "물고기를 주면 하루 먹고 말지만 물고기 잡는 법을 가르치면 평생을 먹을 수 있다."

선생님의 기본적인 트레이딩 방식은 무언가요?

파네스: 전 스스로를 추세 트레이더로 생각합니다. 저는 인간 심리를 이용해 계속 반복되는 시장 추세의 증거를 찾습니다. 최근에 윈도우 드레싱 추세를 이용해 한 주 동안 아주 좋은 성적을 올렸습니다. 저는 이 전략을 여러 해에 걸쳐 끊임없이 발전시켰습니다. 현재 분기에서 가장 양호한 주식을 사고 분기 말이 되면 가치가 더 오르기를 기다립니다. 분기 말이 되면 분기 보고서에 우량주들이 포함되어 있는 것으로 나오게 하기 위해 기금들이 이런 강세주들을 사들이는 경우가 많기 때문입니다. '똑똑하게' 주식을 골랐다는 것을 외부에 보여 주려는(윈도우 드레싱) 거죠. 따라서 이 시기에는 이런 주식들의 가격이 오르는 편향성(왜곡)이 나타나고, 저는 이런 효과를 이용합니다. 또 하나의 전략은 발표 전에 분기별 수치에 투기하는 것입니다. 단기 트레이딩에는 기술 분석을 이용해 데이 트레이딩이나 스윙 트레이딩을 합니다. 최상의 계획을 세울 수 있도록 기술 분석 전문가와 함께 일합니다.

트레이딩은 체계적인가요?

파네스: 가까운 장래에 추세 식별을 자동화할 생각은 있습니다만, 엄밀한 의미에서 체계를 갖추고 있진 않습니다. 제가 개발한 건 좀 다른 범주입니다. 이 소프트웨어는 바탕이 되는 추세가 어떻게 발전하느냐에 따라 자동적으로 트레이딩 아이디어를 내놓을 뿐입니다. 예를 들어, 이 프로그램은 과거에 유리한 추세를 만들었던 특정한 패턴이 형성될 때 신호를 보냅니다. 여기에는 다양한 시간 범위가 있을 수 있어서, 갭 트레이딩의 신호가 나오면 윈도우 드레싱 기술을 계획하기도 합니다. 자동화에서 중요한 사실은, 성공률이 기존의 분석 방식을 사용하는 것만큼 높다는 겁니다.

일중 범위에서 여러 시간단위를 활용하기도 하시죠?

파네스: 네. 우선, 저는 기술 분석에서 서로 다른 시간 간격, 예를 들면 15분과 30분 봉을 이용합니다. 다음으로 저는 거래일을 대개 3부분으로 나눕니다. 전반부는 개장 국면이고, 그다음으로 한낮의 특징인 침체기가 찾아왔다가, 하루가 마무리될 때쯤에 종종 상승이 일어납니다. 이런 시기들을 잘 활용하면 좋은 결과를 얻을 수 있습니다. 시장 상황에 따라 추세를 역행하거나 따르면서 말이죠. 추세가 강한 날에는 추세를 따라야 합니다.

위험성 관리는 어떻게 하십니까?

파네스: 저는 2퍼센트 법칙을 지키는데, 그게 뭔가 하면 한 건의 트레이딩

에 절대 제 포트폴리오의 2퍼센트가 넘는 금액을 투자하지 않는다는 겁니다. 그 밖에도 성공적인 트레이딩의 손실 가능성에 효과적으로 대비하기 위해 손실 제한과 연동형 손실 제한을 활용합니다.

손실 제한은 어느 정도 중요한가요?

파네스: 무척 중요합니다! 대부분의 트레이더들, 그리고 대부분의 투자자들이 지닌 문제점은 손실을 받아들일 준비가 되어 있지 않다는 겁니다. 물론 손실을 입고 싶어 하는 사람은 없지만, 손실을 받아들일 준비가 되어 있지 않으면 모든 것을 잃게 됩니다. 손실 제한은 제 철칙 중 하나입니다. 최고의 트레이더라면 수백만 달러를 잃을 각오를 하고 살아야 합니다. 다루는 돈이 수백만 달러니까요. 그럴 때는 또 수백만 달러를 잃는 것이 아니라 수백만 달러를 더 버는 것이 되어야 하지만, 이 정도 규모의 손실을 감당하는 것은 무척 어렵습니다. 저와 제 고객 몇 분은 해냈지만 말이죠. 반드시 손실 제한을 이용해 자산을 보호해야 합니다. 손해를 보았다면, 다음 트레이딩만 생각해야 합니다. 한 번 손해를 보았다고 하늘이 무너지지는 않으니까요. 절대로 손해 본 주식에 집착하면 안 됩니다. 좋은 예가, EMC를 100달러에 사서 12달러가 된 지금까지 갖고 있는 사람들입니다. EMC가 예전 가격으로 돌아가기를 기대하고 있겠지만, 절대로 그럴 일은 없습니다! 또 다른 예가 시스코 시스템(CSCO)인데, 이 주식은 최근 17달러에서 23달러로 올랐습니다. 하지만 최고가였을 때보다 여전히 60달러 정도는 낮은 가격이죠. 따라서 어떤 경우에도 손실 제한을 이용하는 것이 중요하며, 절대로 주식과 사랑에 빠져서는 안 됩니다.

어떤 종류의 손실 제한을 이용하시나요?

파네스: 가격 목표 형태의 이익 제한을 이용합니다. 목표를 달성하면 저는 포지션의 4분의 1이나 절반을 정리합니다. 나머지 주식에 대해서는 연동형 손실 제한을 걸어 두고 더 이득이 생길 수 있는 가능성을 기다리죠.

중요한 뉴스가 발표되면 손실 제한이나 가격 목표에 이르지 않아도 포지션을 청산하시나요?

파네스: 네, 물론이죠! 뉴스는 정말 중요합니다. 세계 최고의 트레이딩을 할 수 있죠. 잘못된 뉴스가 나오면 포지션을 청산하고 새로운 트레이딩을 찾아봐야 합니다. 어떤 경우든 적은 손실에 머무르는 게 낫지, 우물쭈물하다가 큰 손실을 입으면 안 되죠.

트레이딩 성공률은 어느 정도 되시나요?

파네스: 3번 성공하면 1번 실패하는 꼴이니까 약 75퍼센트 정도 되죠.

최악의 실패는 어떤 것이었습니까? 그때 어떻게 하셨죠?

파네스: 예전에 하루에 1백만 달러를 날린 적이 있습니다. 2001년에 앨런 그린스펀이 하루에 금리를 두 번이나 내렸을 때였죠. 그때 저는 꽤 강하게 매도에 나서고 있었습니다. 상황을 진정시키려고 온갖 짓을 다 했습니다만, 그

날은 트레이딩 인생에서 최악의 날이 되고 말았습니다. 결코 잊을 수 없는 교훈을 얻었죠. 첫 번째 실수는 제가 순전히 매도 포지션에 있었는데 시장이 뉴스 때문에 회복되었다는 겁니다. 문제는 제가 주로 테크놀로지 주식들에 포지션을 갖고 있었던 거죠. 이 분야에 이렇게 많은 포지션을 갖고 있는 건 멍청한 짓이었습니다. 시장을 분산하지 않았던 거죠. 이 주식들의 강한 동시성(고도의 긍정적 상호연관성) 때문에 이날 저는 엄청난 돈을 잃었습니다.

그 이후로는 포트폴리오를 항상 분산하셨겠군요?

파네스: 네. 제 손실 제한 규칙은 주식 시장의 개별 분야들에도 적용되고, 여기서도 최대한도는 2퍼센트입니다. 저는 언제나 가능한 한 연관성이 없는 분야들에 포지션을 개설하는 것을 잊지 않습니다.

트레이딩에서 가장 불쾌한 점은 무엇이라고 생각하십니까?

파네스: 언제나 과거를 돌이켜보는 게 인간 본성이죠. 많은 트레이딩에서 실패를 맛보았을 겁니다. 이런 트레이딩들을 돌이켜보는 게 여간 불편한 게 아니더군요. 그런 트레이딩이 있었다는 게 화가 나지 않을 수가 없죠.

트레이딩할 때 느끼는 감정들에 대해서 한 말씀 해주실 수 있을까요?

파네스: 분명히 정신 영역에서 많은 일이 일어납니다. 대단하긴 하지만 실제로 돈을 벌 수는 없는 아이디어를 가진 트레이더들을 보곤 하죠. 예를 들

어 정말 좋은 아이디어를 가진 트레이더 한 사람을 아는데, 그 사람은 어쩌면 저럴 수 있을까 싶을 정도로 형편없는 성적을 올립니다. 트레이딩을 시도할 때마다 잃거든요. 왜일까요? 그가 기본적인 것들에 집중하지 못하기 때문입니다. 그는 손실이 아직 적을 때는 주식을 현금화하지 않지만, 이익이 생겨도 그것을 현금화하려 하지 않습니다. 그래서 돈을 전혀 못 버는 겁니다. 흔히들 말하기를, 적중률이 40퍼센트인 트레이더는 돈을 벌 수 있다고들 하는데, 저는 그것이 가능하다고 생각합니다. 제 생각에는 심리적 요소가 금전 관리보다 더 중요한 것 같습니다. 성공적인 트레이더들은 언제나 긍정적인 태도를 갖고 있습니다. 저는 또한 탐욕이 트레이딩에서 가장 치명적인 감정이라고 생각합니다. 때로는 이익을 현금화하는 것이 어려운데 왜냐하면 더 이익이 생길 것 같은 기분이 들기 때문입니다. 하지만 어떤 지점에서는 끝이 있게 마련인데, 그러면 어떻게 되겠습니까? 시장은 매일 새로운 선물을 줍니다. 그러므로 약간 손해를 본다 해도 그리 나쁠 것은 없습니다. 다음 기회가 있으니까요. 저는 또한 이른바 '에고'라는 것이 과대평가되었다고 생각합니다. 모든 것을 확실히 아는 사람은 아무도 없지만, 트레이딩을 하는 동안에는 감정을 숨기게 됩니다. 그래서 계획을 갖고 그것을 실행하는 것이 중요합니다. 그러면 무엇을 해야 할지를 미리 알게 되죠. 감정은 배제되고 훨씬 더 훌륭한 트레이딩을 할 수 있습니다.

성공하지 못하는 많은 트레이더들과 선생님이 다른 점은 무엇인가요?

파네스: 트레이딩을 아주 신중하게 계획하고 목표에 맞게 시행한다는 점이 아닐까 싶습니다. 제 트레이딩에는 다른 많은 트레이더들은 선뜻 들어오려

하지 않습니다. 그러니까 제 말은, 대부분의 트레이더들은 방향이 결정되기를 기다렸다가 그 이후에 포지션에 들어갑니다. 반면 저는 언제나 이런 움직임이 일어나기 전에 포지션에 들어가려 하죠. 그게 제 장점입니다. 기존의 규칙들로 실행하는데, 때로는 틀리기도 하죠. 하지만 중요한 건, 저는 개의치 않고, 잘못을 인정하고 제때 포지션을 청산한다는 겁니다.

그에 반해, 대부분의 트레이더들은 자신이 틀리면 벌써 후회합니다. 게다가 아무도 바라지 않는 주식은 잠재력이 상대적으로 큽니다. 한 가지 예가 애플입니다. 올해 저는 애플 주로 많은 돈을 벌었는데, 대부분이 2사분기 때 번 것입니다. 그때 많은 사람들이 애플 주식이 계속 하락할 것이라고 생각했지만, 그런 일은 일어나지 않았죠.

대학에 나가서 자신의 지식을 학생들에게 가르치는 경우도 있죠? 그건 어떤 효과가 있나요?

파네스: 저도 대학에 나와서 강의를 해달라는 요청을 자주 받습니다. 이건 굉장한 큰일이라고 생각합니다. 대부분의 학생들이 매수 후 보유 방식을 배우니까요. 저는 제 자신의 경험에서 이렇게 말합니다. 브로커들도 그렇게 하는데, 상황이 아주 나빠 보인다고 말입니다. 강의가 끝날 때면 학생들은 매수 후 보유 방식의 대안들에 대한 통찰을 얻게 되죠. 예를 하나 들어 볼까요. 다우존스는 근래에 새로운 고점들을 기록했는데, 전 대단하다고 생각합니다. 불행히도 6년 전에도 지수가 이 수준에 이른 적이 있었는데, 결과적으로 6년 동안 매수 후 보유로는 한 푼도 벌지 못했다는 말이 됩니다. 나스닥은 상황이 더 나빠서, 5천 포인트 수준은 다시는 회복될 수 없을 겁니다. 매수

후 보유는 한물갔습니다. 트레이딩이야말로 진정한 부를 얻는 유일한 길이라고 전 확신합니다.

외부 세미나도 여시죠?

파네스: 여러 도시에서 세미나를 개최합니다. 언젠가는 유럽에서 세미나를 열 때가 있을지도 모르죠. 제 세미나의 특별한 점은 제가 참가자들 앞에서 라이브로 트레이딩을 해보인다는 겁니다. 전체적으로, 사람들이 퀸스에서 노숙자 생활을 하던 사람의 강의를 들으러 온다는 게 전 무척 재미있습니다.

트레이딩의 성공으로 성취하신 건 무언가요?

파네스: 가장 중요한 건 아이들을 위한 자선 사업을 할 수 있게 되었다는 겁니다. 그 일로 유엔에서 명예상을 받기도 했죠. 트레이딩 분야의 제 작업으로 다른 사람들이 성공하도록 돕는 것도 멋진 일이라고 생각합니다. 제 개인적으로는 영화를 만들어 꿈을 이룰 수 있게 되었다는 것이 가장 큰 성공이죠. 또한 저는 누리지 못했던 삶을 제 아이들에게는 누리게 해줄 수 있는 것도 좋습니다.

모든 트레이더들이 읽을 만한 책 한 권을 권해 주신다면요?

파네스: 트레이더라면 프로이트의 저서 몇 권은 꼭 읽어야 한다고 생각합

니다. 시장에서 일어나는 모든 일은 인간 행동에 근거를 두고 있습니다. 이런 이유로 추세 전략이 늘 효과를 발휘하는 겁니다. 전 주식 시장에 관한 책은 한 권도 읽지 않았습니다. 제 책들은 빼고요. 물론 제 책들은 추천할 만하죠!

더스틴 호프만이 선생님의 일대기를 영화로 만들고 싶어 한다던데, 사실인가요?

파네스: 네, 더스틴이 제 인생을 영화로 만드는 걸 고려 중이죠. 제가 시나리오를 썼습니다. 흥미로운 인생 이야기가 될 것 같은데, 빨리 준비에 들어갔으면 싶네요.

여가 시간에는 무얼 하시나요?

파네스: 두 딸과 많은 시간을 보냅니다. 얼마나 예쁜지 몰라요. 그 외에도 영화 시나리오를 쓰고 영화를 만드는 게 제 여가 활동이죠. 진정한 자유 시간은 얼마 안 되는데, 그런 기회가 생기면 세계 다른 곳으로 여행을 갑니다. 10대 때 제 세계는 아주 작았습니다. 삶이 줄 수 있는 게 공원 벤치 몇 개보다는 더 많다는 걸 알게 되는 건 즐거운 일이죠.

- 블로그 investment & rebellion 인터뷰 인용

차례

머리말 자신에게 경제적 자유를 주다

- 마이클 디 조야
어피니티 트레이딩 CEO, 월드시리즈오브트레이딩(www.worldseriesoftrading.com) 파트너

마이클 파네스와 나는 금융 세계에서 출신 배경이 완전히 다른데, 그렇게나 다르면서도 우리는 여러 면에서 서로 보완적이다. 나는 1990년대 말에 주식 매매를 시작했다. 스페인에서의 여름 한 학기를 비롯해 몇 가지 해외 연수 프로그램을 마치고 돌아온 상태였다. 유럽에서 공부할(파티를 즐길) 때 주식 매매에 손을 대, 온라인으로 계좌를 점검했다. 뉴욕으로 돌아와 대학원 과정에 들어가면서, 뉴욕 시에서 헤드헌터 일도 시작했다. 그것이 1998년 일인데, 얼마 안 가 나는 뉴욕 시에서 가장 보수가 좋은 일자리가 어디에 있는지 알게 되었다. 바로 월스트리트였다. 헤드헌터로 일하면서, 다른 어느 곳보다 많은 직원을 고용하고 있는 회사가 하나 있다는 것도 알게 되었다. 인터넷 온라인 주식 매매 회사였다. 그래서 나는 그 회사로 면접을 보러 가서, 당연한 일이지만 입사에 성공했다.

따라서 나의 주식 매매 경험은 전문 트레이더가 되면서 시작되었다고 할 수 있다. 다시 말하지만, 1999년에 프리시즌 에지 증권사(나중에 에지트레이드

닷컴이 되었다)에서 일을 시작할 때 나는 자격증이 있는 브로커가 아니었다. 2000년 1월에 시리즈 7 시험(series 7: 미국의 전국증권업협회가 관리하는 등록매매 대리인 자격시험 - 옮긴이)을 보기 위해 벼락치기 공부를 해야 했다. 당시 전문적 주식 매매는 SOES, 셀렉트넷, 인스티넷을 이용해 주문을 내려서 흔히 SOES 매매라고 불리는, 시세 차액을 노린 매매가 대부분이었다. 나는 주식을 매매하는 한편, 고객들을 위해 매매를 하는 리테일 브로커들과 SOES시세 차액 매매와 지속 투자 전략을 구사하는 리테일 트레이더들이 뒤섞여 있는 트레이딩 데스크(우리 같은 트레이딩 데스크 직원들이 브로커들의 주문을 처리했다)의 트레이딩을 도왔다. 리테일 브로커들에 비하면, 나는 보병이나 다름없었다. 작업하고 주문을 처리하는 것, 그것이 내가 죽도록 하는 일이었다. 모든 것이 지극히 단기적으로 이루어졌는데, 나는 고객들이나 브로커들이 왜 사고파는지 이해할 수가 없었다. 내 실적은 전적으로 평균가 대비 체결가에 의해 측정되었다. 데이 트레이더. 고객 주문을 매매할 때가 아니면 내가 바로 그런 사람들 중 하나였다.

　면허를 딴 전문 트레이더로서 나는 마이클 파네스 같은 사람들이 무엇을 주목하는지, 또는 어디에 근거해 매매 아이디어를 내는지 알지 못했다. 나는 주문 집행과 단기 매매 테크닉들에 대해 많이 알고 있는, 속담에 나오는 톱니바퀴의 톱니 같은 존재에 가까웠다. 추세(trend)라는 것은 내게는 그저 더 높은 고점, 더 낮은 저점을 의미할 뿐이었다.

　내가 다음 직장인 테라 노바 트레이딩으로 이직했을 때, 마이클 파네스는 이 회사의 가장 활동적인 최대의 거래 고객이었다. 그의 제자들 중에도 우리 회사 고객이 많았는데, 내가 그의 추세 매매 전략을 배운 것은 바로 이 회사에서였다. 그 전략은 내가 전문 트레이딩 데스크에서 익숙해져 있던 초단기 매매 개념과 무척 달랐다.

　트레이딩 데스크에서 매매를 통해 주당 1포인트(1달러)만 이문을 남겨도 옆 사람과 하이파이브를 하고 난리를 피우던 나로서는 그와 그의 트레이더와 제자들이 주식과 옵션에서 주당 몇 달러씩을 남기는 것을 보고, 어쩌면 이렇게 귀신처럼 고를 수 있는지 배우고 싶은 마음이 굴뚝같아지는 것은 당연한 일이었다. 어느새 몇 해가 흘러 마이클과 나는 뉴욕 시 46번가에 있는 브로드웨이 조(Broadway Joe)에서 점심을 함께 들었는데, 그때 그는 월드시리즈 오브 트레이딩(World Series of Trading)에 대한 구상을 내게 이야기했다(마이클과 나는 현재 www.worldseriesoftrading.com의 사업 파트너다).

　마이클과 나는 그 뒤로도 몇 해 동안 공식적으로는 함께 활동하지 않다가, 마침내 바하마에서 실시간 매매 멘토십인 '천국의 짤랑 소리'로 협력 관계를 맺었다. 슬프게도 나는 주의 집중력이 없어서, 눈앞에 보여 주는 것이 없으면 잘 알아듣지를 못한다. 마이클과 함께 바하마에서 세미나를 하면서, 나는 마침내 그가 무슨 말을 하는지 이해하기 시작했다. 그가 말하는 추세는 통계적이고 심지어 충동적이기까지 했다. 여러 해 동안 기술을 이용해 주식 매매를 하면서, 나는 뉴스가 기술보다 우선이라는 것을 늘 알고 있었다. 문제는 뉴스를 낳은 사건들을 해석하는 법을 알지 못한다는 것이었다. 마이클이 한 일은, 매매할 수 있는 뉴스거리 사건들을 묶어서 단순화하여 자신의 트렌드 트레이딩 시스템에 집어넣는 것이다. 바하마에서 있었던 그 세미나 이후로 우리 두 사람은 우리가 마이클과 그의 트렌드 트레이딩 시스템을 어피니티 트레이딩 연구소(Affinity Trading Institute)의 탄탄하게 기반이 잡힌 다면적 D+TPTSP(규율Discipline + 추세Trend, 패턴Pattern, 촉발Trigger, 제한Stop 그리고 타깃Target)와 통합하고 싶어 한다는 것을 알았다. 우리 두 사람의 규율은 서로 다르지만 완벽하게 들어맞았다. 나는 언제나 훌륭한 스윙 트레이딩은 2~5일 동안 대단히 성공적인 데이 트레이딩으로 이어진다고 말한다. 이제 내게는 추가로 어마어마한 스윙 트레이딩 자원이 생긴 셈이었다.

마이클과 내가 힘을 합치면서, 우리는 '주식 데이 트레이딩으로 센트 벌기와 옵션 스윙 트레이딩으로 달러 벌기'와 같은 더 멋진 개념을 내놓았다. 여러분이 아직 알아내지 못했다면 나는 '주식 데이 트레이딩으로 센트 벌기'를 가르치고, 마이클은 '옵션 스윙 트레이딩으로 달러 벌기'를 가르친다. 이로 인해 내 자신의 매매 방식도 바뀌었는데, 매일 처음 몇 시간은 데이 트레이딩으로 수입을 올린 다음, 옵션을 이용한 스윙 트레이딩으로 부를 축적한다. 이제 내 방식은 기술적인 것에 더해, 배운 대로 마이클의 '새로운 촉매 트렌드 트레이딩'을 이용해 더 광범위한 핵심주들을 선택해 스윙 트레이딩을 해서 돈을 버는 것이 되었다.

마이클의 독특한 주식 시장 매매법은 혁명적일 뿐 아니라, 평범한 사람들도 주식 시장에 접근할 수 있도록 해주었다. 시장은 다른 많은 사업들이 이루어져서, 누구라도 특별히 불리한 조건 없이 매매를 시도할 수 있는 곳이어야 한다. 마이클의 시스템은 경기장을 평평하게 해, 그의 말마따나 사람들이 '자신의 경제적 자유를 모색하도록' 해준다.

나는 월드시리즈 오브 트레이딩(www.worldseriesoftrading.com)과 어피니티 트레이딩(www.affinitytrading.com)에서 그의 파트너이자, 그의 절친한 친구라는 것이 자랑스럽기 그지없다.

우리 둘 다 사람들이 자신의 경제적 목표를 달성하도록 온 힘을 다해 돕는다. 훌륭한 트레이더를 만나기는 무척 어렵다. 더군다나 훌륭한 트레이더이면서 훌륭한 교육자이기도 한 사람을 만나기란 하늘의 별 따기처럼 무척이나 어려운 것이 사실이다.

하지만 파이클 파네스는 둘 모두를 훌륭하게 해내는 보기 드문 사람 중 하나다.

제1장 천천히 성장하시길

가끔 나는 때로는 장기적으로 관계가 지속되기도 하는 새 고객들과 성공적으로 일하는 데서 피해를 보는 것 같은 느낌이 들 때가 있다. 대부분의 트레이더들은, 설령 지극히 유능한 트레이더라 할지라도 아무것도 확실한 것이 없는 상황에서 주식 매매를 한다. 그들은 매 1분, 1시간, 하루, 한 주, 1년마다 돈을 벌거나 잃는다. 성공을 거두거나, 재주와 능력을 발휘하고도 실패한다. 주식 매매는 무척 외로운 작업이고, 성공하기 위해서는 많은 것이 필요한데 그중 가장 중요한 것 가운데 하나는 바로 혼자 있을 수 있는 능력, 그리고 자신의 감정을 통제할 수 있는 능력이다.

되도 않게 '유명' 트레이더가 된 덕분에 내가 돈을 벌고 잃는 것이 만천하에 공개될 때가 많다. 나는 1999/2000년도는 비교적 적은 액수의 돈을 투자해 4백만 달러가 넘는 돈을 벌어들였다. 2008/2009년도에는 대략 1만 3천 달러로 380만 달러를 벌었다. 이런 것들은 물론 내 이력의 일부이지만 내가 펼치는 마케팅 활동의 일부이기도 해서, "조사된 치과 의사 5명 중 4명이 트리덴트 껌을 추천했습니다."라는 광고처럼 1차적으로 사람들의 관심을 끌기 위한 것이다. 와, 치과 의사 5명 중에 4명이 추천한대, 대단한데, 나도 트리덴트 껌을 씹어야지! 뭐, 내 경우에 내가 번 돈의 액수는 나의 명함 같은 것이다. 당연히 이렇게 돈을 번 중간중간에는 크게 번 또 다른 사례도 있었고 억장이 무너질 만큼 크게 잃은 경우도 몇 번 있었다. 주식 매매의 현실 중 하나는, 실력 있는 트레이더가 1백만 달러를 벌었다면, 그 과정에서 아마 3, 4백만, 심지어 6, 7백만 달러는 잃었으리라는 것이다. 비전문 트레이더이든 전문 트레이더이든, 손해를 보는 고통 없이는 1백만 달러를 벌어들일 수 없다. 나는 고객들에게 손실을 감당하지 못하면 결국 모든 것을 잃게 된다고 말한다. 정말이다.

하지만 대부분의 초보자들은 나와 만나거나 어피니티 트레이딩 홈페이지의 '월스트리트의 전설'이라는 채팅방에 들어올 때 표지 문구에, 즉 얼마나 벌었는지에 꽂힌다. 그들은 주식 시장을 마치 자신의 전용 화수분으로 이용할 것처럼 꿈에 젖는다. 나와 멘토링 프로그램에 참여한 사람들 중 얼마나 많은 사람들이 이렇게 말하는지 모른다. 거의 판에 박은 듯이 말이다. "우와, 난 당신처럼 되고 싶어요. 5천 달러—아니면 1만 달러, 아니면 얼마든—를 수백만 달러로 불릴 거예요. 그게 내 목표예요!"

참 대단한 목표이지 않은가? 처어어어언만에! 대단한 목표가 아니라 끔찍한 목표다. 내 경험에 비추어 보면, 이런 사람들은 대부분 자기 계좌를 날려 버리고 투자한 돈을 깡그리 잃고 만다. 이미 말했듯이, 나 역시 손해를 겪어 보았고 계좌 잔고가 0이 된 적도 몇 번인가 있다. 완전 초보이든 산전수전 다 겪은 베테랑이든, 트레이더들이 풍비박산이 나는 까닭은 대체로 그들이 너무 자주 과자 통에 손을 뻗는 데 있다. 너무 많이 '매매'를 시행하는 것이다. 그들은 마치 월스트리트가 베이거스 스트리트로 간판을 바꾸었고 자기네 계좌는 도박 판돈이라도 되는 것처럼 굴면서, 눈을 질끈 감으며 이렇게 말한다. 한번 달려 볼까!

뭐, 이럴 때 90퍼센트는 결과가 어떻게 나오는지 모두 다 안다. 달리던 차는 멈추고, 연료가 바닥나서 다시 시동도 걸지 못한다.

1999년에 트레이더들을 대상으로 교육을 시작한 이래로 거의 해마다 나는 교육생들을 적어도 한 번은 라스베이거스로 데리고 가서 현장 세미나를 진행하고는, 세미나에 참석한 한 사람 한 사람 모두에게 이미 내가 답을 아는 질문을 던졌다. 이중에서 도박해 본 사람? 라스베이거스에서 열린 트레이딩 세미나에 온 사람들은 거의 모두 얼마간 카지노에서 시간을 보내거나, 포커를 치거나, 경마에 돈을 걸거나, 베이거스에 있으려면 해야 하는 일들을 해본 사람들이다. 이어지는 질문 역시 답이 뻔하다. 그럼 도박해서 돈 따 본 사람? 대개 내 고객들 중 약 5퍼센트가 돈을 벌었다고 말하는데, 내가 세미나를 진행하는 그곳에서는 잘해야 2~3퍼센트가 돈을 딴다. 중요한 것은, 그래도 전혀 상관이 없다는 것이다. 적당히만 하면 대부분의 일들은 해도 아무 상관이 없다. 잃을 줄 알면서도 도박을 즐길 수도 있는 것이다.

흔히들 하는 말 그대로다. 라스베이거스에서 생긴 일은 라스베이거스에서 끝난다. … 여러분의 돈도 포함해서 말이다!

목표 설정

내가 제안하는 것은 일확천금을 노리겠다는 허황된 꿈을 버리고 현실적인 목표를 설정하라는 것이다. 그렇다면 문제는 이것이다. 과연 무엇이 현실적인 목표인가?

마법의 공식이나 만능열쇠식 정답 같은 것은 없다. 여러 변수들에 따라 달라지지만, 일단 내가 현실적이라고 생각하는 것을 열거해 보겠다.

계좌 규모	일일 목표
5,000달러	100~200달러
10,000~20,000달러	200~300달러
25,000~50,000달러	300~500달러
50,000~100,000달러	500~1,000달러 이상
100,000~500,000달러	1,000~5,000달러
500,000~1백만 달러 이상	1,000~10,000달러 이상

이 표를 보면, '딱 이만큼을 목표로 해야 한다!'고 수치를 통계적으로 정확하게 말할 도리가 없다는 사실을 한눈에 알 수 있다. 큰 틀에서 나는 고객들에게 현실적인 목표는, 규모가 얼마나 되었건 간에 자기 포트폴리오의 2퍼센트라고 말하는데, 하지만 여기서는 포트폴리오의 규모가 클수록 이 원칙이 맞을 수도 안 맞을 수도 있다는 것이 명백히 드러난다. 당신의 포트폴리오 규모가 1천만 달러라면, 아마 나는 20만 달러를 목표로 하는 것은 상당히 어렵다고 말할 것이다. 하지만 위의 표에 나온 여러 경우를 참조하면 그 목표는 사실 충분히 해볼 만하고 현실적인 것일 수 있다.

궁극적으로 그것은 정말 수많은 요소들에 좌우된다. 주식 매매는 누구나 미세하게라도 자기만의 독특한 '지문'을 갖는 활동이다. 주식 매매에는 일직선이 없다. 인생처럼 말이다. 찰 때가 있으면 기울 때도 있고, 쓰나미가 몰려오는가 하면 대박을 터뜨리기도 하지만, 일관된 하나의 목표는 자신에게 맞게, 자신이 편안한 수준 안에서 운용하는 것이다. 당신의 포트폴리오 규모가 1만에서 2만 5천 달러인데 하루에 500달러를 벌고 싶다면, 그 정도는 할 만하다. 하지만, 하지만 말이다, 이 책 뒷부분에서 다루겠지만 그러려면 옵션을 매매해야 할 가능성이 크다. 왜냐하면 2만 5천 달러 이하의 포트폴리오로 시장에 뛰어든 데이 트레이더들에 대한 증권거래위원회(Securities and Exchange Commission: SEC)의 제한 규정이 있기 때문이다. (국내의 경우도 선물 옵션 계좌개설의 경우 일정금액 이상의 증거금이 있어야 가능하다. 단, 주식 시장의 경우는 제한이 없다 - 감수자)

하루에 1퍼센트면 주머니는 두둑해진다

가끔 고객들에게 1~2퍼센트를 목표로 매매하라고 하면, '애개개 겨우!'라는 듯 이상한 눈으로 나를 바라보곤 한다. 나는 수학자는 아니지만, 5천 달러로 시작해서 1년, 그러니까 약 200 거래일 동안 매일 100달러씩을 벌어들이면 2만 5천 달러 이상, 즉 1년 만에 원금의 500퍼센트가 된다는 것 정도는 계산할 수 있다. 1년에 500퍼센트가 된다면 누가 기쁘지 않겠는가? 나는 물론이고, 그렇게 현실적인 목표를 세운 사람이라면 누구나 기쁠 것이다. 따라서 '천천히 꾸준하게'가 부를 얻는 최고의 방법이다. 주식 매매에 뛰어들면서 당신이 기대했던 것만큼 짜릿하지는 않을지도 모르지만 말이다. 전체적인 목표가 하루에 1~2퍼센트라 해도, 당신이 주식 매매에 득도하지 않은 이상 손해를 보는 날들도 있다는 것을 명심해야 한다. 이렇게 말해 두자. 전체적으로 큰 이득을 얻기 위해서는 손해 볼 줄도 알아야 한다고 말이다!

서두르다가 돈을 날리지 마라

마지막으로, 한 번에 왕창 큰돈을 벌고 싶어 안달인 사람들에게는 한마디. 만나서 반가웠습니다. 그럼 안녕. 왜냐하면 주식 매매로 빨리 부자가 되는 것보다 바다에서 백상아리와 피투성이가 되도록 싸워 살아남는 것이 더쉽기 때문이다. 나는 그런 경우를 수도 없이 보았다. 우리 회사의 옵션 매매서비스를 신청한 고객이 한 명 있었는데, 그 사람이 말하기를 자기는 2만 달러로 시작해 1백만 달러를 벌 것이라고 했다. 그러더니 내 옵션 아이디어 중하나를 가지고 갖고 있던 돈을 몽땅 털어 넣어 2만 달러어치 콜옵션을 사들였다. 말이 났으니 말이지만, 나는 꽤 솜씨가 좋아서 그 고객은 2만 달러를벌어 돈을 2배로 불렸다!

대단하지 않은가? 쩝, 그 고객이 자제력을 보이면서 다음 장에서 논할 기술, 즉 돈 관리를 어느 정도 활용했더라면 그럴 뻔했다. 지금쯤 눈치챈 독자분도 계시겠지만, 도리어 그는 내 다음 아이디어에 가진 돈을 몽땅 쏟아 부었다!

내가 솜씨가 아무리 좋고 내 아이디어들이 어느 누구에 견주어도 뒤지지않는다 해도, 나 역시 틀릴 때가 있다. 그리고 이때는 내가 틀렸다. 결국 미스터 올인은 2배로 돈을 벌었다가, 번 돈은 물론이고 원금 2만 달러까지 날리고 말았다.

급하게 부자가 되려 했다가는 바로 이런 일이 벌어진다.

서두르다가 돈을 날리지 마라! 당신이 느리고 꾸준한 매매 이력을 쌓아가기를 바란다.

제2장 나와 함께 곰을

트레이더들과 투자가들에게 곰은 아주 친숙하다. 시장은 황소와 곰의 끝없는 싸움이라 할 수 있다. 아이러니하게도, 동물들의 영의 왕국에서 곰은 우리의 바탕을 이루는 힘들을 상징한다. 기운의 화신이라 할 수 있다. 우리 모두 안에 존재하는 곰은 우리가 용기를 내고, 역경을 극복하도록 해주며, 인생에서 악재를 만났을 때 신체적으로, 또—트레이더로서 우리의 인생에는 더 중요할 수도 있는데—감정적으로 치유될 수 있도록 도와준다.

완전 초짜든 20년 넘게 매매 경험이 있는 사람이든, 어떤 트레이더가 와도 내가 가장 먼저 하는 일 중 하나는 그 사람의 약점에 대해 논의하는 것이다.

무슨 말이냐고? 훌륭한 트레이더라면 자기가 왜 돈을 버는지 알지만, 그들이 모를 수도 있는 것 한 가지가 바로 왜 더 많은 돈을 벌지 못하는가이다. 인간으로서 우리는 자신의 아킬레스건에 대해 제대로 알지 못할 때가 많다.

아킬레스 이야기라면 많은 사람들이 안다. 그리스 신화에 따르면, 아기인 아킬레스에게 젊은 나이에 죽는다는 예언이 내린다. 그래서 그의 어머니 테티스는 아킬레스를 불사의 능력을 갖게 해준다는 스틱스 강으로 데려가 강물 속에 담근다. 하지만 테티스가 아킬레스의 발뒤꿈치를 잡고 물에 담그는 바람에 발뒤꿈치는 이 마법의 강물에 젖지 않게 된다. 성인이 된 아킬레스는 전사가 되어 수많은 격전에서 살아남는다. 하지만 어느 날, 독화살이 그의 발뒤꿈치에 날아와 박히면서 그는 이내 목숨을 잃고 만다. 아킬레스건이라는 말은 이렇게 해서 생겨났다!

나 역시 주식 매매를 하면서는 물론 인생의 다른 부분에서도 내 아킬레스건을 경험했다. 나는 추세를 찾아내고 계획들을 수립하는 일은 정말 잘하지만, 가끔씩 내가 15년 동안 따르고 신뢰하는 추세들과 같은 '적중률'이나 계산 가능한 승률을 보이지 않는 매매를 할 때가 있다. 그래서 나는 내 최고의 추세들이 '직감'에 따른 매매나 약간 믿음직스럽지 못한 기술적 패턴으로 매매되는 상황에 처하게 된다. 많은 트레이더들처럼 나도 과잉행동장애가 심해서, 살면서 참을성이 내 장점이었던 적은 거의 없었다.

이처럼 나는 내 최고의 매매들이 효과를 발휘해 돈을 간단히 벌기도 하지만, 번 돈을—어떤 때는 일부, 어떤 때는 전부—토해 내고, 정말로 정신이 나갈 때는 돈을 잃고 낙담해 그만 이미 돈을 벌 수 있는 실적이 증명된 매매를 하는 것조차 잊어버리기도 한다!

나로 말하자면 승승장구하는 사람들을 수도 없이 배출했지만, 돈을 어떻게 잃었는지 이야기하는 고객들은 또 얼마나 많은지 말도 할 수 없다. 왜일까? 왜냐하면 자신의 아킬레스건 때문에 이들은 적시에 매매하기를 겁내거나, 더 심하게는 거의 실적이 없는 다른 매매를 하려고 들기 때문이다. 그들은 맞기를 바라면서 어림짐작을 하거나, 제때 들어가지 못한 것이 아까워 아직도 손해를 만회할 수 있을 거라고 생각하면서 매매에 들어간다. 도박을 하면 안 된다고 내가 그렇게 신신당부를 해도, 내가 만난 모든 트레이더들은 어느 순간에는―또는 몇 번씩이나―그런 짓을 하고 만다. 그들이 사들일 때 우리는 그들에게 주식을 판다. 대개 넉넉한 이윤을 남기고서 말이다.

아킬레스가 이기다

트레이더들마다 저마다의 잠재적인 아킬레스건이 있다! 지난 15년 동안 내가 만난 트레이더들의 단점들만 이야기해도 책 한 권을 쓸 수 있을 정도이지만, 그건 나한테나 여러분한테나 지루한 일이 될 것이다. 아, 어쩌면 여러분은 지루함을 견디다 못해 따분함에서 벗어나려고 바보 같은 매매를 할지도 모른다. …… 그런 사태가 벌어지는 것은 절대 사절이다!

내가 훨씬 더 관심을 갖는 것은 어떻게 우리 안에 있는 곰의 영의 인도를 받아 아킬레스를 치료해, 전투에 나가도 독화살에 맞아 죽지 않을 것인가이다. 어떤 이들은 그런 인도를 남보다 더 잘 활용한다. 우리는 부상을 입고, 때로는 트레이더 생명 유지 장치로 연명해야 할지도 모르지만, 전쟁터에 남아 어떤 것이든 우리의 단점들을 계속 보완하면서 마침내 훨씬 더 훌륭한 트레이더가 될 것이다.

당신의 아킬레스건을 찾아라

1단계는 당신의 아킬레스건을 찾는 것이다. 그러지 못하면 당신은 몇 번이고 그것의 희생양이 되어, 결국 파산해 계좌는 텅 비고 차라리 손을 털고 다른 일을 찾는 것이 백번 나은 지경에 처할 것이다.

그러므로 제일 먼저 당신 자신에게 솔직해지는 것이 성공의 필수 요소이며, 그래야 궁극적으로 꾸준히 실적이 향상될 수 있다. 가장 눈부신 성공을 거둔 트레이더들조차 자기발전에 관심이 있다면 더 잘해 내기를 바란다.

그렇다면 어떻게 자신의 단점을 알아낼 수 있을까?

자, 지금부터 단계별로 그 방법을 살펴보자.

1단계: 자신의 강점들을 파악하라

우선 당신의 강점들부터 시작해 보자. 노트를 하나 가져다 놓고 15분 동안(실제 15분) 트레이더로서 자신의 강점이 무엇인지 곰곰이 생각해 보라. 당신이 초짜라면, 좋다, 당신을 훌륭한, 어쩌면 대단한 트레이더가 될 수 있게 해줄 것이라 생각하는 특성들을 적어 보라. 예를 들어,

절제력

인내심

규칙 준수

돈의 가치를 안다(나는 이것을 어렵사리 배웠다!)

우선순위를 잘 매긴다

등등

설령 바보 같은 짓으로 여겨진다 해도, 이것을 가지고 뭐라고 할 사람은 없다. 순전히 당신 자신의 의식 함양을 위한 것이니 말이다. 당신이 보여 주

고 싶지 않다면 아무에게도 보여 주지 않으면 된다. 그리고 자신의 강점이 무엇인지 몰라서 이 목록을 작성하지 못한다 해도 상관없다. 그렇다면 이를 테면 일종의 희망사항 목록처럼 당신이 강해지기를 바라는 사항들을 적으면 된다.

2단계: 진짜 그렇게 될 때까지 그런 척하라!

이제 자신의 주식 매매 경험은 물론이고 다른 이력, 직업, 심지어 연애 경험까지도 살펴보자. 트레이더로서 성공할 수 있게 해줄 것으로 생각되는 경험은 무엇인가? 어쩌면 당신은 추수감사절에 25인분어치 저녁상을 멋지게 차릴 수 있을지도 모르고, 또 어쩌면 역경을 헤쳐 나갈 수단이 있을 수도 있다. 회계사라서 돈의 가치를 잘 알 수도 있고, 절제력이 남달라 규칙을 충실히 지킬지도 모른다. 그것 덕분에 트레이더로서 성공할 '자격'이 있다고 느껴지는 것이 있다면 무엇이건 공책의 다른 면에 적어 내려가라.

이렇게 하면 당신의 강점들이 이미 당신에게 어떤 도움이 되었는지 알게 된다. 당신이 백전노장의 트레이더이든 배관공이든 말이다. 대부분의 사람들은 우리가 논하는 몇 가지 중요 특성들을 얼마간 갖고 있거나, 훈련으로 그런 특성들을 익힐 수만 있다면 트레이더로서 성공할 수 있다고 나는 생각한다. 그런 중요 특성들 중 3가지를 꼽자면 절제력, 돈 관리, 역경 극복을 들 수 있다.

이 단계에서는 트레이더로 일자리를 얻기 위해 나와 면접을 본다고 생각하라. 완전히 새빨간 거짓말을 하지 않고서 나를 납득시킬 방법이 있는가?

설령 자기가 적고 있는 것이 하나도 스스로 믿음이 가지 않는다 해도 상관없다. 초보자들에게 "진짜로 그렇게 될 때까지 그런 척하라"고 제안하는 12단계 프로그램이 있다. 처음에는 옷이 맞지 않아서 몇 번 입어 보아도 아무래도 너무 작지만, 다이어트를 약간 하고 나니 짜잔! 새 청바지를 마침내 입을 수 있게 될 때가 있지 않은가. 걱정하지 않아도 된다. 허무맹랑할 정도로 자기 잠재력을 과장하지 않는 한, 당신은 거짓말하는 것이 아니다. 그러므로 현실적이 되되, 목표는 높게 잡자. 어떤 일을 처음 하면서 그 일을 완벽히 감당할 수 있다고 느끼는 사람은 없다. 감당할 수 있도록 성장해야 하는 것이 보통이다. 성장해 잠재력을 발휘할 수 있게 될 가능성을 스스로에게 부여하라. 다시 말해, 정말로 그렇게 될 때까지 그런 척하라!

3단계: 아킬레스의 시간

이제는 아킬레스의 시간이다! 이제 우리는 잔인할 정도로 솔직해져서, 부풀린 잠재력은 그대로 두되, 용감하게 곰이 되어, 자신 안으로 깊이 파고들어가, 원하는 대로 성공을 거두는 데 방해가 될 것으로 생각되는 모든 것을 파헤쳐야 한다. 성공을 거두고 있다면, 더 큰 성공을 거두는 데 방해가 되는 것은 무엇인가? 다시 공책 다른 면을 펼쳐서 15분 동안 깊숙이 캐 들어가 보라. 그렇다고 스스로를 헤집어서 자기가 얼마나 끔찍한 인간인지 모른다고 자학할 만큼의 깊이는 말고 말이다(이것 역시 그 자체로 하나의 아킬레스건인데, 지난 세월 동안 나는 이런 고객들을 심심치 않게 만났다).

강하게 자기비판을 하도록 훈련받은 탓에, 간혹 긍정적인 특성을 갖고 있는 것에 죄책감을 느끼는 사람들이 꽤 많다. 나도 그런 사람 축에 든다. 어려서부터 나는 내 의견 따위는 중요하지 않으며, 할 줄 아는 것도 별로 없을 것이고, 은행 창구 직원이라도 되면 다행일 것이라고 배웠다. 창구 직원들을 폄하하려는 것이 아니지만, 내가 아는 창구 직원들은(나도 그런 직원이었다!) 대개는 언젠가는 승진하기를 바란다. 영원히 은행 창구 직원을 하겠다는 포부를 지닌 사람은 없다. 나는 긍정적인 격려를 받은 적이 거의 없다. 돌이켜 보건대, 유일하게 긍정적 피드백을 받은 것은 야구에서 투수를 할 때뿐이었다. 그것이 내가 자신 있었던 유일한 일이었다. 그러다 그만 15살 때 팔이 망가져서 다시는 제대로 공을 던질 수 없게 되었다. 하늘이 무너지는 것 같았다. 자부심을 느끼는 것은 그것 말고는 아무것도 없었으니까 말이다. 어릴 때 나는 내가 좋아하는 일을 못 하게 되어서 몹시 침울했다. 그러므로 당신이 혹시 자존감이나 자신감이 없는 사람이라 해도 나는 다 이해한다. 불행히도 너는 못난 놈이라는 소리를 듣고, 그렇게 믿으라고 배운 사람이 너무도 많다. 내가 하려는 말은 그것은 사실이 아니라는 것이다. 이 책을 읽고 있다면, 당신은 성장하고, 배우고, 뛰어나게 될 타고난 능력이 있는 사람일 가능성이 크다. 그런 믿음이 마침내 찾아올 것이다. 지금은 당신의 진짜 아킬레스건들에 집중해야 하는데, 그중 하나는 단순히 집중을 못하는 것이거나 아무것도 소용이 없을 것이라는 당신의 부정적 태도일 수도 있다.

전 세계 고객들이 자기는 성공할 수 없고, 언제나 '실패자'이며 그런 상황은 '결코 변하지 않을 것'이라고 하는 소리를 나는 이따금씩 듣는다.

그래, 어떨 것 같은가? 변하지 않을 것이다. 2단계에서 언급한 것처럼 정말로 그렇게 될 때까지 그런 척하도록 당신을 우리가 이끌 수 없다면 말이다!

4단계: 데이터 분석하기
자, 이제 당신의 강점들, 당신이 갖고 있는 포부들, 당신의 단점들에 대해 잘 알게 되었으니, 우리는 그 데이터를 분석해 성공을 위한 최선의 방법에 대한 당신의 게임 계획을 짤 수 있다.

우리가 하는 식은 다음과 같다. 각 단계에서 상위 3가지, 즉 가장 좋은 특성 3가지, 가장 큰 포부 3가지, 그리고 가장 심각한 결점 3가지를 꼽아 보라. 듣고 있는가? 좋다, 그것들을 공책에 4단계 페이지를 따로 잡아 모두 적으라.

3단계에서 나온 가장 심각한 결점 3가지, 즉 당신의 최악의 아킬레스건들을 뽑아서, 1단계에서 나왔던 특성들과 연관이 있는 것들을 지워라. 연관이 없는 것은 그대로 남겨 두면 된다. 아무것도 남지 않을 수도 있고 3개 모두 남을 수도 있다. 아무래도 상관없다. 여기에 정답은 없다. 대부분은 아마 3개 모두 그대로 남았을 것이다. 가장 긍정적인 특성 3가지와 극복해야 할 가장 큰 과제 3가지이니 말이다. 만약 지워지는 것이 있다면, 아마 당신은 자신의 아킬레스건들에 대해 충분히 깊이 숙고하지 않았을 것이고, 따라서 그 과정을 다시 시작할 것을 권한다. 훨씬 더 깊이 생각해 볼 것을!

이제 남은 모든 것들을 2단계에서 나온 당신의 포부들과 상호 대조해 보라. 여기서 지워야 할 것들이 눈에 들어오기 시작할 것이다. 하지만 지우면 안 된다! 그냥 당신이 포부로 하는 것들로 보완이 되는 결점들 옆에 기호로 표시만 해두라.

이제, 포부로 하는 것들—상위 3가지만이 아니라 2단계의 전체 목록—중에 3단계의 목록에 올리지 않았던 것들을 모두 첨가하기 바란다. 아마 포부로 하는 것들 중 적어도 한두 개 이상의 사항들이 3단계에 나오지 않은 사람들이 꽤 많을 것이다.

그것들을 3단계에 첨가하라. 이제 우리는 해야 할 모든 일들에 대해 꽤 완벽하게 파악하게 되었다. 가장 큰 과제들이 있는가 하면, 그보다는 덜 시급한 과제들도 있다.

이 단계들이 어떻게 효과를 발휘하는가

1단계—15분 동안 당신의 강점들을 모두 적어라. 가능한 한 철저하게!

2단계—이제, 당신이 일자리를 얻기 위해 면접을 보고 있어서 자신을 부각시키기 위해 애쓰고 있다고 생각하라. 당신이 갖기를 갈망하거나, 다른 사람들이 당신에게 있다고 하는데 당신은 그렇게 확신이 서지 않는 강점들을 모두 적어라.

3단계—당신의 약점들을 모두 적어라. 당신의 아킬레스건들! 전부 다! 쑥스러워할 것 없다. 당신이 바라지 않는 한 누구도 볼 수 없으니 말이다!

4단계—4단계 부분에서 내가 그린 청사진을 이용해 데이터를 분석하라. 최대한 정확한 자신의 '셀카'를 찍어 보자!

됐다, 이제 내가 당신에게 바라는 것은 다음과 같다. 당신이 포부로 하는 2단계 항목들에 속하지 않는 3단계 항목들, 그것을 2단계에 첨가하라.

그것들을 당신의 포부로 삼아야 한다.

초짜이건 백전노장이건, 이제 당신은 당신의 주식 매매 실력을 향상시키기 위해 무엇을 해야 하는지 잘 알게 되었다.

제3장 브레이크아웃과 수익을 향한 말 달리기

말의 영의 안내자는 속도를 상징하며, 여기서 변화, 우아함, 재빠름의 의미도 갖게 된다. 말의 지혜에 관한 전설은 수도 없이 많으며, 실제로 (인간을 위한) 가장 빠른 최신형 요법 중 하나가 바로 말 요법이다. 처음 들어 본다고 웃거나, 들어 보았지만 그래도 역시 웃긴다고 하지 않았으면 한다. 나는 여러 번 해보았다. 때로는 상당한 깨달음을 줄 때가 있는데, 트레이더로서 우리에게 도움이 되는 것은 말들이 자기 주위 존재들의 감정을 읽을 줄 아는 독특한 능력을 지녔다는 사실이다. 말들은 우리가 겁을 내는지, 신경이 곤두서 있는지, 화가 나 있는지, 아니면 차분한 상태인지 감지한다.

활용하기 가장 쉬운 추세 중 하나는 정말로 말의 영을 체현하고 있다. 워낙 간단해서 경험 수준에 상관없이, 아니 아예 경험이 없더라도 그것을 이용해 대단한 우위를 점하며 효과적으로 주식 매매를 할 수 있다. 이익을 남기면서 말이다!

우리는 그것을 간단히 상향돌파(breakout)와 하향돌파(breakdown)라고 부른다. 말하자면 당연한 일이다. 우리는 새로운 고점과 저점을 만들어 내고 있는 주식을 찾는다는 말이다. 정말 간단하기 그지없다. 우리가 몇 가지 매매 방식으로 이런 상향돌파와 하향돌파를 돌파한다는 것만 빼면 말이다.

오전 10시. 일중 돌파

시장은 하루 중에도 추세 방향이 바뀌는 일이 흔하다. 한쪽 방향으로 시작했다가 방향을 바꾸어 반대로 가기도 한다. 내가 15년 동안 따른 법칙이 있는데, 나는 그것을 '오전 10시 법칙'이라고 부른다. 높은 성공률을 자랑하지만, 이 장 뒷부분에서 자세히 논하듯 궁극적으로 이것이 우리가 가진 최고의 상향돌파/하향돌파 추세는 아니다. 실행이 무척 쉽고, 일일 시장 트레이딩을 하는 사람이나 그러기 바라는 사람에게 무척 유용하다. 기본적으로 우리는 간단하게 동부표준시로 오전 9시 30분과 10시 시간단위를 사용해 그 틀 안에서 고점과 저점을 한데 묶는다(bracket).

표 3.1에서 볼 수 있듯, 페이스북(FB) 주가는 갭상승했다가(gap up) 하락하기(crap out) 시작해 그 이후로는 하루 종일 지속적으로 떨어진다. 당신은 장이 열리자마자 페이스북 주식을 매도하거나, 나중에 좀 더 자세히 설명할 우리의 오전 10시 법칙을 이용해 그 갭을 페이드했을(fade) 수도 있다. 오전 10시 무렵에 적절한 진입(entry)이 이루어지는 것을 볼 수 있는데, 매도자(short side)는 상당한 이익을 남긴다!(주가가 하락했을 시 이익을 취할 수 있었다는 의미로 공매도나 주식선물에서 매도포지션을 잡았을 경우다 – 감수자)

동부표준시로 오전 9시 30분부터 10시까지 고점과 저점을 잡으면, 우리는 그것을 이용해 어느 방향으로 돌파를 시행할지 지침으로 삼거나, 박스권

(range)이 계속 어느 쪽으로도 뚫리지 않아 관망한다.

　대체로 이런 매매 방식은 대략 동부표준시로 오후 2시까지 유효하다.

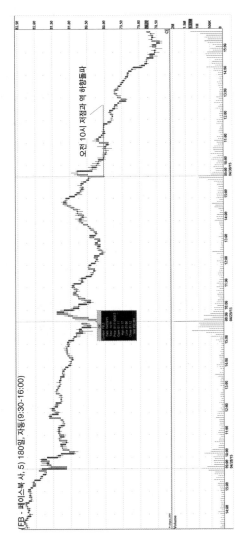

<표 3.1> 일일 브레이크다운 오전 9시 30분

실행(The Play)

동부표준시 오전 10시면 작은 박스권이 나오므로, 우리는 그 30분 동안의 고점과 저점을 알 수 있으며, 만약 주식이 이 시간단위/시간 동안의 박스권의 저점 밑으로 떨어지면 매도(short)할 수 있다. 반면 이 시간단위/시간 동안의 박스권의 고점을 돌파하면, 그 주는 매수(long) 후보주가 된다.

따라서 예를 들어 이베이 주(EBAY)가 오전 9시 30분에 57.39달러로 시작해 오전 9시 30분에서 10시 사이에 최저가 56.92달러, 최고가 57.63달러로 매매되었다면, 동부표준시로 오전 10시 이후 오후 2시 이전에 56.92달러 밑으로 떨어지는 것은 이베이 주 매도를 촉발하는 신호라 할 수 있다. 따라서 정확히 말해 이베이가 56.91달러에 매매된다면 당신은 그 주식을 매도하게 된다. 반면 동부표준시로 오전 10시 이후 오후 2시 이전에 57.63달러를 넘어서, 다시 말해 57.64달러나 그 이상의 가격으로 매매된다면, 그것은 매수를 촉발한다. 이런 시행법의 멋진 점은 당신의 손실폭이 명확하게 정해진다는 것이다. 당신은 본인들만의 기준에 따라 손절을 통한 손실폭을 조절할 수 있지만, 매도로 마무리될 경우 이베이의 간단한 손절 시점은 오전 10시의 고점을 넘어서는 반대 방향으로 나아가는 때가 될 것이다! 따라서 56.91달러에 매도를 했는데 반대로 상승하는 경우 매도를 하지 않고 보유했다는 가정하에 기회비용 측면에서 57.64달러까지의 갭만큼 손실이 난 것이다.

만약 매수가 촉발 시점에 이베이 매수에 들어간다면 당신의 손절가는 그 반대인 56.91달러가 된다. 이것은 하루 만에 할 수 있는 가장 간단한 트레이딩이다. 이것이 오로지 데이 트레이딩이다! 오버나이트하는 트레이딩이 아니며, 파워트레이딩을 다루는 장에서 나는 시간단위를 이용해 이와 같은 트레이딩을 관리하는 방법에 대해 더 자세히 논할 것이다. 하지만 지금은 그냥 단순히 위의 한도들을 이용해 관리하는 것으로 그치고, 다음과 같은 요소를 덧붙이기로 하자.

오전 10시 법칙에 기반을 둔 당신의 이베이 박스권(range)은 56.92달러와 57.63달러이다. 고점과 저점 사이의 범위가 0.71달러인 것이다. 이것이 당신의 손실폭을 결정하기 위해 사용하는 것이자 이윤을 얻기 위한 첫 번째 목표로 삼는 것이다. 당신은 트레이딩의 위험/수익 비율이 최소한 1대1이 되기를 원한다. 데이 트레이딩이 아니라면 많은 경우 우리는 위험/수익 상황이 1대2 내지 1대3이 되도록 노력하지만, 일중에는 우선 1대1이 되게 하려고 노력하고 싶어 한다. 그러니까, 이베이에서 하루 중에 5달러를 벌려고 하는 것은 최소한 99.9퍼센트의 경우 불가능하다는 말이다. 트레이딩이라는 것 자체가 그런 속도로는 이루어지지 않는다. 하지만 0.71달러라면 가능하다. 이베이를 상향돌파 패턴으로 트레이딩해 0.71달러를 벌 수 있다.

또 다른 요소는 앞에서 말했던 것처럼 시간이다. 대개 이런 트레이딩은 한두 시간짜리 트레이딩이며, 때로는 그보다 더 짧을 수도 있다. 따라서 당신이 언제 진입하느냐가 정말로 중요하다. 만약 당신이 생각보다 훨씬 더 자주 일어나는 박스권 돌파(range break)를 이용해 10시 1분에 진입했다면, 정오 전까지는 최소한 포지션 일부라도 빠져나오고 싶을 것이다. 그리고 일단 포지션 일부를 털었다면, 이익실현이든 손절이든 그 범위를 좀 더 좁게 재조정하고 싶을 것이다. 이 예에서는 손실 제한을 0.50달러로 재조정했다고 치자. 너무 임의적인 것 아닌가 하는 생각이 들 텐데, 실제로 어느 정도 그렇다. 어떤 주식이 어떤 범위와 어떤 속도, 어떤 변동성으로 매매되는가가 눈에 들어오기 시작하면, 손실 제한을 어느 정도로 잡아야 하는지가 감이 잡히기 시작할 것이다.

0.50달러라는 손실 제한을 구글 주(GOOGL)에 적용할 수는 없을 것이다.

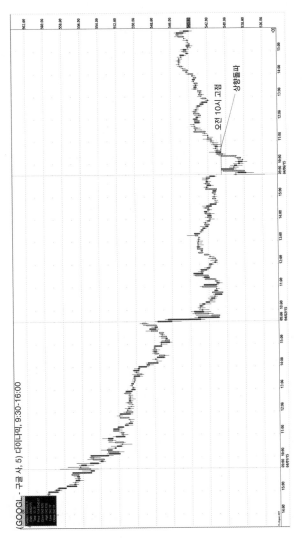

표 3.2 구글(GOOGL) 차트

그러니까, 할 수는 있지만 대부분의 경우 제한을 받기 십상이라는 말이다. 큰 범위에서 매매되는(구글 주는 흔히 5달러 이상의 범위에서 매매된다) 주가 500달러 이상의 주식에 대해서는 손실 제한을 최소한 2~3달러, 심지어는 5~6달러로 정할 필요가 있을 것이다.

GOOGL을 예로 든 표 3-2에서는 페이스북 주(FB) 차트와는 반대 방향으로 페이드되는(fade) 것을 볼 수 있다. 표 3-2에서 나타나는 이런 페이드는 매력으로 작용하지만, 당신은 현실적인 손실 제한을 설정하고 싶을 것이다. 앞에서 말했듯이 나라면 2~6달러 사이라면 어디라도 좋다.

반대로 뱅크오브아메리카 같은 곳의 주식(BAC)은 0.50~0.70달러를 손실 제한으로 설정하는 것은 바보 같은 짓일 것이다. 이 주식은 0.20~0.30달러 범위에서 매매되는 일이 드물고, 대개는 0.10~0.15, 아니면 그 이하에서 매매된다! 따라서 데이 트레이딩에 그런 손실 제한을 적용하는 것은 시간 낭비일 따름이다. 며칠, 몇 주, 몇 달 등등 동안 계속되는 스윙 트레이딩이라면 이야기가 또 다르지만, 순수한 데이 트레이딩에서는 매매하려고 하는 주식들이 보통 어떤 범위에서 움직이는지 배우고 알 필요가 있다. (주식의 현재가에 따라 호가의 폭이 틀리기 때문에 각 주식의 호가에 따라 손실 제한을 두어야 한다는 의미이다 - 감수자)

기술적 상향돌파

기술적 분석을 통해 상향돌파를 활용하는 방법은 무궁무진하다. 여기서는 몇 가지만 다루려 하는데, 왜냐하면 여기서 250개가 넘는 차트 패턴들을 분석했다가는 완전히 다른 책이 될 것이기 때문이다. TA, 즉 기술적 분석 (technical analysis)에는 여러 동물의 영들이 관련되는지 잘 모르겠다. 어떤 패턴이 파악되고 그것이 대낮처럼 명확하면 상황으로부터 많은 생각을 하게 되기 때문에, 안정성과 차분함을 가져다준다는 점에서 말의 영과 연관이 있다고 생각하기는 하지만 말이다.

표 3.3에는 상향돌파와 하향돌파를 이용해 매매할 수 있는 간단한 패턴들이 제시되어 있다.

주식이 45달러를 넘는 시점에서 일단 역대 최고점을 갱신하자, 마치 대포알이 발사된 것처럼 쭉쭉 치고 올라간다. 이것을 블루스카이 상향돌파라고 부르는데, 역대 최고점을 돌파한 주식을 일컫는다. 이것은 손쉽게 매매할 수 있는 조건으로, 오랫동안 수도 없이 우리에게 최고의 기회가 되어 주었다!

52주 고점 상향돌파

간단하기 그지없으면서 효과적이기 이를 데 없는 트레이딩이 하나 있는데, 데이 트레이딩, 스윙 트레이딩 모두에 적용될 수 있다. 그것을 나는 형성되고 작용할 때의 양상을 따서 '아름다운 것'이라고 부르는데, 왜냐하면 움직임이 워낙 드라마틱하고 빨라서 1장에서 논한 대로 적절한 돈 관리법만 활용하면 가격 하락 위험성이 별로 없이 큰 이윤을 남길 수 있기 때문이다.

트레이딩에서는 단순한 것이 최고여서 흔히 아름다운 것들 중 하나로 꼽힌다. 정말이지 단순함의 극치라 할 수 있다.

우리는 당신이 다양한 장소에서 쉽게 구할 수 있는 시장 데이터를 대략

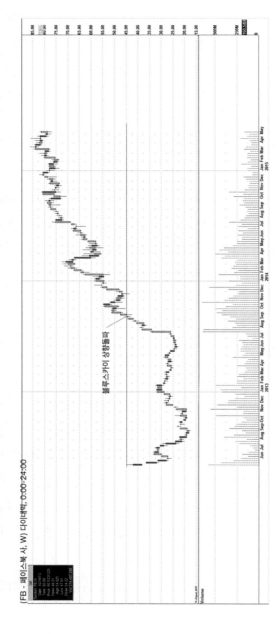

표 3.3 FB 블루스카이 상향돌파

훑어본다. 야후닷컴 파이넌스(Yahoo.com Finance)가 그중 하나지만, 구글에서 '52주 고점(52-week highs)'이나 '불변의 주식 고점'을 검색해서 그날의 트레이딩이나 최근 트레이딩에 대한 모든 무료 자료를 볼 수도 있다. (국내에서는 각 증권사 HTS를 통해 살펴볼 수 있다 - 감수자)

52주 고점이나 52주 저점에 근거해서 주식을 매매하는 것은 그것만큼이 간단하다. 우리는 새로 52주 저점이나 고점을 기록한 주식들을 찾고 있다. 그 주식들이 52주 고점 수준 이상을 돌파하면 그 주식은 자동적으로 매수된다. 또한 52주 저점 이하를 돌파할 경우, 자동적으로 매도된다.

이것은 매우 확률이 높은 매매이다. 매우 말이다. 나는 성공률이 75~80퍼센트가 넘을 것으로 추산하는데, 그토록 정확하고 위험/수익 비율은 잠재적으로 1대2 내지 1대3에 이른다. 왜냐하면 움직임이 강력한 힘을 발휘할 수 있고, 손실 제한이 명확하게 정해져 있기 때문이다. 해당 주식의 통상적인 일일 범위가 어떻게 되는지에 따라 일반적인 손실 제한폭을 활용하면 그만인 것이다. 만약 주가가 그 수준 밑으로 떨어지고 당신이 매수자라면, 발을 빼면 된다. 만약 그 수준 위로 반등하고 당신이 매도자라면, 역시 발을 빼면 된다.

옵션을 검토할 때는, 이것이 당신이 일반적으로 옵션(콜옵션 또는 풋옵션)을 이용하는 근거로 삼고, 당신의 최대 위험도를 옵션의 가격으로 정해 정말로 훌륭한 위험/수익 비율을 구성할 수 있는 하나의 추세다. 하지만 이 부분은 나중에 더 자세히 검토하기로 하겠다. 지금은 52주 고점이나 저점 돌파를 활용해 매매하는 것이 무척 영양가 있고 대개는 수지맞는 매매라고 말해두는 것으로 충분하다.

왜냐고? 그 이유를 밝히는 것조차 쉽고 간단하다. 당신이 하는 일은 돈의 흐름을 따라가는 것이 전부다. 돈은 주식들을 찾아내거나, 주식에서 빠져나가 주가를 떨어뜨린다. 그리고 이런 움직임들은 대개 주식이 52주 고점과 저점을 넘어설 때 결말을 맺는다. 우리가 하는 일은 돈을 따라가는 것이 전부다.

낮은 가격에 사서 높은 가격에 판다?

한 번이라도 시장에 뛰어들어 본 적이 있는 사람이라면 낮은 가격에 사서 높은 가격에 팔라는 말을 귀에 못이 박이도록 들었을 것이다. 이 말은 금융 시장이 생길 때부터 있었던 오래된 격언이다. 하지만 트레이더로서 우리는 높은 가격에 사서 더 높은 가격에 팔고, 낮은 가격에 팔아서 더 낮은 가격으로 떨어지는 것을 피하는 편이 더―종종 훨씬 더―낫다는 것을 알게 되었다.

당신이 들어 보았을지도 모르는 또 다른 오래된 격언이 있는데, 바로 떨어지는 칼은 절대 잡으려 하지 말라는 것이다. 그리고 또 하나, 화물 열차 앞으로는 절대로 걸어가지 말라는 격언도 있다.

하나를 더 말해 보겠다. 바닥에서 1센티미터밖에 안 되더라도 떨어지는 칼을 잡으려다가는 손을 벨 수 있다!

그리고 … 요컨대 우리는 주식이 너무 오르거나 너무 떨어졌을 때는 매입할 생각이 없다는 것이다. 물론 우리가 활용하는 합리적인 기술적 패턴들이 있지만, 내 경험상 이것은 그쪽이 아니다. 추세의 위력은 그만큼 합리적 패턴을 능가하기 때문이다.

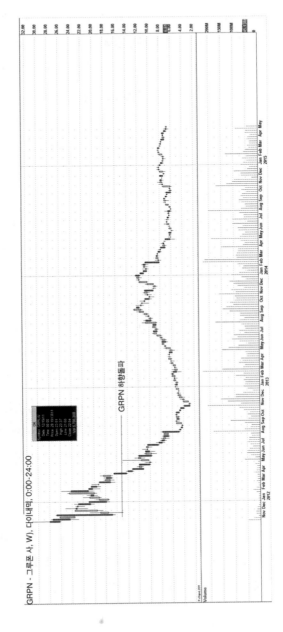

GRPN - 그루폰 사, W), 다이내믹, 0:00-24:00

GRPN 하향돌파

표 3.4 GRPN

그루폰 주(GRPN)에 대한 차트인 표 3.4에서 볼 수 있듯이, 계속 주식의 저점만 찾으려 했다면 아마 당신은 아마 판잣집에서 이 책을 읽고 있을 것이다. 이것은 추세와 함께 움직이는 것이 왜 중요한가를 보여 주는 완벽한 예다. 짧은 반등이 있을 때마다 그루폰 주를 매도했다면, 아마 당신은 저택을 한 채 장만했거나 최소한 저택을 방문할 자격 정도는 얻었을 것이다! 떨어지는 칼을 잡으려 하는 것은 아주 좋지 않은 생각이다. 설마 주식이 더 떨어질 리야 없겠지 싶어도 … 더 떨어지고야 만다!

그루폰 주와 마찬가지로 클리프 내추럴 리소스, 발레 같은 회사들의 2014년과 2015년 전반기 주식 차트를 검토해 보면, 그것들 역시 무서울 정도로 비슷한 패턴을 따르고 있다는 것을 확인할 수 있다. 반등이 있을 때마다 주식이 다시 하락해 주가가 더 떨어졌던 것이다. 이것은 고점과 저점이 지속적으로 낮아지는 것으로, 우리는 이 패턴을 따라 매도를 하려 한다.

이제 반대편으로 눈길을 돌려 지난해의 애플 주(AAPL)를 살펴보면, 주가가 미친 듯이 치솟아 올라, 더 높은 고점과 더 높은 저점을 형성한 것을 볼 수 있다. 표 3.5는 당신이 주식 하락을 기다려 매수에 들어가고 싶어 할 모양을 보이는 차트다. 그렇다, 당신이 틀릴 수도 있다. 어느 시점에 발레 주(VALE)나 클리프 내추럴 리소스 주(CLF)를 저점에서 매수할 수도 있듯이, 상투를 잡을 수도 있다. 하지만 하락할 때마다 사들여서 몇 번이나 맞을지와, 반대로 해서 몇 번이나 틀릴지를 비교해 생각해 볼 필요가 있다. 답은 분명하다.

표 3.5에서 3.7에 이르는 차트들에서는 내가 말하는 바가 이 사례들에서 입증되는 것을 볼 수 있다. 추세가 효력을 발휘했던 것을 이미 알고 고른 주식들이 아니냐고? 맞는 말이다. 하지만 나는 이런 사례들을 수백 개는 보여

줄 수 있고, 추세는 대부분 효력을 발휘한다. 직접 확인해 보시라!

흔히 이런 유형의 주식들은 전문가들이 가치 평가를 어떻게 하느냐에 따라 등급이 올라가거나 떨어진다. AAPL은 지나치게 높은데, 가치 평가 탓에 주가가 부풀려져 있다! CLF는 지나치게 낮은 주가를 기록한 뒤 이제는 상당히 합리적으로 가치가 평가되고 있다!

나는 대부분의 애널리스트들을 불신한다. 그렇다, 주식은 어느 시점에서는 분명히 과대평가되거나 평가절하된다. 시장은 궁극적으로 간단한 등식이 적용되는 곳이다. 어떤 주식이나 시장 전체가 가격이 오르는 것은 사는 사람이 파는 사람보다 많기 때문이고, 가격이 내려가는 것은 파는 사람이 사는 사람보다 많기 때문이다. 그렇지 않은가?

하지만 트레이더로서 우리가 할 일은 주가 수익 비율을 따지고 있거나, 그해에 70퍼센트가 하락해 새로 52주 저점을 찍은 주식이 마침내 반등의 기회를 찾을지 아닐지 걱정하는 것이 아니다. 트레이더들의 묘역을 찾아가면 그런 식으로 매매를 했던 사람들의 묘가 차고 넘친다. 그리고 솔직히 말해서 나도 그런 실수를 수도 없이 저질러서, 그런 움직임에 상응하는 추세가 없는 한―이에 대해서는 나중에 다시 논의하겠다―시장에서 그런 식으로 타이밍을 맞추려고 시도하는 것 자체가 얼마나 바보 같은 짓인지 나 자신이 누구보다 잘 안다. 그것을 1월 효과(January effect)라고 부르며, 1년에 한 번 일어나는데, 이 추세를 존중한다면 어떤 식으로든 그것을 거스르지 않을 것이다. 나한테서 바로 이런 것을 배우는 것이다!

일단, 이런 상향돌파는 전체 역사를 통해 대개 매우 강력하고 매우 높은 성공률을 자랑했으며, 당신의 트레이더 도구 상자에서 지극히 유용한 도구가 될 것이라는 점만 말해 두겠다!

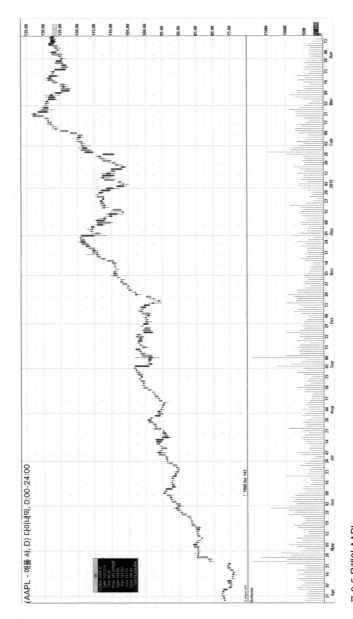

표 3.5 올해의 AAPL

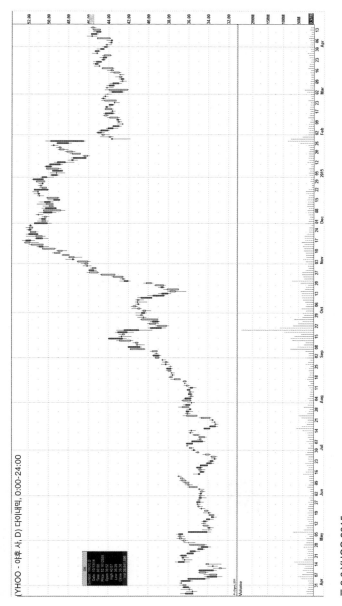

(YHOO - 야후 사; D) 다이내믹, 0:00-24:00

표 3.6 YHOO 2015

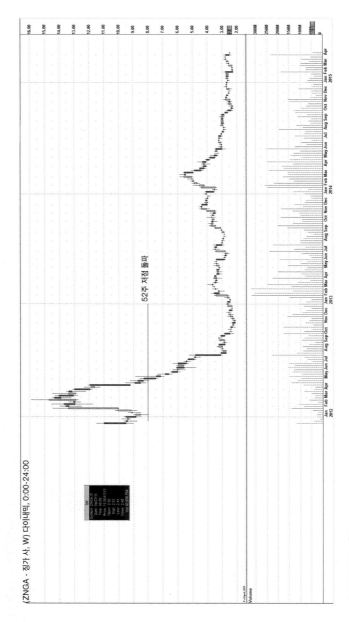

표 3.7 ZNGA 차트

역대 최고점 블루스카이 상향돌파

이제 훨씬 더 훌륭한 추세 상향돌파 이용법을 간단히 살펴보자. 바로 블루스카이 상향돌파다! 블루스카이 상향돌파란 주식이 역대 최고점을 기록할 때를 말한다. 역대 최저점을 돌파할 때는 그냥 역대 최저점이라고 부른다. 하지만 블루스카이는 주식이 든든한 뒷받침을 받고 있으며 자금 흐름이 안정적이어서 주식이 모든 가능한 기술적 저항 또는 다른 저항들을 물리칠 수 있다는 것을 보여 준다. 많은 주식들이 잠깐 동안 돌파하고 마는 것이 아니라 역대 최고점 주변을 맴돌면서 더욱 강화되고, 그러다가 갑자기 환호성을 올리는 순간이 오는 것을 보게 될 것이다! 주식들이 역대 최고점을 돌파하면서 저 유명한 경주가 벌어진다. 주가가 헉 소리가 날 정도로 갈수록 높아지는데도 돈이 뒤쫓아 따라오는 것이다!

반대로, 주식이 역대 최저점을 돌파하면 그것은 강력한 하향돌파가 되어 아무도 바닥을 잡으려 하지 않으면서 주가가 자유 낙하하는 사태가 초래될 수 있다.

징가를 살펴보자. 이런 것을 두고 나는 멧돼지 사냥개(pig dog)라고 부른다. 이 주식은 계속해서 더 낮은 저점을 찍는다. 인수 소문이 돈다고? 팔아 버려라! 바닥을 잡으려 할 수야 없지 않은가! 징가 주(ZNGA)는 저점을 형성하며 계속 떨어진다. 어디서 멈출 것인가? 더 떨어질 수도 있을까? 그러니까, 어느 시점에는 틀림없이 반등하지 않겠는가, 안 그런가? 뭐, 물론 잠깐 동안 치고 올라올 수 있지만, 0.25달러가 되지 않을 이유가 어디 있는가? 1달러는? 그렇게 될 것이라는 이야기는 아니지만 가능성은 충분하다. 트레이더로서 우리는 징가 주 같은 차트들을 보고 매도하거나 손을 떼야 한다!

말은 힘이 세지만 우아한 동물이며, 상향돌파에 대해 이야기할 때 임재해 있는 것은 바로 말의 영이다. 훌륭한 트레이더와 마찬가지로, 말들은 직관적이다. 움직임과 추세를 감지해 내는 것이다. 하지만 직관적이 되는 데는 시간이 걸린다. 어떤 사람들은 아주 자연스럽게 그렇게 된다. 그런 사람들은 주식과 시장이 어떻게 왜 움직이는지에 대한 거의 육감 같은 것이 있다. 무엇보다도 이런 사람들은 자기 직감을 믿는 법을 배워야 한다. 여기서 상향돌파 추세는 직관을 '속이는' 하나의 방법이다. 왜냐하면 시장이 당신을 위해 모든 것을 해줄 것이기 때문이다. 당신이 해야 할 일은 돈을 따라가는 것이 전부이고, 나머지는 시장이 알아서 할 것이다.

제4장 파워 트레이딩

표범이 당신의 영혼의 동물이라면 당신은 행운아다!

표범은 용기와 대담성, 힘을 상징한다. 표범이 당신의 수호동물이라면, 사나운 수호자의 수호를 받는 축복을 받은 셈이다. 표범이라는 토템 동물은 우리로 하여금 그림자 안에 담긴 힘을 이해하고, 이런 힘들이 어둠과 미지의 것에 대한 두려움을 물리치도록 도와준다는 점을 인정하게 해준다.

트레이딩과 당신이 어떤 유형의 트레이더인가에 대한 이야기는 곧, 전업 트레이더가 되는 것과 우리가 자유자재로 다룰 수 있게 되는 강력한 도구들을 이용하는 것에 대한 이야기다. 많은 트레이더들이 두려움이나 자기불신에 사로잡힌다. 표범 같은 트레이더들은 혹 두려움과 회의는 들지 몰라도 그것들을 물리치고 전진하는 쪽을 선택한다. 파워 트레이딩을 하기로 결심하는 것이다!

그렇다면 파워 트레이딩이란 무엇인가?

내게 파워 트레이딩이란 하루 전체를 트레이딩하는 것이다. 여기에는 몇 가지 테크닉들을 익히고 사용하는 것이 포함되는데, 몇 가지는 이 책에서 얻을 수 있을 것이고 또 몇 가지는 아마 다른 자료들에서 얻을 수 있을 것이다. 고객들에게 늘 이야기하는 것처럼, 내가 시장의 유일한 전문가는 아니다. 자신에게는 물론이고 당신에게도 유용할 수 있는 테크닉을 가진 대단한 트레이더들이 더 있다. 지혜는 다양한 출처에서 얻을 수 있다. 내가 당신의 중요한 스승 중 한 사람이 되었으면 하는 바람이 있지만, 당신은 현명해서 다른 훌륭한 정보원으로부터도 자문을 얻으려 할 것이다.

나에게는 효과가 있는 것이 당신에게는 효과가 없을 수도 있다. 테크닉과 실제 주식 아이디어는 사실 문제가 되지 않는다. 문제가 되는 것은 당신에게 효과가 있는 테크닉과 아이디어를 찾아내느냐이다. 당신은 유일무이한 존재이고, 당신의 스타일, 당신의 문제, 당신의 포트폴리오는 당신 고유의 것이다. 당신은 당신이다.

당신의 난점들, 문제들, 트레이딩하는 자금 규모는 완벽히 당신 고유의 것은 아닐 테지만, 전체적으로 당신은 분명 유일무이하다! 이 점을 받아들이고, 당신 자신이 되는 것은 어딘지 '잘못된' 일이라고 생각하며 거기서 도망가 숨지 말라. 너무도 많은 사람들이 자신은 다른 사람이 되어야 하며, 그래야 더 잘살 수 있다는 생각에 빠지고 만다. 잠깐 동안이라도 브래드 피트가 되어 보면 어떨까? 멋진 일 같지만, 나는 브래드 피트조차도 자기만의 난점들이 있을 것이라고 확신한다. 이를테면 안젤리나 졸리와 같이 지내는 것이 무척이나 힘들다든지 하는. 아니면 아이들이 그렇게나 많으니 키우는 일이 보통 힘든 게 아니든지. 어찌 되었건, 그게 무슨 상관이겠는가. 나는 나 말고 다른 누구도 될 수 없는데 말이다!

그리고 당신 또한 당신 말고 어느 누구도 될 수 없다! 표범처럼 우리는 나답게 살겠다는 용기를 갖고, 무엇이 우리에게 효과가 있는지 알아낼 필요가 있다. 우리의 스승이 좋은 출발점이 될 수 있다.

이제 파워 트레이딩은 당신을 위한 것이라거나 파워 트레이딩에 자신이 붙을 것이라는 판단이 섰다면, 이 장은 당신에게 많은 도움이 될 것이다!

당신 자신이 되고 … 강해져라!

나는 파워 트레이더란 하루 종일, 원한다면 정규 개장 시간 전이나 후에도 성공적으로 매매를 할 줄 아는 사람이라고 생각한다. 이미 트레이딩 경험이 있는 사람이라면, 시장에서 매일 다양한 기회들이 오고가며, 그 기회들을 잡아 성공적으로 매매를 하려면 광범위한 기술들이 필요하다는 것을 알 것이다. 하루 종일 성공적으로 매매를 하려면 다양한 도구, 테크닉, 전략들이 필요하다. 또한 변화하는 시장 상황에 재빠르게 대처할 줄도 알아야 한다. 오전의 갭과 오후의 소외주를 매매하거나 새로운 사건들을 돌파하거나 폐장 후에 매매를 하는 데는 각각 다른 전략이 필요하다. 파워 트레이더는 시장에서 그날그날 오고가는 다양한 매매 기회들을 알아보고 이용하는 데 필요한 경험과 능력, 기술들을 갖고 있다. 파워 트레이더가 되기 위해 꼭 전업으로 또는 매일 하루 종일 매매를 해야 하는 것은 아니지만, 마음만 먹으면 그렇게 할 수 있는 전문성을 갖고 있어야 한다. 모두 선택의 문제다. 일단 당신이 표범이 되어 파워 트레이딩을 하고 싶다고 결심한 이상, 파워 트레이더가 되는 데 필요한 기술을 배우고 익혀야 한다!

일중 입문

어떤 면에서는 간단해 보일지도 모른다. 전일 트레이더—파워 트레이더—로 나는 그저 하루 종일 버튼을 누르며 매매만 하면 되니 말이다. 하지만 여러분, 정신 차리기 바란다. 나는 사냥감을 향해 달려들 기회를 노리고 있는 표범이다! 나는 강하다! 물론 그렇게 빠르지 않아도 버튼이야 누를 수 있겠지만, 아기들도 버튼 누르는 것은 할 수 있고 심지어 하루 종일 누르고 있을 수도 있다. 하지만 아기들이 버튼을 눌러서 지속적으로 돈을 벌 수 있는가? 그것으로 먹고살 수 있는가? 바로 이것이 궁극적으로 흔히 말하는 '남자', '여자'와 '소년', '소녀'가 구분되는 지점이다.

말이 난 김에 한번 시작해 보자. 이 용어가 처음인 사람들에게 일중(intraday)은 하루의 주식 시장에서 개장에서 폐장까지의 시간을 가리키지만, 좀 더 넉넉한 해석은 개장 이전이나 폐장 이후의 매매도 포함시킨다. 어느 날 당신은 시장에서 거래량 변동, 추세 유지와 반등, 변동성의 변화 등등을 만나게 될 것이다. 때로는 국제 뉴스 발표, 산업계 뉴스 보도, 심지어 개별 회사의 보도 자료 발표 같은 외부 사건들이 일중 시장의 변동을 촉발하기도 한다. 소문과 일반적 시장 인식들, 경제 상황에 대한 인식, 또는 수요 공급의 통상적인 변화 또한 시장에서 일중 움직임을 야기한다. 원인이 무엇이든 간에, 파워 트레이더는 이처럼 변화하는 시장 상황들에 적응할 필요가 있다. 일반적인 하루의 투자 활동 동안 트레이더가 관리할 필요가 있을지 모르는 자세한 사항들에 대해 간략히 살펴보자. 방금 말했듯이 시장 상황은 거래일 내내 바뀌며, 특히 어느 시점에든 뉴스가 날아드는 날에는 초 단위로 100포인트 이상이 오르내리기도 한다. 우리가 살고 있는 세상이 항상 유동적인

데도 어느 정도 원인이 있지만, 역사상 그렇지 않은 때가 없었다고 말할 수도 있을 것이다. 그러므로 바닥까지 파헤쳐 들어가 보면, 진짜 원인은 뉴스가 우리에게 전달되는 속도가 그 어느 때보다 빠른 데 있다고 할 수 있다. 인터넷이 출현하기 전에는 모든 속보는 TV와 라디오, 심지어 신문에서 나왔다. 그날의 새로운 소식을 들으려면 뉴스가 방송되는 새벽 6시, 또는 밤 11시까지 기다릴 수밖에 없었다. CNN이 생기면서 더 신속히 뉴스를 들을 수 있게 되었지만, 그조차도 트위터나 구글만큼 빠르지 않았다. 말 그대로 사건현장에서 사건이 일어나자마자 누군가가 SNS에 소식을 올리는 것만큼 빠를 수야 없는 것이다. 이제는 속보가 아니라 실시간 뉴스의 시대다! 그래서 하루 종일, 시시각각으로 다른 트레이딩 전략을 써야 하는 것이다.

예기치 않았던 뉴스 보도와 같은 수많은 사건들이 시장을 예상할 수 없는 방향으로 움직이기는 하지만, 어느 정도는 예상 가능한 하루 동안의 시장의 리듬 같은 것도 있다. 시장의 하루 동안의 리듬에 익숙해진 트레이더들은 그것을 이용하거나 그것의 위험성을 피하는 트레이딩 전략을 구사할 수 있다. 일중 시간단위의 장에서는 거래일을 일련의 독립된 시간단위, 또는 시간대로 나누고 각각을 시장 활동과 연결시킨다. 그렇게 하면 트레이딩에 도움이 되는 면이 있는 것을 알게 될 것이다. 하루의 거래일을 준비하기 위한 검토 작업은 대개 선물과 최근 뉴스, 전체적인 시장 상황을 살피는 것으로 시작한다. 다음으로 스윙 트레이딩이 가능한 포트폴리오 비중을 검토하고, 이런 과정 전체를 통해 트레이더들은 언제나 매매할 특정 주식들을 찾는다.

전날 폐장 때 가격에서 갭상승하거나 갭하락하는 주식들을 파워 트레이딩하는 것은 흔히 어마어마한 트레이딩 기회를 제공하지만, 아이디어들은 온라인 뉴스 서비스나 CNBC 같은 비즈니스 뉴스 채널을 포함한 다양한 출처에서 나올 수 있다. 사실, 나는 CNBC야말로 트레이더들의 도구함에서 없어서는 안 될 요소라고 생각한다. (국내에는 NAVER나 DAUM같은 훌륭한 포털 서비스가 있다 - 감수자)

거래일이 진행되는 동안 트레이더들은 매매할 수 있는 상황을 기다린다. 개장하고 처음 몇 분은 변동성이 무척 크고 역동적이기 십상이다. 이 시점에는 과잉된 가격 변동이 초래될 때가 많기 때문에 기민한 트레이더들에게는 큰돈을 벌 수 있는 기회다. 이때 흔히 갭상승하거나 갭하락한 주식들이 신속히 이윤을 얻기 위해 회전되면서 주가가 제자리를 찾는다. 갭을 어떻게 활용해 매매하는지에 대한 구체적인 내용은 뒤에 다시 다루겠다. 하루가 지나면서 시장 상황이 변하면 그에 따라 트레이딩 전략을 바꾸어야 한다. 손실 제한 주문의 범위를 좁힐 수도 있고, 포지션에서 빠져나오거나 새로운 포지션에 들어갈 수도 있다. 시장에서 처져 있거나 다른 주들보다 뒤처진 주식인 소외주는 새로운 트레이딩 기회를 제공할 때가 많다. 하루 내내 적절한 시점에서, 그리고 정규 거래 시간 마감이 다가올 때, 트레이더들은 일중 매매의 종료 전략(exit strategy)을 계획한다. 대부분의 경우 트레이더들은 그날 정규 개장 시간이 끝날 때까지는 모든 일중 포지션들에서 빠져나온다. 물론 스윙 트레이딩들은 각 매매에 대한 원래 계획에 따라, 그리고 전체적인 시장 상황에 따라 하루 종일은 물론 그 이후까지 관리되기도 한다. 폐장이 되면 많은 트레이더들이 그날의 활동을 멈춘다. 하지만 어떤 트레이더들은 폐장 이후에도 트레이딩 기회를 기다린다. 이 시간에는 속보가 주가에 영향을 미치는 가장 중요한 요소가 되어 트레이딩 기회를 제공할 때가 많다.

하지만 계속하기 전에, 정규 개장 시간 이외에 트레이딩한 경험이 전혀 없는 사람들에게 몇 가지 짧게 유의 사항을 이야기하겠다. 적은 거래량과 큰 가격 스프레드, 그리고 다른 요인들 때문에 폐장 이후의 트레이딩에는 더 많은 위험이 따른다. 따라서 정규 개장 시간이 아닌 시간에 트레이딩할 때는 더 주의해야 하고 주문을 제한해야 한다.

시간단위

트레이딩 시간단위를 빼고는 파워 트레이딩을 논할 수 없다. 15년 넘게 시장의 움직임을 좇다 보니 하루 중 특정한 시간에는 늘 특정한 경향이 있다는 것을 알게 되었다. 그런 추세들이 무엇인지 전반적으로 살펴보는 것이 중요하다.

내 생각에 파워 트레이딩에서 가장 중요한 것 중 하나는 이런 일중 시간단위를 이용해 매매하는 법을 배우는 것이다. 하루 중 어떤 시간들에는 시장 추세가 활발하고 변동성이 크다. 다른 시간들에는 시장 움직임이 소강상태에 들어가거나 둔화될 수 있다. 이런 활동이 100퍼센트 확실하게 매일 정확히 같은 시간에 일어나는 것은 아니지만, 상당히 일관적으로 일어나는 경향이 있다. 다음은 내가 여러 해 동안 관찰한 것에 근거해 거래일의 시간별 움직임을 정리해 본 것이다.

시간은 모두 동부표준시(Eastern Standard Time: EST)이다.

오전 08:00-09:30. (국내시장의 경우 07:30~08:30) **개장 전(개장 외) 트레이딩**

오전 09:30-10:00. (국내시장의 경우 09:00~09:30) **갭 트레이딩**

오전 10:00-13:00. (국내시장의 경우 09:30~13:00) **오전 10시 법칙의 효과 발휘**

오후 13:00-14:30. **점심시간 소강상태/반등**

오후 14:30-15:20. **점심시간 이후 활동**

오후 15:20-15:40. **오후 소강상태**

오후 15:40-16:00. (국내시장의 경우 14:40~15:00) **폐장/하루의 마감**

오후 16:00 (국내시장의 경우 15:00) 이후. **장후, 뉴스의 중요한 역할!**

(국내시장과 미국시장의 장중 시간차가 존재하기 때문에 국내시장의 매칭되는 시간대를 별도로 표기했으며 매칭되지 않는 오후 시간대는 대략 국내시장 13:00~14:00 정도로 보면 된다 - 감수자)

위의 시간단위를 보면 왜 하루 거래일 내내 트레이딩 전략을 조정해야 하는지 쉽게 알 수 있다. 예를 들어, 갭을 이용한 매매는 점심시간의 소강상태를 이용한 매매와는 다른 전략을 써야 하는 것이 분명하고, 점심시간 소강상태를 이용한 매매는 개장 외 시간의 매매와 다른 것이 분명하다.

표 4.1은 방금 언급된 다양한 시간단위에서 나스닥이 어떻게 움직이는지를 보여 주는 일일 차트다.

이날 볼 수 있는 것처럼 시장은 내가 이 장에서 서술한 것과 매우 유사한 모습을 보이며 움직였다. 만약 이것이 그때만 일어나는 사건이라면 뒷북치는 일이 되겠지만, 내 경험상 이런 패턴들은 계속 반복되는 경향이 있다!

오전 9:00-10:00(국내시장 오전 09:00-10:00): 갭

표 4.1의 차트에서 볼 수 있는 것처럼 시장은 대개 트레이딩이 시작되고 처음 30~75분 동안 가장 활발하고 변동이 심하며, 따라서 트레이더들에게는 유리한 시기다. 많은 거래량과 높은 변동성은 흔히 최고의 트레이딩 기회를 제공한다. 사실, 1시간 남짓 트레이딩을 한 뒤 아침이 순조롭게 돌아가면 일부 트레이더들은 심지어 그날 치 목표를 모두 달성해 그날은 더는 매매를 안 하기도 한다. 트레이딩의 첫 30분은 갭을 위한 최고의 시간대인데, 특히 전체 시장이 큰 갭을 형성할 때 더욱 그렇다. 시장이 열리기 전에 나는 갭상승하거나 갭하락하고 있는 주들을 찾는다. 큰 폭으로 갭상승하거나 갭하락했지만 다른 부분에서는 매매에 문제가 없는 모멘텀주들을 찾으면 나는 매매에 들어갈 시점을 기다린다. 큰 폭의 갭은 대개 트레이더들이 거래량이 적은 폐장 후(또는 개장 전) 거래 동안에 나온 뉴스에 과잉 반응하는 데서 야기된다. 거래량이 적을 때는 폐장 후의 어떤 중요한 매도 또는 매수 압력도 주가를 더 격렬하게 뒤흔들어 결국 과장된 가격 이동을 초래할 수 있다. 그런 다음 장이 개장하고 거래량이 정상 수준으로 돌아오면 주가 반전이나 반등이 일어나 제 가격으로 돌아오는 일이 흔하다(표 4.1 참조). 트레이딩이 갭을 형성할 때 나는 반등 시점을 노려 매매에 들어간다. 이 개념을 더 정확히 파악하기 위해 고무줄을 계속 잡아당겨 보라. 더 잡아당겼다가는 끊어질 것 같을 때 한쪽을 놓아 보라. 어떤 일이 벌어지는가? 진짜 고무라면 '제자리로 돌아가는' 것은 물론이고 원래 자리를 지나쳐 반대 방향으로 휙 날아갈 것이다!

이처럼 갭을 페이드하는 것은 고무줄이 제자리로 돌아가는 것에 비길 수 있다. 어떤 주식이 큰 폭으로 갭상승하면 나는 제자리를 찾아 떨어질 것을 예상하며 매도 포지션에 들어가기도 한다. 반대로 주식이 갭하락하면 나는 차트에 나타나는 것처럼 제자리를 찾아 상승할 것을 예상해 종종 매수 포지션에 들어간다. 갭이 어느 방향으로든 제자리로 돌아가는 것을 이용해 트레이딩하는 것을 갭을 페이드한다고 부른다. 물론 시장과 관련된 다른 모든 것처럼 어느 날이나 똑같이 움직이지는 않는다. 갭이 확률이 높은 매매 기회이고 특히 큰 폭으로 갭하락할 때 더욱 그렇긴 하지만, 주식이 큰 폭으로 갭상승이나 갭하락하고서 통상 일어나는 반등 없이 계속 같은 방향을 향할 때도 있다. 이때 당신은 당신의 스윙 트레이딩을 지켜보며 관리하고 싶기도 할 것이다. 만약 당신이 스윙 트레이딩에서 매수를 유지하고 있는데 주식이 큰 폭으로 갭상승한다면, 당신은 아마 이윤을 낼 기회를 이용할까 싶은 생각이 들 것이다. 매도를 하고 있는데 큰 폭으로 갭다운할 경우도 마찬가지다. 물론 각각의 매매에 대한 전체적 계획을 고려해야 하지만, 충분히 이익을 보았다면 갭은 이윤을 올릴 좋은 기회를 제공할 수 있다. 그와는 달리 어떤 포지션을 유지하고 싶다면, 이윤을 올리는 것을 고려하고 갭 반등이 있다면 더 좋은 가격에 포지션에 다시 들어갈 수도 있다. 반드시 주가가 반등해 제자리로 돌아가리라는 보장은 없지만, 포지션에서 나오기 전에 그런 가능성을 반드시 고려해야 한다. 갭 매매에 대한 예들과 더 자세한 정보는 8장과 10장에 나온다. 나는 갭에 많은 시간을 들이는데, 왜냐하면 이것이 누구라도 배울 수 있는 가장 간단한 매매 기법이고 내가 따라갔던 어떤 추세보다도 더 높은 승률을 자랑한다고 생각하기 때문이다. 갭하락은 단연코 내가 가장 선호하는 일중/파워 트레이딩 추세다.

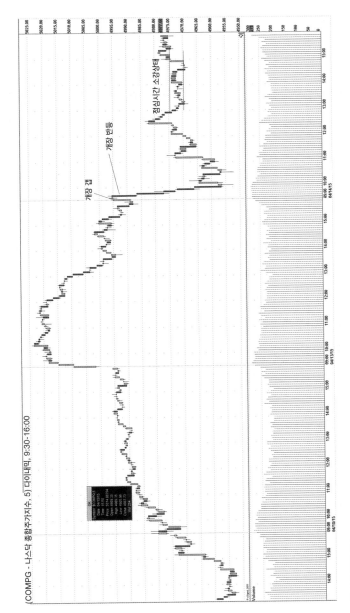

(COMPG - 나스닥 종합주가지수, 5) 다이내믹, 9:30~16:00)

개장 갭

개장 반등

점심시간 소강상태

표 4.1 시간단위

10:00-오후 1:00(국내시장 오전 10:00-01:00): 오전 10시 법칙의 효과 발휘

앞 절에서 논의한 것처럼, 주가는 갭의 반대 방향으로 반등할 때가 많다. 갭상승 때 매수에 들어갔는데 주가가 반등해 떨어졌다면 이 매매에서 손해를 보기 쉽다. 갭하락 때 매도에 들어갔는데 반등해 주가가 오르는 경우도 마찬가지다. 내가 오전 10시 법칙을 만든 것은, 트레이딩이 갭을 형성할 때 잘못된 매매 쪽에 잡히지 않도록 돕기 위해서였다. 오전 10시 법칙은 돈을 잃지 않도록 도와주면서 돈을 벌도록 해줄 수도 있는 간단한 가이드라인으로, 특히 트레이딩이 처음인 사람들에게 도움이 된다. 오전 10시 법칙이란 이런 것이다. 어떤 주식이 갭상승할 경우, 오전 10시 이후에 새로 고점을 형성하지 않는 한 매수해서는 안 된다. 반대로 어떤 주식이 갭하락할 경우, 오전 10시 이후에 새로운 저점을 형성하지 않는 한 매도해서는 안 된다. 이 법칙을 따르려면 마음이 가는 방향과 반대로 가지 않으면 안 되는데, 왜냐하면 시장이나 주식들이 갭상승할 때는 저마다 주식을 사려고 난리를 피울 수 있기 때문이다. 사람들은 흔히 흥분에 사로잡혀 발 벗고 뛰어들어 주식을 사들이거나, 그저 앞으로 벌어질지 모르는 반등의 기회를 놓칠까 봐 주식을 사기도 한다. 반대로 주식이 갭하락할 때는 패닉에 빠져 앞다투어 주식을 팔아 치울 수도 있다. 오전 10시 법칙을 따르는 것은, 마음을 추스르고 갭 반등이 일어날 경우 발생할 수 있는 손실을 피하는 데 도움이 된다. 주식이나 시장이 갭을 형성한 뒤 그 상태가 지속될 수도 있지만, 대부분의 경우에는 최소한 일시적으로라도 제자리로 돌아가려는 움직임이 나타난다. 갭이 반등한다면, 그 반등은 보통 오전 10시 이전에 일어난다. 결국, 우세한 방향이 출현하기 시작하는데, 일시적인 것일 수도 있고 그날 하루의 추세를 형성할 수도 있다. 어느 쪽이든 간에, 최초의 갭 트레이딩이 끝난 뒤에는 오전 10시 법칙을 지침으로 삼아 다른 매매에 들어갈 시간을 정할 수 있다. 어떤 주식이 오전 10시 이후에 새로운 고점을 형성한다면, 그것은 강세의 신호다. 이런 일이 벌어질 경우 상승 추세가 계속될 가능성이 크다. 그래서 나는 모멘텀주가 오전 10시 이후에 새로운 고점을 형성하면 흔히 매수 포지션에 들어간다. 포지션을 정한 다음에는 위험성을 줄이기 위해 곧바로 손실 제한 주문을 하고, 추세가 지속되면 주가를 따라가야 하는데 이런 일은 아침 내내 계속될 때가 많고 상승 추세가 강한 날에는 그 이후까지 계속될 수도 있다. 새로운 저점이 형성될 경우에는 반대 방식을 취하면 된다. 어떤 주식이 오전 10시 이후에 새로운 저점을 형성하면 그것은 약세의 신호이므로, 매도 포지션에 들어가 이익 제한 주문을 이용해 위험성을 제한할 수 있다.

오후 1:00-2:30: 점심시간 소강상태/반등

어떤 트레이더들은 점심시간이 정오에 시작한다고 생각한다. 하지만 여러 해 동안 시장의 활동을 추적하며 관찰해 본 결과, 대부분의 트레이더들은 오후 1시에서 2시 30분 사이에 점심을 먹는다는 결론이 나왔다. 점심시간 시기에는 흔히 시장 활동이 둔화나 소강상태를 보인다. 트레이더들이 점심 식사를 위해 자리를 뜨기 때문에 거래량이 점점 줄어들거나 미미해지는 경향이 있다. 그 결과, 시장과 개별 주가가 표류하거나 이전까지 추세와는 반대 방향으로 움직이게 되는 경우가 많다. 점심시간 동안이나 점심시간 직후에 시장이 반대 방향을 향하는 경우도 드물지 않다. 시장 활동에 관한 것들이 늘 그렇듯이, 감소가 발생하지 않거나 점심시간 동안 새로운 고점이나 저점이 형성될 때도 있지만, 여러 해 동안 이 활동을 관찰해 본 결과, 점심시간에는 소강상태에 들어갈 확률이 높은 것으로 밝혀졌다. 이런 이유로 나는 점심시간이 다가오면, 특히 아침 매매에서 상당한 이익을 보았을 때는, 일중 포지션에서 나오거나, 손실 제한 주문의 범위를 좁힌다.

점심시간 동안은 물론이고 그 이후까지 어떤 추세가 계속될 때가 있다고는 해도, 위험을 감수할 필요는 없다는 것이 내 생각이다. 점심시간 동안 시장이 목표 없이 오르락내리락 표류하는 사이에 이익이 서서히 사라지는 경우를 나는 너무도 많이 경험했다. 주가를 유지할 만큼 거래량이나 모멘텀이 충분하지 않을 때가 많은 만큼, 아침 동안 번 것을 고스란히 날리는 위험을 감수할 생각이 없다. 하지만 어느 날 시장이 충분히 강세를 보이거나, 약세를 보여 당신이 매도를 하고 있다면, 포지션에서 빠져나가기보다는 손실 제한 주문의 범위를 줄여 안전판을 삼을 수 있다. 또한 기본 매매량(lot size)을 반으로 줄여 위험 노출도를 감소시킬 수 있다. 점심시간 시기 동안에는 매매를 세심히 체크하는 것이 기본 중의 기본이다. 반면 어떤 포지션에 들어가려 한다면, 점심시간의 소강상태는 종종 절호의 기회가 된다. 역추세 포지션에 들어갈 절호의 기회일 수도 있다. 예를 들어 시장이 횡보하거나 천천히 하강 추세를 이루다가 점심시간이 되었다면, 시장이 잠재력을 갖고 있어서 그렇게 많이 내려가지는 않을 것이라는 인상을 받을 수 있다. 점심을 마치고 돌아온 트레이더들은 "이게 뭐야?" 하면서 매수 포지션을 취할 것이다. 점심시간에는 거래량이 적기 때문에 어느 정도만 사들여도 주가가 오르기 시작한다. 모멘텀이 회복되고 매수가 계속되면 결국 강한 역추세 반등이 일어나는 경우가 많다. 이런 유형의 날들은 점심시간 기간 동안 역추세 포지션에 들어갈 절호의 기회가 된다.

오후 2:30-3:20: 점심시간 이후 활동

트레이더들이 점심식사를 마치고 자리로 돌아오면 대개는 시장 활동이 회복되기 시작한다. 처음에는 시장이 어느 방향으로 움직일지 확실하지 않을 수 있지만, 앞 절에서 설명한 것처럼 점심시간 동안 또는 그 직후에 시장이 반대 방향으로 움직이는 것은 드문 일이 아니다. 이 시간단위 동안, 시장은 점심시간 동안의 반전을 지속할지 아니면 점심시간 이전의 추세로 돌아갈지 결정한다.

오후 3:20-3:40: 오후 소강상태

오후에 들어서면 많은 트레이더들이 이익을 보면서 일중 포지션에서 빠져나오기 시작하는데, 다른 트레이더들은 점심시간 동안 또는 그 이후에 택한 포지션을 유지하기도 한다. 어떤 트레이더들은 이 무렵에 벌써 그날의 거래를 마감하기도 한다. 일반적으로 이 시간은 시장이 그날 남은 시간 동안 어느 방향으로 나아갈지를 결정하려 하는 시간이다. 이 시간 동안 트레이더들이 포지션을 이리저리 옮기면서 시장은 반등하거나 주식을 대량 매각하려 할 수 있다. 이유야 어떻든, 오후 3시 20분에서 3시 40분 무렵의 시기에는 거의 일반적으로 시장 활동에서 오후 소강상태가 발생하는 것을 관찰했다. 점심시간 소강상태와 비슷하게, 이 오후 소강상태도 매매 포지션에 들어갈 또 한 번의 절호의 기회라 할 수 있다. 예를 들어, 그날 장이 강세로 끝날 것 같은 예감이 들고 오후 소강상태 동안 회복이 이루어졌다면, 그 회복을 이용해 하나 이상의 매수 포지션에 들어갈 수 있다.

오후 3:40-4:00(국내시간 오후 02:40-03:00): 폐장/하루의 마감

이 시간단위 동안에는 어떤 식으로 마감될지를 시장이 결정한다. 많은 기관들이 하루를 마무리하기 전까지는 자신의 포지션을 정리해야 한다. 혹시라도 불균형한 것이 있다면 균형을 맞추어야 한다. 그래서 폐장 직전의 주문들은 시장이 어떻게 될지에 대한 얼마간의 지표가 될 수 있다. 예를 들어, 3시 30분에서 3시 40분 무렵에 뉴스를 시청하거나 CNBC를 청취하다가 마감에 임박해 기관들의 강한 폐장 직전 매수 움직임이 보인다는 소식을 들으면, 나는 십중팔구 매수자가 되어 하루를 마감하는 단기 트레이딩에 들어간다. 왜냐하면 이런 트레이딩은 흔히 자기실현적인 예언이 되기 때문이다. 무슨 말인가 하면, 폐장 직전 매수 소식을 들으면 트레이더들은 시장이 상승할 것이라 생각하고 주식을 사들이기 시작하는데, 이것이 결국 폐장 전에 시장의 상승을 야기한다는 것이다. 이것은 주요 이동평균(moving average: MA) 저항선, (다른 것도 마찬가지지만) 특히 200일 이동평균에서 일어나는 현상과 유사하다. 이동평균은 강력한 저항선으로 인식되어, 주가가 200일 이동평균 선으로 떨어지면 트레이더들은 주식을 사들이기 시작하는데, 이 덕분에 200일 이동평균이 강력한 저항선이라는 개념이 강화되면서 자기실현적인 예언이 다시 한 번 창조되는 것이다. 이 시간단위가 하루의 끝머리에 가까이 있다고 해서 꼭 내가 이때 매수한 주식들을 다음 날까지 갖고 있을 것이라는 뜻은 아니다. 내가 이 시간단위 동안 이를테면 앞에서 말한 폐장 직전 매매처럼 어떤 포지션에 들어간다면, 대개는 10~20분 사이에 단타 일중 매매를 하기 위한 것일 뿐이다. 폐장 직전 매매를 그날 막판까지 (또는 실제 폐장 직전 매매가 시작될 때까지) 유지하고 있을 수도 있지만, 대부분의 경우 나는 장이 마감되기 전에 매매에서 빠져나온다. 물론 다른 모든 매매와 마찬가지로 어떤 특정한 주식이 오르리라는 보장은 없으므로, 여전히 당신은 합리적인 위험 관리 전략을 적용하고 그에 따라 손실 제한 주문을 설정하고 싶어질 것이다.

오전 8:00-9:30/오후 4:00-8:00(국내시간 오전 07:30-08:30 /오후 03:00-06:00) : 장후, 뉴스의 중요한 역할!

이 절의 내용이 주로 시장에서 정규 매매가 마감된 이후의 트레이딩에 대한 것이기는 하지만, 그날 장이 마감된 이후와 아침에 장이 열리기 전 시간을 통틀어 주식시장의 정규 운영 시간 이외에 이루어지는 트레이딩을 가리키는 말로 나는 장후(after-hours)라는 용어를 사용하고 있다. 투자자들은 이따금씩 장후 거래를 통해 주식을 사거나 팔기도 하지만, 그들의 결정은 대체로 장기적 계획에 기반해 이루어진다. 그에 반해 장후 거래를 하는 트레이더들은 일반적으로 지금 진행하는 장후 거래에서 바로 이익을 남기거나,

아무리 길어야 다음 날 아침의 잠재적 갭에서 이익을 남기는 단기 매매를 추구한다. 장기적 투자자들에게 장후의 주가 움직임은 그다지 관심의 대상이 아닐지 모르지만, 트레이더들에게는 어떤 사건은 상대적으로 단시간에 상당한 폭의 주가 스윙을 초래할 것이 분명한 것으로 여겨지며, 그렇지 않다면 장후 트레이딩 기회는 많지 않을 것이다. 장후 트레이더들에게는 다행스럽게도, 원하는 주가 스윙을 야기하는 사건들이 있다. 장후 주가 변동을 촉진하는 핵심 요소는 뉴스 속보다. 상승과 하강, 대기업의 거래, S&P 500 같은 대형 지수에 새로 포함된 주식들, 실적 경고, 실적 보고, 주요한 국제적 사건에 관한 뉴스, 기타 등등이 여기에 속한다. 어떤 뉴스 보도는 주식, 업종, 심지어 시장 전체를 들썩거리게 한다. 예를 들어 인텔 같은 대기업에서 추산치를 훌쩍 뛰어넘는 실적 보고서를 발표하면 인텔 주(INTC)가 상승하는 것은 물론이고, 선물과 테크놀로지 시장 전체가 함께 상승할 수 있으며, 특히 인텔 주와 같은 업종에 속한 주식들은 더욱 그렇다.

다른 예를 하나 들어 보자. 시스코에서 자사가 변곡점에 도달했으며, 주문이 눈에 띄게 회복되기 시작했다는 보도자료를 발표했다고 해보자. 시스코 주(CSCO)는 주목하는 사람이 많은 주식이어서 시장에 잠재적으로 영향을 미칠 수 있는 만큼, 나는 즉시 시스코 주를 지켜보기 시작해 주가가 오르는지 확인할 것이다. 보도자료가 발표된 해당 주, 이 경우에는 시스코 주에 올라탈 시간이 없을 때가 종종 있다. 주가가 정말로 오르면, 나는 시스코 주와 같은 업종에 있는 JNPR 같은 다른 주식들을 매매할 기회를 노릴 것이다. 무엇보다도 경쟁사들의 주식들을 주목하기 시작할 것이다. 시장 전체를 들썩이게 할 가능성이 있는 빅뉴스가 보도된 경우에는 이베이나 아마존(AMZN), 브로드컴(BRCM), 애플(AAPL) 등등의 인기 있는 모멘텀주들도 살펴본다. 기본적으로 나는 시장의 상승 움직임과 함께 오를 가능성이 있고 그래서 결국 장후 거래에서 단기 매매로 0.50~1.00달러나 그 이상의 이득을 올릴 가능성이 있는 대형 모멘텀주들은 모두 눈여겨볼 것이다. 업종별로 장후에 주목할 모멘텀주들 목록을 만들어 두면, 어떤 회사에 대한 속보가 나왔을 때 재빨리 경쟁사들을 체크할 수 있다. 그 뉴스가 시장 전체에 영향을 미치건, 아니면 특정한 업종이나 같은 업계의 다른 기업들에 영향을 미치건 말이다. 예를 들어, 나는 인텔(INTC), 어플라이드 머티어리얼즈(AMAT), KLA 텐코(KLAC) 등등을 하나의 그룹으로 묶는다. 마찬가지로 페이스북(FB), 트위터(TWTR), 링크드인(LKND)처럼 다른 업종들도 같은 방식으로 그룹을 만든다. 일반적으로 나는 하루를 넘겨 포지션을 유지하려 하지는 않는다. 하지만 뉴스가 정말로 호재여서 다음 날 아침에 시장이 갭상승할 것 같은 생각이 들면, 다음 날 아침까지 포지션의 절반을 유지할 수도 있다. 하지만 내가 주식을 유지한다면, 일반적으로 그것은 남은 주식 때문에 다음 날 아침 입을 수도 있는 손실을 상쇄할 만큼의 이득을 포지션의 절반으로 올리는 것으로 마감할 수 있을 때뿐이다. 나는 이익을 보는 매매를 손해를 보는 매매로 뒤바꾸는 위험을 감수하느니, 설령 충분한 벌이가 안 된다 하더라도 1~2달러의 이득을 남기는 쪽을 택할 것이다. 덧붙이자면, 어떤 뉴스에 근거해 다음 날까지 포지션을 유지하려 한다면, 그 뉴스를 철저히 읽어보고 정확히 이해했는지 확실히 해야 한다. 다른 나쁜 소식들의 충격을 완화하기 위해 기업이 우선 좋은 뉴스부터 발표하는 경우가 드물지 않다. 예를 들어, 어떤 기업이 높은 영업 이익을 올렸다고 발표하고 나서 15분 뒤에 최고경영자가 사퇴한다는 소식을 발표할 수도 있다. 1~2달러의 이익은 장후 거래에서는 순식간에 사라지면서 4달러 손실로 바뀔 수 있다. 특히 장후 거래에서는 상대적으로 적은 거래량 그리고/또는 큰 가격 스프레드 때문에 주가가 더 빨리 움직일 수 있다는 점을 고려해야 한다. 앞에서 말한 것처럼, 당신이 장후 거래를 이제 처음 해보는 것이라면 처음에는 신중하게 진행할 것을 권한다. 왜냐하면 위험성이 더 크기 때문이다. 다른 무엇보다도 적은 거래량 그리고/또는 큰 가격 스프레드 때문에, 적절한 가격이 형성되어 있을 때 포지션에 들어가거나 나오는 것이 더 어렵다.

시간단위 예

표 4.2는 다양 일중 시간단위 동안의 익스피디아(EXPE)의 주가 움직임을 보여 준다. 이날 주가 움직임은 변동이 심했는데, 그로 인해 대단히 큰 트레이딩 기회들이 생겼다. 처음 30분 동안 익스피디아 주는 강세로 시작했다가 곧이어 하락했다. 출발을 매도 포지션으로 페이드했다면 훌륭한 트레이딩이었을 것이다. 오전 10시 이후에 주가가 이전 저점을 돌파했고, 이것이 매도 포지션에 들어갈 또 한 번의 기회를 제공했다. 어떻게 트레이딩을 실행했느냐에 따라, 익스피디아 주가 또 한 번 새로운 저점을 형성했을 때 이익을 보았을 수 있다. 아니면, 연동형 손실 제한(trailing stop)를 이용하고 포지션을 더 오래 유지했다면 매매가 중단되었을 것이다. 점심시간 시기를 보면, 익스피디아 주는 역추세 주가 반전을 보이고 있다. 점심시간의 반전 가능성을 예상해 매수 포지션에 들어갔다면, 다음 하락 이전에 꽤 짭짤한 수익을 올렸을 것이다. 하지만 역추세 움직임이 이 경우에는 지속되지 않았고, 주식은 결국 저점 근처에서 그날을 마감했다. 물론 이 예는 하루에만 적용된다.

표 4.2 EXPE 차트

많은 경우 점심시간 반전은 그날 내내 지속된다. 다우존스 지수의 일중 차
트를 보여 주는 또 다른 예가 있다. 이 경우에는 시장이 소폭 갭상승했고 계
속 높아지고 있는 점을 주목하라. 오전 10시 즈음에 잠깐 휴지기를 보인 뒤,
상승 추세는 점심시간까지 계속된다. 10장에서 설명하는 대로, 오전 10시 법

칙을 지침 삼아 그날 추세를 이용해 트레이딩을 할 수 있었을 것이다. 오후 소강상태 동안 약간의 하락이 있었지만, 상향 추세가 그날은 물론 그 이후까지 지속되었다.

뉴스 트레이더

뉴스 이벤트 트레이더들은 항상 뉴스에 귀를 기울인다. 적어도 나는 그러는데, 여러분도 그렇게 하기를 권한다. 앞에서 말한 것처럼, CNBC는 트레이더로서 내게는 필수적이다. 뉴스는 트레이딩 아이디어를 제공할 뿐 아니라, 뉴스 속보가 시장이나 당신이 트레이딩하고 있는 주식들에 부정적 영향을 미치는 경우 손실을 예방하는 데도 도움을 줄 수 있다. 일반적으로 트레이더들은 시장의 맥을 짚어 보고 그날 시장이 상승과 하강 어느 쪽으로 편향될지 판단하는 것으로 하루를 시작한다. 다시 말해 무엇인가가 이미 시장 분위기에 영향을 미치기 시작했는지 파악하고, 만약 그렇다면 무엇이 왜 그랬는지 알아보는 것이다. 나 같은 경우는 S&P와 나스닥 선물들을 점검해서 시장 전체의 편향에 대한 전반적인 감을 잡는 것으로 하루를 시작한다. 선물들이 오르면 시장 전체도 더 높은 가격에서 출발할 가능성이 크다. 선물이 본질적으로 변동이 없거나 하락하면, 시장은 같거나 더 낮은 가격에서 출발할 가능성이 크다. 전체 시장의 편향이 일단 정해지면 온라인 뉴스와 CNBC나 다른 경제 채널들의 TV 경제 뉴스들을 확인해야 한다(CNBC로 선물 지수도 확인하는 것이 좋다). 내가 뉴스를 챙겨 보려는 것은 대개는 그런 뉴스들이 하루의 트레이딩에 영향을 미칠 수 있기 때문이지만, 시장이 그와 같은 편향을 보이는 특별한 이유가 있는지 알고 싶어서이기도 하다.

다양한 사건들이 시장 그리고/또는 주가에 잠재적으로 영향을 미친다. 국제 사회에서 벌어진 사건의 뉴스 속보, 애널리스트의 업그레이드나 다운그레이드, 수익 발표, 경제 데이터 보도 등등을 그런 예로 들 수 있다. 이 책을 쓰고 있는 시점에서는 러시아/우크라이나 뉴스, 유가, 중동, IS 테러리스트 등이 주요 사건일 것이다. 뉴스들은 계속 바뀌므로, 당신이 이 책을 읽고 있을 때쯤에는 틀림없이 다른 사건들이 벌어지고 있을 것이고, 아니면 적어도 우리가 지금 당면하고 있는 사건들과 함께 다른 일들이 벌어지고 있을 것이다. 하지만 어떤 경우에는 현재 편향의 가시적인 이유가 없을 때도 있다. 일상적인 시장 변동이나 추세 지속, 또는 주식의 전체적인 수요 공급의 일시적 불균형 때문에 편향이 발생할 수 있다.

나는 또한 어떤 특정 주가 뉴스에서 언급되지는 않는지, 개장 전 활동에서 움직임을 보이는 주는 없는지도 확인한다. 대기업에 대한 주요 뉴스 또한 시장에 영향을 미칠 수 있다. 페이스북 주와 관련된 좋은 소식 또는 나쁜 소식이 발표될 수도 있고, 애플 주가 다운그레이드될 수도 있다. 이유야 어찌 되었든, 시장이나 특정 주식이 왜 상승하거나 하락하는지 판단하자는 것인데, 왜냐하면 그것이 그날의 트레이딩에 영향을 미칠 것이고, 매매 기회를 제공하거나 현재 내가 유지하는 포지션의 성과에 영향을 미칠 수 있기 때문이다. 거래일 하루 종일 뉴스 제공 서비스와 CNBC를 보고 있어야 한다. 중요한 뉴스 속보가 나올 때 당신의 파워 트레이딩을 관리하기 위해서만이 아니라, 뉴스야말로 트레이딩 아이디어의 끊임없는 원천이기 때문이다. 뉴스발표가 시장과 개별 주식들에 어떻게 영향을 미치는지에 대한 좀 더 자세한 내용과 예들은 11장에서 제시하겠다.

스윙 트레이딩

여러 날 동안 보유하고 있긴 하지만 장기 투자는 아닌 주식을 가리켜 스윙 트레이딩이라고 한다. 위험성을 최소화하기 위해 나는 매일 하루를 마감할 때는 갖고 있던 모든 트레이딩 포지션을 정리할 때가 많다. 하지만 그럴 만한 이유가 있으면, 주식이나 옵션 포지션을 더 오래 유지하기도 한다. 한두 건 정도의 스윙 트레이딩을 하고 있는 날에는, 시장 전반에 대한 감을 잡고 난 뒤에 원래의 트레이딩 전략에 근거해서, 그리고 현재의 시장 상황, 뉴스 속보, 또는 이익을 올리고 싶은 바람에 따라 원래의 전략을 수정해 가며 스윙 트레이딩을 관리하기 위해 필요한 모든 적절한 조치를 취한다. 일반적으로 나는 매일 장이 마감되기 전에 손실 제한 주문들을 모두 없앤다. 왜냐고? 간단하다. 어떤 사건의 뉴스 속보가 일시적으로 과장된 가격이나 갭을 야기할 수 있기 때문이다. 나는 제멋대로 포지션에서 끌려 나오고 싶지는 않다.

예를 들어, 내게 사이버보안 회사인 파이어아이 사의 주(FEYE)가 있어서 현재 주당 약 42달러 남짓 되는 종가(closing price)에서 1달러를 손실 제한 주문으로 설정해 놓았는데 다음 날 아침 이 주식이 2달러 갭하락했다면, 내 손실 제한 주문이 발효되는데, 그 주문은 전날 종가보다 2달러 낮은 가격에 들어가거나, 아니면 위기를 관리하기 위해 내가 의도한 손실 제한 범위보다 1달러 낮은 가격에 들어갈 것이다. 결국 나는 설령 그 뒤에 3달러가 반등하거나 원래 가격으로 돌아온다고 해도, 개장 때의 주식 '가격 변동'에 근거해 주문이 완료된 상태가 되는 것이다. 이런 가능성을 피하기 위해, 손실 제한 주문은 그날그날 트레이딩이 마감되기 전에 해지되어야 한다. 그 최초의 가격 변동이 그날 주가의 저점이나 고점이 될 때가 많다는 것을 명심하라. 나는 내 매매를 직접 관리하고 어떻게 포지션에서 나갈지 통제하는 쪽을 선호하기 때문에, 전반적인 시장 상황이나 뉴스 발표, 또는 내가 보유한 주식의 주가에 영향을 미칠 수 있는 그 밖의 다른 요소들을 고려할 수 있다. 파이어 아이 주가 2달러 갭하락한 것은 기분 좋은 일은 아니겠지만, 내가 통제권을 갖고 있다면 주가가 반등해 제자리로 돌아올 가능성을 노리고 주식을 계속 갖고 있으면서 좀 더 좋은 가격에 포지션에서 나가는 쪽을 선택할 수 있을 것이다. 물론 가격 움직임과 시장에 따라서는 2달러를 손해 보고 포지션에서 나갈 수도 있겠지만, 적어도 내 주문가 결정을 투자 전문 기관에 맡기는 것이 아니라 나 스스로 결정할 수 있다. 게다가 어떤 투자 전문 기관들은 잘못된 가격을 일시적으로 올렸다 철회했다 하면서 의도적으로 손실 제한 주문이 발효되게 하려 할 수도 있다. 특히 장후 트레이딩에서는 더욱 그럴 수 있는데, 이때는 설령 손실 제한을 설정할 수는 없어도 많은 플랫폼에서 주문 제한을 설정할 수 있으며, 잠깐 사이에 '당신을 저격하는' 것은 쉽게 할 수 있는 일이다. 결국 주식은 역전되고 그 과정에서 당신은 좀비에게 살이 뜯기는 고통을 맛보게 된다. 매일을 손실 제한 주문 없이 산뜻하게 시작하는 만큼, 내가 가장 먼저 하는 일들 중 하나는 시장의 강세, 약세 여부, 그리고 각 트레이딩에 대한 나의 원래 계획에 따라 손실 제한 주문을 다시 설정하거나 포지션에서 나가는 것이다. 그렇지 않으면, 스윙 트레이딩에 들어가려 할 경우 나는 그 가능성을 가늠하고 그에 따라 계획을 세운다.

와, 갭이다

나는 많은 시간을 들여 갭을 논의했고, 아마도 같은 이야기를 하고 또 했을 것이다. 왜냐하면 갭은 내 트레이딩 스타일의 초석이기도 하고, 왕초보라도 쉽게 배워서 활용할 수 있을 만큼 간단하기도 하기 때문이다!

시장이나 개별 주식들이 전일 종가보다 상당한 폭으로 갭상승(그 전날 폐장 때 가격보다 높은 가격으로 시작)하거나 갭하락(그 전날 폐장 때 가격보다 낮은 가격으로 시작)하면 엄청난 트레이딩 기회들이 생긴다. 따라서 장이 열리기 전에 나는 갭상승하거나 갭하락하고 있는 주들을 찾기 시작한다. 모멘텀주들을 찾는데, 왜냐하면 이런 주들은 더 큰 폭으로 갭상승하거나 갭하락해 제 가격을 찾아 반대 방향으로 움직이는 최고의 기회를 제공하는 경향이 있기 때문이다. 언제나 그런 것은 아니지만, 모멘텀주는 테크놀로지나 바이오테크 주들로 이루어질 때가 많다. 대부분은 나스닥 증권 거래소에서 거래하며, 따라서 이 증권 거래소의 대부분의 주식들이 그렇듯이 이 주식들도 AAPL, GOOG, 리제네론 파마슈티컬스의 REGN 등등 4글자로 된 명칭을 갖는다. 모멘텀주들은 유동성과 가격 활동이 더 큰데, 이로 인해 신속히 트레이딩에 들어가고 나오는 것이 용이하며, 여기서 상당한 이익을 볼 가능성도 있다. 일단 양호한 트레이딩 후보들을 몇 개 선정하면, 나는 그 주들을 내 관심주 목록에 첨가하고 잠재적 매매 상황을 찾기 시작한다. 상황이 내 트레이딩 계획에 따라 전개된다면, 이제는 그저 가격 활동을 지켜보며 매매를 실행하면 된다. 갭은 잠재적인 트레이딩 기회를 워낙 많이 안겨 주기 때문에 나는 훨씬 더 많은 시간을 쏟아 부었고, 10장은 전적으로 갭 트레이딩에 대해 다룬다. 더 많은 정보와 갭의 사례들은 10장에서 소개하겠다.

소외주

같은 업종이나 유사한 업계의 연관성 높은 주들의 가격은 흔히 서로 연동해서 움직인다. 이것은 곧 어떤 주의 가격이 오르거나 내리면 다른 유사한 주들도 뒤이어 값이 오르거나 내릴 수 있다는 것을 뜻한다. 이런 주들은 유사한 사업에 속해 있기 때문에, 실적 발표나 다른 사건 뉴스가 한 주식의 성과에 영향을 미칠 때 다른 주들도 영향을 받는 경우가 많다. 이 주식들을 지켜보다 보면, 이따금씩 일부 주들의 주가가 다른 몇 개의 주들을 저만큼 따돌리며 큰 폭으로 움직이는 일중 가격 확산을 접하게 된다. 이런 차이는 2개의 주 사이에 벌어질 수도 있고, 아니면 유사한 주들의 그룹 단위로 벌어질 수도 있다. 다른 주들에 비해 가격 움직임이 떨어지는 그룹에 속하는 주들을 가리켜 소외주라고 부른다. 소외주와 다른 주들 사이에 발생하는 가격확산은 그날 중이나 하루 이틀 안으로 어느 시점에 가면 바로 잡히는 경우가 많다. 소외주들은 전체 시장 상황에 따라, 그리고 주식 관련 뉴스들의 영향을 받으며 움직이기 시작해 다른 주들을 따라잡게 된다. 하지만 다른 주들이 소외주들의 가격으로 돌아가기도 한다. 시장 전반의 강도와 방향을, 어떤 주가 제자리를 찾아갈 가능성이 가장 큰지를 판단하는 가외의 지표로 활용할 수 있다. 예를 들어, 시장이 상승 움직임을 보이고 어떤 소외주의 관련주들 역시 상승하고 있다면, 그 소외주는 어느 시점에 다른 주들을 따라잡는 움직임을 보일 가능성이 더 크다. 소외주들을 훌륭한 데이 트레이딩 기회들을 제공한다.

폐장

대부분의 경우 트레이더들은 정규 시장이 마감되기 전에 데이 트레이딩에서 빠져나온다. 그래서 거래일의 나머지 시간 동안 트레이더들은 빠져나올 기회를 찾기 시작한다. 손실 제한 주문이나 연동형 손실 제한으로 이익에 제한이 가해지거나, 아니면 그저 적절한 기회가 오면 언제라도 포지션에서 빠져나가기도 한다. 그런가 하면, 하루의 끝 무렵에 새로운 트레이딩 기회들이 찾아올 수도 있다.

장후

오늘날의 시장에서는 대부분의 증권사들이 고객들이 정규 개장 시간 외에도 매매를 할 수 있게 해 준다. 장이 마감된 이후와 개장 이전에도 대개는 매매를 할 수 있다. 논의를 위해 나는 폐장 이후와 개장 이전 거래를 통틀어 장후 거래로 부르고 있다. 장후 거래의 지원 유형은 브로커에 따라 다양할 수 있고 자주 바뀌기 때문에, 브로커에게 구체적인 정보와 운영 시간을 확인받아야 한다. 많은 트레이더들이 시장이 마감하면 그날 매매를 중단하지만, 계속 장후 거래의 기회를 노리는 트레이더들도 많다. 장후 거래 동안에는 대부분 뉴스 속보가 가격 움직임의 원동력이 되는 경향이 있다. 나는 가끔씩 장후에 매매를 하긴 하지만(한때는 거의 매일 했다), 지금처럼 자주 하지는 않았다. 장후 매매를 할 때, 나는 일반적으로 장이 마감된 뒤 약 30분 정도 트레이딩을 한다. 훨씬 뒤에 트레이딩을 하는 것이 가능하지만 말이다. 장후 거래는 매일 동부표준시로 오후 4시에 시작되어 동부표준시 오후 8시

(국내시장 오후 3:30에 시작되어 오후 6시 - 감수자)에 마감된다. 원칙적으로 말해, 12시간 동안 쭉 이어서 트레이딩을 할 수 있는 셈이다. 하지만 그것을 파워 트레이딩이라고 부를 생각은 없다. 정신 나간 트레이딩이라고 하는 것이 더 어울릴 것이다. 장후 거래는 주로 뉴스에 좌우되고 대부분의 회사들이 장이 마감된 직후에 뉴스를 발표하는 만큼, 장이 마감되고 얼마 뒤에 트레이딩 기회가 생기는 비율이 높다. 하지만 그래도 뉴스 속보가 뒤늦게 나오면 트레이딩 기회도 늦게 찾아온다. 장후 거래가 처음이라면, 처음에는 조심해야 한다. 왜냐하면 장후 거래에는 더 큰 위험성이 따르기 때문이다. 다른 무엇보다도 적은 거래량 그리고/또는 더 큰 가격 스프레드 때문에 적절한 가격에서 포지션에 들어가거나 나오는 것이 더 어렵기 때문이다. 드문드문 거래되는 주식들은 특히 더 그렇다.

제5장 1만 2,500달러를 380만 달러로

우선 이것부터 짚고 넘어가자. 뒤에 나오는 것은 독립 회계사무소에서 내가 실제로 이런 일을 해냈다는 것을 증명해 주는 실제 보고서다. 이것 비슷한 일을 해낸 것이 이때가 처음은 아니고, 아마 마지막도 아닐 테지만, 대단한 일인 것은 분명하다.

어떻게 이런 일을 해냈느냐는 질문을 항상 받는데, 나는 고객들은 이 이야기에 거의 끌어들이지 않는다. 여러분이 시장을 이런 식으로 생각하지 않기를 바라기 때문이다. 나는 380만 달러를 버는 것을 목표로 삼지 않았다. 솔직히 말하면, 그 돈으로 트레이딩을 시작할 때 아무 목표도 없었다. 계좌에 얼마간 돈이 있었는데, 돈이 있기에 그것을 썼다. 거기에 마법 같은 것은 없다. 나는 나 자신에게 이렇게 말하지 않았다. "와, 1만 2,500달러가 있네. 오늘부터 트레이딩을 시작해야지. 14개월 뒤에는 380만 달러를 벌게 될 거야!"

그렇게 간단한 일이면 좋겠다. 14개월마다 그렇게 돈을 벌어서 더럽게 돈 많은 부자나 되어 보게 말이다! 하지만 절대로 그렇게 간단한 일이 아니다. 힘든 일투성이에 행운도 따라 주어야 하고, 영감과 직감도 엄청나게 필요하다. 또한 그것은 우리의 힘이 전혀 닿지 않는 어떤 것이 관련되어 있다. 바로 시장이다!

황소든 곰이든 가리지 않는다!

나는 항상 이렇게 말한다. 사실 이 구절은 내 창작품인데, 다른 사람들이 내 캐치프레이즈를 훔쳐 갔다. 하지만 상관없다. 표절은 최고의 형태의 칭찬이니 말이다! 어쨌거나 정말로 우리는 대개는 시장이 상승할지 하강할지 신경 쓰지 않는다. 시장/트레이딩의 올바른 편에 서기만 하면 말이다. 중요한 것은 그것뿐이다.

그러므로 황소든 곰이든 가리지 않는다!

2008년에 우리는 거의 대공황에 비길 만한 시장 폭락을 겪었다. 시장이 급격하게 하락했고 이 시기에 반등이 일어나면 반드시 훨씬 더 낮은 가격으로 다시 떨어졌다. 엄밀히 따지면, 우리는 '더 낮은 고점과 더 낮은 저점'이라고 부르는 것을 형성했다. 다시 말해 우리가 반등할 때 그 반등의 고점이 이전 반등의 고점보다 낮았다. 하락의 저점 역시 이전 하락의 저점보다 낮았다. 어떤 뉴스가 나오건, 투자자들이 아무리 많이 사들이건, '팔자'가 쏟아졌다.

유일하게 돈을 번 사람들은 시장을 이용해 매도할 의도와 능력이 있는 사람들뿐이었다. 우리는 하락이 있을 때 매도를 했고, 더 낮은 저점이 형성될 때도 매도를 했다.

내 트레이딩 스타일에는 추세장(trending market)이 최고다. 내가 거의 항상

코헨 & 셰퍼

공인 회계사무소
렉싱턴 가 420
2450호
뉴욕, NY 10170
Tel: (212) 972-6490
Fax: (212) 687-2705

의뢰에 대한 독립 회계사무소 보고서
절차 합의

마이클 파네스
20 리버테라스 #8M
뉴욕, NY 10282

귀하

본사는 귀하의 요청으로 아래에 계산된 절차를 수행했으며, 이 절차는 귀하와 합의된 사항입니다. 오로지 귀하의 트레이딩 활동에 대한 이익/손실 보고의 참고 자료로 쓰이기 위한 이 절차는 귀하가 제공한 정보를 기반으로 수행되었습니다.

이 절차에 사용된 모든 정보는 테라노바 파이낸셜에서 제공한 세부 자료에 따른 것입니다.

합의된 대로 본사는 2008년 7월 1일부터 2009년 4월 30일까지의 기간에 대한 정보를 분석했습니다. 이 기간에 대한 정보는 업무 수행과 연관이 있는 것으로 간주됩니다.

절차의 충족성은 오로지 마이클 파네스 씨에게만 책임이 있습니다. 따라서 본사는 의문점이나 법적 해석, 또는 귀하의 목적을 위해 아래 제시한 절차의 충족성에 관한 진술은 하지 않았습니다. 이 절차에 대한 본사의 수행은 귀하가 귀하의 트레이딩 활동의 이익/손실에 대한 고려로 귀하가 수행할 수 있는 어떠한 추가적인 조사나 절차도 대신할 수 없습니다. 합의에 따른 본 절차 수행은 미국공인회계사협회에서 정한 공증 기준에 따라 이루어졌습니다. 절차와 결과는 아래 요약되어 있습니다.

의견 표시나 제시된 입출금 내역서에 대한 제한된 보증을 목표로 하는 회계 감사나 검토는 본사의 소관이 아니어서 수행하지 않았습니다. 따라서 본사는 그와 같은 의견이나 제한된 보증을 제시하지 않았습니다. 본사가 추가적인 절차를 수행했다면, 다른 문제들을 파악했을지도 모르며, 그것을 귀하에게 보고했을 것입니다.

이 보고서는 오로지 귀하에게 정보를 제공하기 위한 것이며, 명시되지 않은 다른 어떤 사람도 이용할 수 없습니다.

(서명)

뉴욕 주, 뉴욕 시
2010년 6월 17일

마이클 파네스
절차 합의

합의에 따른 절차 수행과 그에 따른 결과는 다음과 같습니다.

절차 1
테라노바 파이낸셜의 2008년 9월, 2008년 10월, 2008년 11월, 2008년 12월, 2009년 1월, 2009년 2월, 2009년 3월, 2009년 4월 투자자계정보고서를 다운로드.

절차 2
보고된 대로 이익/손실에 대한 분석 수행

실현 이익 또는 손해

	9월 30일	10월 31일	11월 30일	12월 31일	1월 31일	2월 28일	3월 31일	4월 30일	합계
매출액	$ 52,621, 169.35	$ 125,797 ,669.25	$ 253,655 ,409.23	$ 322,594 ,310.23	$ 282,145 ,450.43	$ 243,108 ,840.17	$ 445,239 ,447.59	$ 452,938 ,339.21	$ 2,178,1 00,635. 47
비용	52,148, 226.21	125,357 ,562.62	252,501 ,019.88	322,028 ,564.87	281,749 ,224.78	242,442 ,344.24	445,222 ,660.66	452,800 ,927.74	2,174,2 50,531. 00
총 이익	$ 472,943 .14	$ 440,106 .64	$ 1,154,3 89.35	$ 585,745 .36	$ 396,225 .65	$ 666,495 .93	$ 16,786. 93	$ 137,411 .47	$ 3,850,1 04.47

절차 3
펀드 분석 수행

활동 요약

	9월 30일	10월 31일	11월 30일	12월 31일	1월 31일	2월 28일	3월 31일	4월 30일	합계
최초 펀드	$ 12,822. 88	$ 408,107 .94	$ 270,678 .80	$ 1,654,8 09.67	$ (137,32 6.56)	$ 9,797.0 6	$ 908,920 .14	$ 461,385 .05	12,822. 88
구입 증권	(38,639, 222.65)	(127,40 9,760.3 4)	(153,15 3,510.0 9)	(412,71 7,690.3 2)	(231,15 4,315.4 6)	(283,03 5,370.4 0)	(418,42 0,495.0 6)	(465,00 6,494.8 5)	(2,129,5 36,859. 17)
판매 증권	39,042, 924.54	127,612 ,609.29	154,287 ,590.88	412,566 ,714.00	231,414 ,657.86	284,032 ,660.51	417,873 ,011.79	465,589 ,643.76	2,132,4 19,812. 83
예치된 펀드	88,250. 00	179,700 .00	250,000 .00	43,030. 00	287,000 .00	402,000 .00	100,000 .00	313,000 .00	1,662,9 80.00
인출된 펀드	(101,65 0.00)	(520,00 0.00)		(1,700,0 30.00)	(400,00 0.00)	(500,00 0.00)		(500,00 0.00)	(3,721,6 80.00)
기타 인출금	(5,016.8 3)	(48.26)	(32.13)	(301.78)	(218.78)	(167.03)	(51.82)	(959.07)	(6,795.7 0)
기타	10,000.	69.97	82.41	16,141.					26,294.
입금액	00			87					25
최종 펀드	$ 408,107 .94	$ 270,678 .60	$ 1,654,8 09.67	$ (137,32 6.56)	$ 9,797.0 6	$ 908,902 .14	$ 461,385 .05	$ 856,574 .89	856,574 .89

최선을 다하고 최고의 이익을 올린 것은 이렇게 해서다. 내가 수백만 달러를 벌었던 1999년과 2000년처럼 더 높은 추세를 보일 수도 있고, 아니면 2008년과 2009년처럼 더 낮은 추세를 보일 수도 있다. 그런 것은 내게 문제가 되지 않는다. 또한 궁극적으로 당신에게도 문제가 되어서는 안 된다.

공정하게 말하자면, 수많은 이유로 상향 추세의 시장을 더 좋아하는데, 가장 중요한 이유는 시장이 하향세일 때보다는 상향세일 때 더 많은 사람들이 돈을 번다는 데 있다. 그것이 일반적이다. 사람들은 시장에 투자하지만, 투자로서 시장에서 매도하는 사람은 그리 많지 않다.

나는 많은 기회를 잡기도 했는데, 그중 어떤 것은 가장 노련한 트레이더한테 말고는 권하고 싶지 않다. 나는 주로 옵션을 이용하며, 선물도 얼마간 매매한다. 단기간에 그렇게 많은 돈을 벌기 위해 물론 나는 고위험/고수익의 트레이딩을 했다. 이 책에서도 여러 번 이야기할 것이고, 이 일을 하면서 수만 번까지는 아니라 해도 수천 번은 이야기했을 테지만, 트레이딩의 모든 것은 위험 대 수익이다!

만약 유리한 면보다 불리한 면이 더 큰 상황에서 계속 트레이딩을 하고 있다면, 장기적으로 사정이 어떻게 될 것 같은가? 그렇다! 별로 좋지 않을 것이다! 따라서 위험이 명확하게 정해져 있고 수익은 가능한 한 큰 상황에서 트레이딩을 할 필요가 있다. 하지만 이것이 주가가 한 주 만에 50퍼센트, 아니면 심지어 한 달 만에 100퍼센트 오를 것으로 내다보고 '미친' 투자를 하는 것을 뜻하지는 않는다. 그렇다. 나는 고도로 투기적인 트레이딩을 한 적이 있었고, 지금도 있지만, 대부분은 위험 대 수익 비율이 3대1이 되도록 하려고 한다. 이 정도 비율이 트레이딩에 딱 적격이다. 최저한도는 1대1이지만, 대부분의 트레이딩에서 나는 2 내지 3 이상 대 1의 위험/수익 비율을 취한다. 당신도 그 범위 안에서 트레이딩을 하기 바란다!

제6장 옵션 (초)기본 지침

(국내 시장의 경우 지수선물에 대한 옵션이 있을 뿐 주식을 기초자산으로 하는 옵션은 없다. 다만 일부 코스피 대형주의 경우 주식선물이란 것으로 옵션을 대신하고 있다. 또한 6장 7장의 경우 국내 시장에서는 주식 자체를 직접적으로 헤지하는 수단으로 옵션을 적용하기 어렵기 때문에 코스피200을 기초자산으로 한 옵션매매를 위한 기초 정도로 생각하고 읽기 바란다. 다만 개인적으로 헤지수단이 아닌 수익수단으로 옵션은 위험성이 크다고 볼 수 있다 - 감수자)

오래전부터 나는 대부분의 트레이딩에서 옵션을 이용해 왔다. 그동안 내가 떼돈을 벌었던 적이 몇 번 있었는데, 대부분 레버리지 옵션 덕분이었다. 앞으로 알게 되겠지만, 나는 그다지 시세 차익을 노리는 편은 아니다. 옵션을 이용하면 트레이딩을 훨씬 더 확실히 통제할 수 있을 것이라고 생각하고 실제로도 그런데, 나는 이쪽을 좋아한다. 수십 년 동안 투자자들은 옵션이라는 말을 들으면 악령이라도 만난 것처럼 생각했다. '너무 위험성이 높다'거나 '빛 좋은 개살구'라거나 '도박'이라고 생각했던 것이다. 맞는 말이다. …

하지만 동시에 완전히 틀린 생각이다. 주식 시장과 관련된 다른 모든 것과 마찬가지로, 도구들은 올바로 쓸 수도, 잘못 쓸 수도 있다. 이미 전문가인 분들은 기분전환용 청량제로 생각하시기 바란다. 시장에 초보인 분들은 트레이딩 전략의 일환으로 옵션을 이용하는 것의 득실, 유불리를 연구하고 배워야 한다.

나는 당시 잘 나가던 브로드컴(BRCM), 주니퍼 네트워크(JNPR), CMGI(CMGI) 등등의 주식 1만여 주를 매도했던 2000년의 어느 날 이후로 거의 오로지 옵션만 이용하기 시작했다. 당시 연방준비제도이사회 의장이던 앨런 그린스펀이 기준 금리 결정에 대한 발표를 했는데, 나는 경악하며(하도 놀라 먹던 파르마산 치즈가 든 치킨 샌드위치를 키보드에 내뿜었다) 1,000,000달러(그렇다, 1백만 달러!)가 날아가는 꼴을 지켜볼 수밖에 없었다. 내가 할 수 있는 것이 아무것도 없었다. 옵션을 이용했더라도 돈을 날렸겠지만, 모양새 없는 1백만 달러가 아니라 10만 달러 정도를 잃었을 것이고 … 여전히 사무실에서 힘겨워했겠지만 분명히 어마어마한 손해에 또 0을 더하는 것보다는 나은 대안을 취할 수 있었을 것이다.

이 장에서는 옵션이란 무엇인지, 그 정의와 옵션과 관련된 용어들, 옵션 매매의 기초 등 옵션에 대한 전반적인 설명을 하겠다.

이 장에 담긴 정보는 처음부터 끝까지 순서대로 읽는 것이 제일 좋다. 뒤에 나오는 개념들은 앞에서 설명된 개념들에 기반을 두기 때문이다. 옵션을 접해 본 적이 없다면, 옵션의 정의와 관련 용어들을 처음 들으면 약간 혼란스럽고 겁을 먹을 수도 있다. 주어진 주제가 완전히 명확하지 않더라도, 이 장 나머지 부분을 계속 읽을 것을 권한다. 좀 더 넓은 시각을 갖게 되면, 논의하는 개념들이 더 쉽게 이해될 것이다.

옵션이란 무엇인가?

옵션은 기본 자산(주식, 지수, 또는 다른 증권)을 특정한 가격에 또는 특정한 날 이전에 사거나 팔 권리를 말하는데, 의무는 아니다.

콜 옵션은 자산을 살 권리이며, 풋 옵션은 자산을 팔(주식의 경우에는 매도할) 권리이다. 콜 옵션이든 풋 옵션이든, 옵션을 사는 사람은 구매자이고, 처음에 옵션을 파는 사람은 판매자이다.

주식을 매수하거나 매도하는 것과 마찬가지로, 가격이 올라갈 것이라 생각하면 어떤 주의 콜 옵션을 사들이거나, 가격이 떨어질 것이라 생각하면 풋 옵션을 살 수 있다. 어느 경우든 올바로만 한다면, 매매로 돈을 벌 가능성이 있다. 하지만 주식과는 달리, 트레이딩 옵션에는 시간에 기반을 둔 가치가 있다. 옵션은 기본 주식의 가치에 근거해 가치를 얻거나 잃는 데 그치지 않고, 시간이 지나면 가치가 떨어질 수 있다. 옵션의 이런 문제와 다른 문제들은 이 장 후반부와 다음 장에서 좀 더 자세히 다루도록 하겠다.

앞에서 제시한 정의 탓에 옵션이 약간은 수수께끼 같고 주식보다 매매하기 복잡한 것으로 보일지 모르지만, 실은 매매가 상대적으로 간단하다. 좀 더 복잡한 옵션 전략을 구사할 수도 있지만, 일단 기초만 익히고 나면, 주식을 사고파는 것과 마찬가지로 간단하게 옵션을 사고팔 수 있다. 원하는 옵션 약자를 명시한 다음 최적의 매도 호가에 사서 최고 매수 호가에 팔면 된다. 물론 주식과 마찬가지로 옵션을 매매할 때도 위험성이 따른다. 따라서 실제로 옵션을 매매하기 시작하기 전에 옵션 거래의 장단점을 확실히 이해해야 한다.

옵션 거래의 모든 가능한 경우 수에 대한 포괄적인 정보를 제공하는 것은 이 책의 범위를 벗어나는 일이다. 대신, 본서에서는 이 장에서 옵션 거래의 시작을 돕는 개괄적인 옵션 관련 정보들을 제공하고, 다음 장에서는 이에 기반해 내가 옵션 거래에서 이익을 올리는 데 사용하는 실제 테크닉들을 소개하도록 하겠다. 여기서 제시되는 정보들을 읽은 뒤 옵션에 대해 더 알고 싶은 것이 있다면, 옵션을 전문적으로 다루는 훌륭한 책들이 수없이 많이 있으니 참고하기 바란다.

옵션은 보통 분산 투자, 차익 거래, 투기, 레버리지, 위험 관리 등등을 위해 이용된다. 하지만 옵션은 다른 이유에서도 단타 매매 트레이더(active trader)들에게 인기를 얻고 있다. 패턴 데이 트레이더와 동일시되는 단타 매매 트레이더들은 현재 최소 자금 계정 요건을 명시한 증권거래위원회의 규제를 받는다. (국내시장의 주식선물의 경우도 일정금액 이상의 증거금과 교육을 받은 자에 한해 거래 가능하다 - 감수자)

하루에 일정한 횟수 이상으로 일정한 기간 이상 주식을 사고팔면 패턴 데이 트레이더로 간주된다. 구체적인 요건들은 변하기 때문에, 브로커로부터 요건에 관한 최신 정보를 얻을 수 있다.

현재 옵션은 동일한 요건들을 충족할 필요가 없다. 따라서 옵션은 심지어 계좌 규모가 패턴 데이 트레이더들에 대한 최소 요건 이하로 떨어질 때에도 단타 트레이딩을 할 수 있는 수단을 제공한다. 이때에도 브로커들에게 최신 정보를 확인해야 한다. 내 경험상 일부 브로커들은 규칙을 다른 식으로 이해하고 있다.

이 범주에 뛰어든 사람들이 누리는 또 다른 큰 이점은 옵션 거래에 따르는 강력한 레버리지 이익이다. 옵션을 거래함으로써, 제한된 자본을 가진 트레이더들은 주식에서 상당한 양의 지분을 여전히 통제할 수 있게 된다.

기초 자산

옵션에는 다양한 기초 자산이 있는데, 다음은 그중 몇 가지 예이다.

- **주식**
- **지수**
- **상품**
- **선물**

논의를 간단히 하기 위해 나는 기초 자산을 주식으로 부를 것인데, 왜냐하면 현재 매매되는 것 중에서 주식이 가장 인기 있는 옵션 형식이기 때문이다. 지수나 다른 유형의 증권들도 기초 자산이 될 수 있다는 것만 잊지 말기 바란다.

주식 옵션은 명시될 날이나 그 이전에 명시된 가격으로 기초 주식 100주를 사거나(콜 옵션) 팔(풋 옵션) 권리를 준다. 또한 주식 옵션을 행사할 권리, 다시 말해 기초 주식을 소유할 권리도 갖게 된다. 하지만 대부분의 경우, 트레이더들은 단순히 콜 옵션이나 풋 옵션을 판다. 그것이 덜 복잡하고, 프리미엄이 결정되는 방식 탓에 대개는 더 가치가 높다(이 부분에 대해서는 나중에 다시 이야기하겠다). 지수 옵션의 경우에는 실제 지수를 사거나 팔 수는 없는데, 왜냐하면 지수들은 하나 이상의 자산으로 구성되어 있기 때문이다. 대신, 기초 자신의 가치를 나타내는 옵션을 구매할 수 있다. 각 옵션은 지수 100주를 나타낸다. 일부 트레이더들은 다른 포지션들의 위험을 분산하기 위해 때때로 S&P 100(OEX)이나 다른 지수 옵션을 사기도 한다. 지수 옵션의 또 다른 잠재적 용도는, 개별 주를 고르는 데 시간을 허비하지 않고서 한 업종이나 시장 전체에서 예상되는 움직임을 재빨리 이용하는 것이나, 일련의 주식들에 위험을 분산하는 것이다.

상품 옵션은 옥수수, 밀 등등의 상품에 대한 것이다. 나는 상품 옵션과 선물 옵션은 트레이딩 도구로 이용하지 않기 때문에, 이 책에서 이 부분에 대해서는 논의하지 않겠다. 그저 빠뜨리는 것이 없도록 하기 위해, 또한 주식 말고도 기초 옵션 자산이 있다는 것을 알려 주기 위해 언급할 따름이다.

권리와 의무

구매자의 권리

옵션의 경우 모든 권리는 구매자에게 있다. 구매자는 기초 주식을 명시된 가격에 만기일 또는 그 전에 매도하거나 매수할 권리가 있다.

실질적으로는, 구매자들에게 그럴 권리가 있다 해도(그리고 때때로 그럴 권리를 행사한다 해도), 대부분의 옵션 트레이더들은 실제로 기초 주식을 소유하지는 않는다. 그보다는 단지 원하는 기간 동안 옵션을 보유하고 있다가 주식과 마찬가지로 옵션을 팔아 그에 따른 이익이나 손해를 본다. 또는 어떤 경우에는 옵션이 만기가 되어 휴지 조각이 될 수도 있다.

판매자의 의무

옵션의 모든 의무는 판매자에게 있다. 판매자는 기초 주식을 제공할 의무가 있다. 이것은 (콜 옵션이나 풋 옵션을 구매했다가 나중에 포지션을 종료하기 위해 판매한 사람이 아니라) 옵션의 원 판매자에게 적용된다.

하지만 이 경우에도 판매자들이 실제로 기초 주식을 구매자에게 제공하는 경우는 드물다. 그래도 때로는 판매자들이 정말로 옵션을 행사하기도 하므로(이 부분은 나중에 좀 더 자세히 이야기하겠다), 판매자들은 필요한 경우 주식을 제공할 수 있도록 준비해 두어야 한다.

옵션 계약

옵션 계약은 (앞에서 설명한 대로) 기초 주식을 사거나 팔 권리를 제공하는 표준화된 조항들로 구성되어 있다. 옵션 판매자들은 계약 조항에 따라 행동할 의무가 있다. 그들은 계약 소유자가 자신의 옵션을 행사하기를 원할 경우 소유자에게 기초 주식을 제공해야 한다. 이 부분에 대해서는 '옵션 행사' 항에서 좀 더 자세히 설명하겠다.

옵션은 한 종목이나 그 이상의 옵션 계약을 매수 그리고/또는 매도하는 것으로 트레이딩할 수 있다. 각 계약은 기초 주식 100주를 매도 또는 매수할 권리를 나타낸다. 옵션 매수의 실례는 조금 뒤에 '행사 가격' 항에서 다루겠다. 우선은 옵션 계약은 기초 주식 100주를 나타낸다는 점만 기억하기 바란다.

프리미엄

주식을 살 때 특정 가격을 지불하는 것과 마찬가지로 옵션 계약을 매수할 때도 특정 가격을 지불한다. 옵션의 가격을 프리미엄이라 부른다. 즉 기초 주식을 매수 또는 매도할 권리를 위해 지불하는 가격이다.

프리미엄은 옵션의 가치가 어느 정도로 인식되느냐에 따라 매겨진다. 프리미엄의 가치를 결정하는 데는 다양한 요소들이 영향을 미친다. 이 부분은 뒤에 '내재 가치'와 '외재 가치' 항에서 논의하도록 하겠다.

계약의 총 비용은 프리미엄에 100을 곱해서 얻는데, 왜냐하면 옵션 계약 하나에는 (브로커에게 주는 중개료를 제외하고) 기초 주식 100주가 포함되어 있기 때문이다. 실제 사례는 다음 절에서 제시하도록 하겠다.

행사 가격

옵션을 매수할 때, 당신은 기초 주식을 행사 가격이라고 부르는 특정한 고정가에 매수나 매도할 권리를 위해 프리미엄을 지불한다. 이것을 보여 주는 예는 다음과 같다.

옵션 가격 사례들

예시를 위해 제시한 표 6.1은 XYZ라는 약자로 불리는 가상의 주식에 대한 콜 옵션 가격 견적들을 열거한 샘플이다. 하지만 논의되는 개념은 어떤 주식에도 적용될 수 있다. 옵션 가격 견적을 제시하는 실제 양식은 브로커마다 다르다. 특정한 브로커가 어떻게 견적을 제시하는지 보기 위해 당신 자신의 위탁 계좌를 이용해 옵션 견적을 내볼 수 있다.

XYZ 주가가 맨 앞에 표시되어 있다. 주가 밑으로는 8월의 3개의 콜 옵션 견적이 나온다. 지면 관계상, 그리고 설명을 간단히 하기 위해 밑에 3개의 견적만 표시했지만, 실제로 브로커를 통해 받을 때는 더 많은 견적들이 나온다는 것을 유념하라. 다음 장인 '트레이딩 옵션'에서는 실제 옵션 가격 견적 화면들의 예가 소개된다. 완전한 가격 견적 리스트는 옵션 체인이라고 불리기도 한다.

상기 예를 참조하면, XYZ 주는 현재 46.00달러에 판매되고 있다. 옵션 약자는 주식 약자가 주식을 명시하는 것과 마찬가지로, 어떤 옵션을 트레이드하고 싶은지 명시할 수 있게 해 준다. 옵션 약자는 기초 주식의 약자를 변형한 것일 때도 있는데, 입에서 입으로 전해지면서 달라진다. 3개의 XYZ 콜 옵션의 행사 가격은 42.50달러에서 47.50달러에 이른다. 프리미엄, 또는 옵션의 거래 종가는 3.70달러에서 0.55달러에 이른다. 프리미엄이 현재의 XYZ 주가로부터 떨어져 나와 변하는 비율을 주목하라. 프리미엄이 어떻게 결정되는지는 나중에 설명하겠다. 현재의 최고 매수 호가, 최고 매도 호가, 거래량도 표시되어 있다. 많은 브로커들이 그 밖의 데이터들도 표시하거나 표시할 옵션들을 제공한다. 이 경우에도 특정한 브로커에게서 그 밖의 모든 옵션 데이터에 관련된 정보를 얻을 수 있다.

주식	가격	매수 호가	매도 호가	최종가	거래량
XYZ	46.00	46.95	46.02	46.00	10,284,561
XYZ 7월 15일 콜 옵션					
약자	가격	매수 호가	매도 호가	최종가	거래량
XOEHV	42.50	3.50	3.80	3.70	428
XOEHI	45.00	1.75	1.80	1.75	789
XOEHW	47.50	0.45	0.55	0.55	1047

표 6.1 XYZ의 옵션 가격 견적

이 경우 7월 10일에 XYZ 콜 옵션(계약)을 매수하고 싶다면, 매도 호가 1.80달러에 따라 1,800달러와 약간의 중개 수수료를 지불하면 된다. 총액을 계산하려면, 1.80에 계약당 100주, 그리고 10개의 계약을 곱하면 된다(1.80×100×10 = 1,800).

만기일/월

월별 옵션은 매달 3번째 주 토요일에 만기가 된다. 하지만 옵션을 거래할 수 있는 마지막 날은 3번째 금요일이다. 옵션을 매수할 때 만기월을 선택할 수 있다.

예를 들어, 앞의 예에서 만기월은 7월이지만, 9월이나 10월의 옵션도 매수할 수 있다. 심지어 LEAP이라는 장기 옵션 계약을 매수할 수도 있다. LEAP은 현재의 만기월에서 9개월이나 그 이상이 남은 모든 옵션이다. 만기까지 시간이 많이 남아 있을수록 프리미엄의 시간 기준 비가 높아진다(이에 대해서는 뒤의 '외재 가치' 부분에서 설명하겠다).

매수한 콜이나 풋 옵션이 만기가 되어 '가치'를 잃으면, 쓸모없는 휴지 조각이 되어 프리미엄을 모조리 잃게 된다. 하지만 원 프리미엄 자체를 잃는 것이 타격이 가장 크다. 많은 브로커들이 옵션을 만기일에 매도하고 당신의 계좌에 그것으로 생긴 수익금을 적립하지만, 어떤 브로커들은 그러지 않을 수도 있다. 이런 경우에는 당신이 가치를 갖고 있는 옵션을 만기일이나 그 전에 팔아야 할 수도 있다. 당신의 브로커가 어떻게 옵션 만기일을 관리하고 있는지 확인하라.

주 옵션

근년 들어 주 옵션 계약이 점점 더 대중화되고 있다. 나는 주 옵션을 많이 거래하는데, 다음 주(또는 다음 달)까지 트레이딩을 계속할지 아니면 매도해서 포지션에서 나갈지 결정할 수 있는 유연성이 있어서 좋기 때문이다. 어떤 주에 대한 옵션을 한 주 동안 보유할 때보다는 한 달 동안 보유할 때, 한 달 동안 보유할 때보다는 1년 동안 보유할 때 프리미엄은 분명 줄어든다. 똑같은 일반적 규칙이 주 옵션 대 월 옵션에도 적용된다. 포지션을 유지하는 시간은 짧을수록 좋다.

내재 가치

어떤 옵션의 내재 가치는 기초 주식의 주가와 옵션의 행사 가격 간의 차이다. 예를 들어 XYZ의 주가가 55달러인데, 50달러에 콜 옵션을 매수했다면 내재 가치는 5달러(55달러 - 50달러 = 5달러)이다. 따라서 콜 옵션의 기초 주식의 가격이 행사 가격보다 높게 오르면 옵션의 내재 가치(와 프리미엄)는 그에 따라 함께 오른다.

콜 옵션의 내재 가치는 양수이거나 0일 수밖에 없다. 계산이 음수로 나오면 가치는 0으로 간주된다. 예를 들어 XYZ 주가가 50달러이고 콜 옵션이 55달러이면 내재 가치는 0이다(50달러 - 55달러 = -5달러 = 0).

반대로, 풋 옵션의 경우에는 그 역이 성립한다. 풋 옵션의 내재 가치는 음수만 나올 수 있다(하지만 음수 기호는 생략한다). 양수는 모두 0으로 간주된다.

외재 가치

옵션 프리미엄에서 내재 가치가 아닌 부분은 외재 가치이다. 외재 가치는 시간과 변동성(다음 항에서 설명하겠다)에 근거한 복잡한 표준 공식에 따라 결정된다. 외재 가치는 거의 전적으로 시간에 근거한 가치, 또는 시간 프리미엄이다. 그것은 주로 옵션이 만기될 때까지 남은 시간에 기반을 둔다. 만기까지 남은 시간이 줄어들수록 외재 가치는 줄어든다.

변동성

변동성은 기초 주식의 주가가 얼마나 빨리 변하는지를 표시한 것이다. 상대적으로 단기간에 넓은 가격 스윙 폭을 보이는 주식은 시간이 가도 가격이 별로 변하지 않거나 매우 느리게 변하는 주식에 비해 변동성이 큰 것으로 간주된다.

방금 말한 것처럼, 기초 주식의 변동성은 어느 정도 옵션의 프리미엄에 반영된다. 변동성이 크면 옵션 프리미엄의 변동성 부분이 더 커지게 된다. 이런 점에서 본질적으로 2가지 유형의 변동성이 존재하는데 바로 역사적 변동성과 묵시적 변동성이다.

역사적 변동성

역사적 변동성은 특정 기간(이를테면 10일, 100일, 아니면 원하는 다른 기간) 동안의 변동성을 통계적으로 표시한 것이다.

묵시적 변동성

묵시적 변동성은 앞으로 변동성이 어떻게 될 것 같은지에 대한 옵션 시장의 인식을 나타낸 것이다.

내가격

내재 가치를 지닌 옵션은 내가격이라고 불린다. 콜 옵션의 경우, 기초 주식의 가격이 행사 가격보다 높을 때 이런 일이 발생한다. 풋 옵션의 경우는 반대다. 풋 옵션이 내재 가치를 갖는 것은 기초 주식의 가격이 행사 가격보다 낮을 때다.

예를 들어 50달러짜리 XYZ 콜 옵션은 XYZ 주식의 주가가 55달러면 5달러의 내가격이다. 50달러짜리 XYZ 풋 옵션은 XYZ 주식의 가격이 45달러면 5달러의 내가격이다.

외가격

콜 옵션이 기초 주식의 가격이 행사 가격보다 낮을 때나 풋 옵션의 경우에 주식 가격보다 높을 때, 외가격이다. 이 경우 옵션은 내재 가치를 갖고 있지 않다. 다시 말해 내재 가치가 0이다.

예를 들어, 50달러짜리 XYZ 콜 옵션은 XYZ 주식의 가격이 45달러면 5달러의 외가격이다. 50달러짜리 XYZ 풋 옵션은 XYZ 주식 가격이 55달러면 5달러의 외가격이다.

외가격인 옵션은 외재 가치 또는 시간 기준 가치만 갖고 있는데, 이런 가치는 옵션이 만기일이 가까워질수록 감소한다. 옵션은 어떤 내재 가치도 없이 만기일에 이르면 모든 가치를 잃고 만기될 수 있다.

등가격

기초 주식 가격이 행사 가격과 같을 때 옵션은 등가격이다. 예를 들어 50달러짜리 콜이나 풋 옵션은 XYZ 주식 가격이 50달러이면 등가격이다.

헤지

이익을 보존하거나 손실을 줄이기 위해, 주식을 팔지 않고 오픈 주식 포지션에서 옵션을 이용할 수 있다. 이것을 헤지라고 부른다.

예를 들어, 시장이 약세를 보이면 오픈 주식 포지션에서 풋 옵션을 매수할 수 있다. 당신의 주식이 가치가 떨어지면, 풋 옵션은 가치가 올라 손실을 보완하는 데 도움이 될 수 있다. 헤지에 대한 그 밖의 내용들은 다음 장 '옵션 거래'에서 다루겠다.

위험성 관리

옵션은 트레이딩의 최대 위험성을 미리 정하고 전체적인 위험성 노출을 제한하는 훌륭한 방법이다. 어떤 옵션이 만기가 되어 가치가 없어지면 전체 프리미엄을 잃어버릴 수 있지만, 프리미엄 이상의 돈을 잃을 수는 없다. 따라서 당신의 최대 손실은 옵션의 총 비용에 근거해 쉽사리 미리 정할 수 있다. 나는 옵션 거래의 이런 면을 특히 좋아하는데, 다음 장에서 더 자세히 논하도록 하겠다.

투자와 레버리지

만약 주식의 가치가 오르거나 내릴 것 같은데 확실치는 않다면, 또는 미리 정의된 위험도로 많은 양의 주식을 제어할 수 있도록 돈을 레버리지하고 싶다면, 콜이나 풋 옵션을 매수함으로써 이를 달성할 수 있다.

나는 주식이 큰 움직임을 보일 잠재성이 있다고 생각할 때는 위험성을 제한하기 위해 자주 옵션을 이용해 투자하는데, 특히 트레이딩의 위험/이익 비율이 적절하고 옵션 프리미엄이 꽤 괜찮을 때는 더욱 그렇다. 수익 추세에 옵션을 이용해 투자하는 것을 하나의 예로 들 수 있다.

앞에서 이야기했던 것처럼, 옵션은 돈을 레버리지하기 위한 훌륭한 방법이기도 하다. 예를 들어, 이전의 견적 예로 돌아가서, 만약 당신이 XYZ 주식을 1,000주 사려 하는데 주가가 46달러라면, 비용은 46,000달러가 들 것이다. 하지만 당신은 내가격 콜 옵션 계약을 10개 매수해 1,000주를 좌지우지할 수 있다. 계약당 1.80달러의 매도 호가에 45달러짜리 콜 옵션을 사면 총 비용은 1,800달러에 불과하다. 이것이 바로 레버리지다!

차익 거래

능란한 트레이더들은 2개의 기초 자산(이를테면 서로 다른 거래소의 2개의 옵션) 사이의 가격 차이를 이용할 줄 안다. 이런 방법을 차익 거래라고 부른다.

옵션의 장단점

옵션 거래의 주된 장점은 레버리지, 헤지, 그리고 위험성을 미리 정할 수 있는 것이다. 적은 돈을 지불해 더 큰 잠재 이익을 위해 많은 양의 주식을 통제함으로써 가용 자금을 레버리지할 수 있다. 또한 원래 포지션을 포기하지 않고도 손실에 대비해 유통 주식 포지션을 헤지할 수 있다. 그리고 최대 위험성이 이미 알려진 저위험성 옵션 전략을 써서 이익을 올릴 수 있다.

옵션 거래의 또 다른 장점은, 주식과는 달리 옵션은 패턴 데이 트레이더들에 대한 증권거래위원회의 규제를 받지 않는다는 것이다. 주식의 경우 5일 동안 연달아 하루 4번 이상씩 포지션을 드나들며 매매한 트레이더들은 계좌 내 잔고가 25,000달러를 유지해야 한다고 규정되어 있다. (브로커와 함께 확인해 보라.)

옵션의 주요 문제점은 시간 기준 가치이다. 주식은 설령 내재 가치가 하나도 없다 해도 만기가 되지는 않지만, 옵션은 특정한 날에 만기가 되어 그날 이후로는 휴지 조각으로 변한다. 옵션을 보유하고 있을 때는 시간이 당신의 적이다. 주식을 보유하고 있다면, 당신의 적은 순수가치에 결합되는 것이다.

거래량

주식과 마찬가지로 옵션 거래량도 하루, 한 주, 한 달 등의 단위로 확인할 수 있다.

일정 기간 동안의 거래량 증가와 감소를 살펴보고 변화량과 평균 거래량을 비교할 수 있다. 거래량이 증가하고 있으면 옵션 가치에 압력을 가할 수 있는 흥미로운 어떤 일이 진행 중일 수도 있다. 거래량과 유동성에 대해서는 7장 '지수 옵션'에서 논의하겠다.

미결제 약정

미결제 약정은 오픈된 옵션 계약의 수를 나타낸다. 예를 들어, 옵션을 거래할 때 당신은 반드시 사거나 팔아서 포지션을 오픈해야 한다. 미결제 약정은 오픈 계약의 총 수를 추적한다. 따라서 매도로 어떤 포지션을 종식하면 미결제 약정의 양은 줄어든다.

미결제 약정을 거래량과 혼동하면 안 된다. 거래량은 트레이더들이 포지션에 들어가고 나오기를 거듭한 결과로 들어날 수도 있지만, 미결제 약정은 얼마나 많은 계약이 실제로 오픈되었는지를 반영한다. 미결제 약정이 높다는 것은 많은 사람들이 옵션을 거래하고 있다는 것을 뜻한다.

옵션 행사

유럽의 옵션들과는 반대로, 미국의 옵션들로는 만기일이나 그전 어느 때든 기초 주식에 대한 소유권을 행사할 수 있다. 판매자들은 기초 주식을 제공할 의무가 있다.

옵션을 그저 주식처럼 매매할 수 있기 때문에, 대부분의 옵션 트레이더들은 실제로는 옵션을 행사하지 않는다. 추가된 외재 가치(시간 가치) 때문에 옵션은 대개 기초 주식 자체보다 더 가치가 있다. 만약 그렇지 않은 상황이 발생하거나 어쨌건 기초 주식을 갖고 싶다면, 옵션을 행사해 주식을 소유할 수 있다.

만약 당신이 만기일까지 옵션을 팔지도 행사하지도 않는다면, 대부분의 브로커들은 옵션을 팔아 거기서 나온 이익금을 당신 계좌에 적립할 것이다.

하지만 브로커들은 모두 자기만의 정책을 정하는 만큼, 당신의 브로커가 옵션 만기를 어떻게 다루는지 구체적인 사항들을 확인해야만 한다.

옵션 전략 입문

콜 옵션과 풋 옵션 매수

앞에서 언급했던 것처럼, 당신은 가진 돈을 레버리지하는 것에서 헤지, 또는 트레이딩의 위험성을 미리 정하는 것에 이르기까지, 다양한 이유로 콜 옵션과 풋 옵션을 살 수 있다.

어떤 주식이 오를 것 같으면, 당신은 그 주식을 사서 보유하거나 콜 옵션을 살 수 있다. 어떤 주식이 떨어질 것 같으면, 그 주식을 매도하거나 풋 옵션을 살 수 있다. 또는 시장이 약세를 보이는데 팔고 싶지 않은 주식으로 포지션을 유지하고 있다면, 헤지로서 풋 옵션을 살 수 있다. 당신이 가진 주식의 가격이 떨어질 경우, 풋 옵션은 가치가 올라 손실을 줄이는 데 도움이 된다. 보호받을 수 있는 정도는 당신이 그 옵션의 행사 가격을 어떻게 정하느냐에 달려 있다.

옵션은 내가격에 가까울수록, 내재 가치와 외재 가치가 모두 효력을 발휘하게 되기 때문에 더 비싸진다. 일단 옵션이 내가격이 되면, 주가와 동등한 내재 가치를 갖게 된다. 반대로, 옵션이 외가격이 되면 값이 떨어지는데, 왜냐하면 그 옵션이 내재 가치를 갖고 있지 않기 때문이다. 외재 가치도 역할을 한다. 외재 가치는 시간에 기초하기 때문에, 만기가 가까워질수록 외재 가치는 줄어든다.

주식과는 달리, 당신의 손실 위험은 당신이 옵션에 지불한 프리미엄 총액으로 한정된다. 앞에서 든 예에서, XYZ 주식을 주당 46달러에 1,000주 사들였다면, 총 비용은 (수수료를 제외하고) 46,000달러이다. 반면 45달러짜리 콜 옵션을 개당 1.80달러로 10개 샀다면 총 비용은 (수수료를 제외하고) 1,800달러이며, 당신이 잃을 수 있는 최대액 역시 1,800달러의 프리미엄이다. 물론 어느 경우든 손실 제한 주문을 이용해 최대 위험 노출을 더 제한해야 한다.

어떤 옵션이 당신의 필요에 가장 적합한지 결정하기 위해, 프리미엄 비용과 함께 옵션의 목적을 고려해야 한다. 가격이 높은 내가격의 옵션을 원하는가, 아니면 가격이 낮은 외가격의 옵션을 원하는가? 만기일이 가까운 낮은 가격의 옵션을 원하는가, 아니면 가격은 더 높아도 만기일이 많이 남은 옵션을 원하는가?

7장에서 나는 사례들을 제시하면서 옵션 거래를 고려하는 다른 방식들에 대해 논의하겠다.

무방비 콜 옵션과 풋 옵션

콜 옵션이나 풋 옵션의 원 판매자가 기초 주식을 갖고 있지 않은 경우, 무방비 옵션을 판매했다고 부른다. 이런 경우는 단순히 콜 옵션이나 풋 옵션을 사거나 파는 것보다 위험성이 높다.

주의: 콜 옵션이나 풋 옵션을 팔아 당신이 구매한 포지션을 종료하는 것은 내가 여기서 말하는 원 판매자와는 다른 것이다. 원 판매자는 옵션을 팔아 포지션을 종료하는 것이 아니라 포지션을 오픈하는 사람이다.

무방비 콜 옵션과 풋 옵션을 팔기 위해서는 반드시 옵션 증거금 계정을 갖고 있어야 한다. 무방비 옵션을 파는 것은 프로들이 암묵적 변동성이 매우 높아지고 프리미엄이 과대평가될 때 하는 행동이다. 무방비 옵션을 팔 때는 이익은 프리미엄으로 한정되어 있는 반면, 위험성은 사실상 무제한이다.

이 경우에는, 시간이 당신의 적인 콜 옵션과 풋 옵션 매수 때와는 달리, 시간이 당신 편이다. 옵션이 만기되면 프리미엄을 거둘 수 있기 때문이다.

위험/수익을 보여 주는 예들을 제시해 보겠다. XYZ 주가가 50달러이고 55달러짜리 XYZ 콜 옵션 계약 하나를 2달러에 매수했다면, 당신이 잃을 수 있는 최대 손실액은 200달러(2달러 × 100주)이다. 만약 55달러짜리 XYZ 무방비 콜 옵션을 샀다면, 벌어들일 수 있는 최대 금액은 XYZ가 55달러나 그 이하일 때 200달러이다. 하지만 XYZ가 70달러까지 오른다면 당신은 15달러에(70달러 - 55달러) 100주를 곱한 가격에 프리미엄을 뺀 금액, 즉 1,300달러를 잃게 된다. XYZ 주가가 이론적으로는 훨씬 더 높게 오를 수 있기 때문에 잠재적 손실은 그에 따라 더 심각해질 수 있다.

방비 콜 옵션과 풋 옵션 판매

콜 옵션과 풋 옵션의 원 판매자가 기초 주식을 보유하고 있을 경우 방비 옵션을 판매한다고 부른다. 이 경우 판매자는 콜 옵션이나 풋 옵션으로 팔린 것과 같은 수의 주식을 보유하고 있어야 한다. 앞에서 지적했듯이, 콜 옵션이나 풋 옵션을 팔아서 포지션을 종료하는 것은 여기서 말하는 원 판매자, 즉 포지션을 종료하기보다는 오픈하기 위해서 옵션을 파는 사람이 되는 것과는 다르다.

방비 콜 옵션을 파는 것은 본질적으로 가격이 횡보하거나 조금밖에 오르지 않는 주식에서 수익을 얻을 수 있는 훌륭한 방법이다. 이 방법은 대부분의 옵션 개인은퇴계좌에서 승인되고 있고, 주식을 매도하고 같은 수의 풋 옵션을 파는 방식으로 풋 옵션으로도 (하지만 개인은퇴계좌에서는 안 된다) 수행할 수 있다.

방비 콜 옵션과 풋 옵션을 판매할 경우, 위험성은 한정되어 있고 당신이 모은 프리미엄이 이익이 된다. 주식이 떨어지면 당신은 방비 콜 옵션에서 프리미엄을 거두어들이게 되지만 당신의 원 주식 투자는 가치를 잃는데, 이 방법이 주가가 기본적으로 변화가 없거나 아주 조금 오르는 주식에 최적인 것은 바로 그래서다. 무방비 콜 옵션과 풋 옵션을 팔 때와 마찬가지로, 시간이 당신의 편이 된다. 옵션이 만기가 되면 프리미엄을 거둘 수 있다.

다음은 위험/이익을 보여 주는 예다. 당신이 XYZ의 55달러짜리 방비 콜 옵션을 팔고 같은 양의 주식을 보유하고 있다고 하자. XYZ가 70달러로 오르면 당신은 콜 옵션에서 15달러를 손해 보지만, 주식에서 20달러를 번다. 따라서 보완이 된다.

스프레드

스프레드란 어떤 옵션을 사면서 다른 옵션을 다른 행사 가격에 파는 것을 말한다.

불 스프레드(bull spread)의 경우에는 한 옵션을 사면서 다른 옵션을 당신이 산 것보다 높은 하나의 행사 가격이나 몇 개의 행사 가격인 가격에 팔고, 그런 다음 프리미엄을 거두어들인다. 이것은 당신이 옵션을 사면서 지불한 금액에서 판매한 옵션에서 거두어들인 프리미엄을 뺀 금액 선으로 위험성을 낮춘다. 이익은 한정되는데, 왜냐하면 2개의 행사 가격 사이에 위치하기 때문이다. 하지만 이윤이 한정되어 있다 해도, 위험성 역시 낮다.

예를 들어, 가상의 주식 XYZ의 55달러짜리 콜 옵션을 3달러에 사고 XYZ의 60달러짜리 콜 옵션을 1달러에 팔았다고 하자. 순 손실비용은 2달러(3달러 - 1달러)이다. 만약 XYZ가 만기일에 이르러 60달러나 그 이상이 되었다면 당신이 벌 수 있는 최대 금액은 당신이 판 60달러짜리 콜 옵션과 사들인 55달러짜리 콜 옵션의 차액인 5달러로, 이 옵션의 순 손실비용인 2달러를 빼면 가능한 최대 이익은 3달러이다. 만약 만기일에 XYZ가 55달러나 그 이하라면 당신이 잃을 수 있는 최대 금액은 손실비용인 2달러이다.

베어 스프레드(bear spread)에서도 풋 옵션을 사고, 절차를 거꾸로 밟음으로써 같은 방법을 쓸 수 있다. 불 스프레드와 베어 스프레드에 대한 그 밖의 내용은 다음 장에서 다루겠다.

제7장 옵션 거래

이 장에서는 6장에서 소개한 여러 개념들을 부연 설명한다. 옵션이 처음이고 앞 장을 읽지 않았다면, 또는 그저 옵션의 정의와 용어들을 다시 한 번 상기할 필요가 있다면, 앞 장을 살펴보기 바란다.

여기서 소개하는 테크닉들은 투기적 방식이라는 것을 유념해야 한다. 그래서 나는 취급할 만한 옵션을 알리는 이메일을 보낼 때 항상 그런 내용의 경고문을 적는다. 설령 자주 꽤 많은 이익을 올린다 해도, 이런 트레이딩에 마음을 빼앗겨서는 안 된다. 왜냐하면 그것은 본질적으로 투기적이기 때문이다.

외가격 옵션

앞 장에서 설명한 대로, 콜 옵션은 기초 주식의 가격이 옵션의 행사 가격보다 낮을 때 외가격이다. 풋 옵션의 경우에는 기초 주식의 가격이 옵션의 행사 가격보다 높을 때가 그렇다.

표 7.1은 KLAC의 12월 옵션 견적 화면이다. 이 옵션은 12월 3번째 금요일에 트레이딩이 만료된다. KLAC의 현재 주가는 42.85달러이다. 여기 나와 있는 견적 화면은 예시를 위한 것일 뿐임을 알아야 한다. 실제 화면 양식과 배치는 트레이딩 플랫폼마다 각기 다르다.

표 7.1을 보면, '타이틀' 항에서 45달러 이상인 콜 옵션들은 KLA-텐코 주(KLAC)의 주가 42.85달러보다 높기 때문에 모두 외가격 옵션이다. 반면, 40달러 이하인 콜 옵션들은 모두 내가격이다.

SymID	Root	Put/Call	Symbol	ExpDate	symcode	Strike	Last	Bid	Ask	Volume	Theoretical	Imp Volatility	PrevC
20	KLAC	C	%KLACF191560000	Jun 19 2015	406925	60.000	0.6	0.5	0.55	56			0.
21	KLAC	C	%KLACF191561000	Jun 19 2015	406930	61.000	0.6	0.2	0.3	0			C
22	KLAC	C	%KLACF191562500	Jun 19 2015	406969	62.500	0.1	0.05	0.1	3			0.
23	KLAC	C	%KLACF191563500	Jun 19 2015	407012	63.500	0.04	0	0.05	1			0.
24	KLAC	C	%KLACF191565000	Jun 19 2015	407185	65.000	0.03	0	0.05	0			0.
25	KLAC	C	%KLACF191566000	Jun 19 2015	407173	66.000	0.1	0	0.05	0			C
26	KLAC	C	%KLACF191567500	Jun 19 2015	407258	67.500	0.05	0	0.05	0			0.
27	KLAC	C	%KLACF191568500	Jun 19 2015	407250	68.500	0.03	0	0.05	0			0.
28	KLAC	C	%KLACF191570000	Jun 19 2015	407238	70.000	0.03	0	0.05	0			0.
29	KLAC	C	%KLACF191571000	Jun 19 2015	407249	71.000	0.4	0	0.05	0			0.
30	KLAC	C	%KLACF191572500	Jun 19 2015	407267	72.500	0.05	0	0.05	0			0.
31	KLAC	C	%KLACF191573500	Jun 19 2015	407254	73.500	0.05	0	0.05	2			0.
32	KLAC	C	%KLACF191575000	Jun 19 2015	407280	75.000	0.01	0	0.05	0			0.
33	KLAC	C	%KLACF191577500	Jun 19 2015	407253	77.500	0.4	0	0.05	0			0.

표 7.1 KLAC의 옵션 견적 화면

반대로, 40달러 이하인 풋 옵션은 42.85달러인 KLAC 주식 가격보다 낮기 때문에 외가격이고, 45달러 이상인 풋 옵션은 내가격이다.

어떤 옵션이 더 큰 폭으로 외가격이 될수록 가격이 더 떨어진다는 것을 유념하라. 앞의 예에서 '최종'가 항을 보라. 40달러의 내가격 콜 옵션이 최종적으로 4.40달러에 매매된 반면 45달러의 외가격 콜 옵션은 최종적으로 1.70달러에 거래되었다. 옵션의 가격이 낮을수록 외가격 옵션을 거래하는 것은 더 투기적이 되는데, 왜냐하면 옵션 행사 가격(이를테면 이 경우 행사 가격 45달러)에 이르려면 주가가 더 움직여야 하기 때문이다.

어찌 되었든, 어느 정도 외가격인 옵션 거래는 위험성이 한정되고 미리 정해진 상태로 모멘텀주를 매매하는 훌륭한 방법이다. 예를 들어, KLAC가 얼마 뒤 큰 폭으로 오를 것 같은데 자신할 수는 없거나 최대 위험 노출을 정확하게 정하고 싶다면, 주식을 구입하기보다는 45달러짜리 KLAC 콜 옵션을 1.75달러(앞의 표에서 45달러짜리 콜 옵션의 현재 매도 호가)에 구입할 수 있다.

만약 만기 때까지 옵션을 보유했다면, 돈을 벌기 위해서는 KLAC 주가가 46.75달러(옵션 행사 가격 45달러에 당신의 옵션 프리미엄/비용 1.75달러를 더한 값) 이상으로 올라야 할 것이다. 주가가 옵션 행사 가격인 45달러 이하로 유지된다면, 당신의 최대 손실 위험은 옵션 비용 1.75달러(계약당 100주를 곱한 액수 또는 170.50달러에 옵션 계약당 수수료를 더한 액수)이다. 만약 옵션 만기 시점에서 KLAC 주가가 45달러에서 46.75달러 사이에 있다면, 옵션 비용의 일부가 충당될 것이고 그에 따라 손실도 줄어들 것이다. 예를 들어, 옵션이 만기가 되었을 때 주가가 45.50달러라면 당신은 원 비용인 1.75달러가 아니라 계약 주당 1.25달러를 잃게 된다. 옵션이 만기가 가까워질수록 옵션의 시간 기준 가치는 낮아지며, 따라서 만기 시점이 되면 가치는 옵션 가격과 주식 가격 사이의 차이에 근거한 내재 가치에 의해 결정된다.

물론 앞의 예들은 만기 내내 옵션을 보유하는 경우에 적용된다. 아주 값싸거나 규모가 작은 '전부 아니면 전무'식으로 옵션을 트레이딩할 때를 제외하면, 만기 전에 옵션을 팔 때가 많다. 주식 거래가 뜻대로 되지 않을 경우, 0까지 떨어질 때까지 기다리기보다는 원하는 때에 주식을 팔아 버리는 것과 마찬가지로 말이다. 또는 어느 때라도 수익을 챙길 수 있다. 그와 비슷하게, 선택한 옵션이 충분히 유동성이 있고 누군가가 매매의 상대편이 되어 줄 것이라고 생각하며 옵션으로 같은 일을 할 수 있다. 그에 더해, 옵션 트레이딩에 손실 제한을 이용해 잠재적으로 손실을 제한할 수도 있다.

다시 앞의 예로 돌아가서, KLAC 주가가 46.75나 그 이상이 아니라 45달러가 되었다면, 만기 내내 콜 옵션을 보유하고 있기보다는 이익이 많이 남을 때 팔 수 있다.

심지어 원금의 2배가 될 수도 있다. KLAC가 42.85달러에서 45달러가 되었다면, 구매한 1.75달러짜리 콜 옵션으로 3달러 넘게 벌 가능성이 매우 크다. 정말 큰 이문이 남는 거래가 아닌가!

어닝 시즌(earnings season) 동안 우리는 모멘텀주에 대해 옵션을 트레이딩해 실제로 비슷한 결과를 얻었다. 최근의 예는 PMCS다.

주가가 6.90달러 정도일 때 우리는 7.50달러짜리 MAY 콜 옵션을 0.35달러에 트레이딩했다. 유사한 업계에 속한 브로케이드(BRCD)는 최근 긍정적인 수익을 보고했고 이에 따라 주식도 상당한 호조를 보였다. 그 결과, PMC-시에라(PMCS)는 옵션 트레이딩을 하기에 위험/이익 비율이 좋은 종목으로 보였다. 트레이딩에서 돈을 벌기 위해서는 주가가 7.85달러(7.50달러 + 옵션 프리미엄 0.35달러)를 돌파할 필요가 있었다. 이어서 가격이 7.90달러에서 8.00달러 범위로 올랐는데, 이로 인해 옵션이 0.70달러가 되어 단기간에 2배로 뛰었다!

이미 언급한 대로, 역사적으로 말하자면 옵션은 곧 강력한 움직임이 있을 것으로 예상할 때 인터넷, 바이오테크 주식(GOOG, AAPL, FB, RGEN, GILD, EBAY, EXPE 등) 같은 모멘텀주에 투기하기에 매우 훌륭한 방법이다. 나는 특히 가격이 좀 더 큰 변동성을 보이는 경향이 있는 어닝 시즌 동안 옵션을 즐겨 트레이딩한다. 이 부분에 대해서는 뒤에 다시 논의하겠다.

콜 옵션으로 투기하는 것과 비슷하게, 어떤 주식의 가격이 오르기보다는 떨어질 것 같다면 풋 옵션을 살 수 있다. 주식을 매도할 때처럼, 풋 옵션을 산 후에는 기초 주식의 가격이 떨어지기를 바라게 된다.

앞의 예로 다시 돌아가, KLAC의 40달러짜리 외가격 풋 옵션을 45달러 콜 옵션 또는 1.70달러(최고 매도 호가 항을 보라)와 대략 비슷한 가격에 트레이딩 할 수 있다. KLAC 주식 가격인 42.85달러가 40달러 풋 옵션과 45달러 콜 옵션 사이의 중간 근처라는 점을 주목하라. 이것은 곧 콜 옵션과 풋 옵션 모두 외 가격에서 비슷하게 떨어져 있고, 그래서 둘 다 비슷한 옵션 프리미엄을 얻을 수 있다는 것을 뜻한다.

40달러짜리 KLAC 풋 옵션으로 돈을 벌기 위해서는 주가가 가까운 시일 안에 옵션 행사 가격인 40달러가 되거나 만기 때까지 40달러 이하로 떨어져야 한다. 주가가 시간이 지나도, 또는 옵션이 만기될 때까지 거의 변동이 없다면, 옵션 프리미엄의 시간 기준 지분이 하락해 결국 트레이딩에서 손해를 보게 된다.

표 7.2는 EXPE의 12월 옵션 견적 화면이다. 현재 EXPE 주가는 75.08달러이다.

표 7.2를 보면 주가와 옵션 프리미엄 모두 앞의 KLAC 예보다 상당히 높은 것을 알 수 있다. 게다가 EXPE는 KLAC보다 변동성이 더 심하고 더 매매의 가격 진폭이 큰 경향이 있다. 앞 장에서 설명했듯이, 변동성은 옵션 프리미엄에서 시간을 기준으로 한 외재적 부분을 계산하는 한 요소이기도 하다. EXPE의 높은 옵션 프리미엄에는 어느 정도 이 점이 반영되어 있다. 표 7.2에서 75달러짜리 EXPE 콜 옵션과 풋 옵션의 프리미엄이 각각 4.30달러와 4.20달러인 것을 보라.

이 경우 외가격인 옵션을 트레이딩하기 위해서는 외가격이 약 5.00달러가 될 필요가 있다. 예를 들어, 80달러짜리 EXPE의 콜 옵션은 2.05달러인데, 이것은 앞의 KLAC의 예에서 45달러짜리 콜 옵션의 1.75달러보다 높다. EXPE 옵션이 더 외가격이지만 프리미엄은 더 크다.

이 경우 EXPE의 80달러짜리 콜 옵션을 2.05달러에 샀다면, 옵션이 만료될 때 돈을 벌기 위해서는 EXPE 주가가 75.08달러에서 82.05달러(옵션 행사 가격 80달러에 프리미엄 2.05달러를 더한 값)가 될 필요가 있다. 하지만 이번에도 역시 EXPE 주가가 매우 짧은 기간 안에 눈에 띄게 상승할 경우 옵션 만기 이전에 돈을 벌 가능성이 있다. 예를 들어 옵션을 2.05달러에 매수한 날 이후 EXPE 가 3달러 올랐다면, 변동성을 감안할 때 당신의 옵션은 3달러 이상의 가치가 나갈 가능성이 크다. 원한다면 이 시점에서 많은 이익을 남기고 옵션을 (또 는 내가 자주 그러듯이 옵션 일부를) 팔 수 있다.

SymID	Root	PutCall	Symbol	ExpDate	Symcode	Strike	Last	Bid	Ask	Volume	Theoretical	Imp Volatility	ProwQ
30	EXPE	C	%EXPEF191510200	Jun 19 2015	244721	102.000	10	5.7	6.1	0			
31	EXPE	C	%EXPEF191510300	Jun 19 2015	244723	103.000	6.5	4.9	5.3	10			
32	EXPE	C	%EXPEF191510400	Jun 19 2015	244715	104.000	8.54	4.1	4.6	0			8.
33	EXPE	C	%EXPEF191510500	Jun 19 2015	244686	105.000	3.8	3.5	3.8	31			4
34	EXPE	C	%EXPEF191510600	Jun 19 2015	244699	106.000	3.2	2.9	3.2	22			
35	EXPE	C	%EXPEF191510700	Jun 19 2015	244688	107.000	2.65	2.35	2.65	22			2.
36	EXPE	C	%EXPEF191510800	Jun 19 2015	244682	108.000	2.1	1.85	2.2	33			2.
37	EXPE	C	%EXPEF191510900	Jun 19 2015	244685	109.000	1.7	1.45	1.7	62			1
38	EXPE	C	%EXPEF191511000	Jun 19 2015	244683	110.000	1.35	1.15	1.35	25			1
39	EXPE	C	%EXPEF191511100	Jun 19 2015	244703	111.000	1.19	0.85	1.05	0			1.

표 7.2 EXPE의 12월 옵션 견적 화면

이런 유형의 시나리오의 잠재적 이익은 제한된 예정 위험성과 함께, 곧 가격이 크게 움직일 가능성이 있다고 예상할 때 내가 즐겨 옵션에 투기하는 이유 중 하나다. 어닝 시즌 동안에는 수익 보고, 수익 경고, 속보, 업그레이드/다운그레이드 등등 탓에 모멘텀주가 변동성이 심하고 큰 폭의 움직임을 보이는 경향이 있기 때문에, 옵션을 이용해 투기하기에는 더없이 좋은 때이다.

하지만 예컨대 앞의 예에서 당신이 이윤을 올리기보다는 옵션을 보유하고 있었다면, 시간 기준 프리미엄은 옵션 만기일이 다가올수록 가속적으로 하락을 계속했을 것이다. 주가가 계속 올라가지 않았다면, 당신은 결국 이전의 수익을 잃을 뿐 아니라, 원 프리미엄까지 잃고 말았을 것이다. 주가가 오르지 않았다면, 만기에 이르러 옵션이 휴지 조각이 되는 지점까지 프리미엄이 떨어졌을 것이다. 만기 전 마지막 주 동안 이전의 프리미엄은 눈에 띄게 낮아졌을 것이다. 만약 EXPE 주가가 크게 변하지 않았다면, 프리미엄은 옵션 만기 전 마지막 주에 1.00달러나 1.25달러 남짓 되었을 가능성이 크다. 이것은 옵션에 따르는 위험성을 보여 준다. 기초 주식의 가격이 당신에게 유리하게 움직이지 않는다면, 만기까지 얼마나 시간이 남았는지에 따라 순식간에 원 프리미엄을 잃을 가능성이 있다.

최고의 기회 중 몇몇은 옵션이 만기되는 마지막 주에 찾아온다. 낮은 프리미엄 비용 때문에 나는 이번에 수익 보고를 하기로 일정이 잡혀 있는 회사들의 옵션을 특히 즐겨 트레이딩한다. 예정된 수익 보고는 단기일 내에 큰 폭의 움직임이 일어나기 위해 필요한 변동성을 창출하는 데 도움이 되며, 또한 옵션을 이용해 트레이딩이 순조롭지 않을 때 발생할 최대 위험 노출을 정확히 예정할 수 있다.

1개월 이상의 만기 시한

이번 달을 지나서 만기가 되는 옵션을 사는 것도 가능하다. 예를 들어, 앞의 EXPE 예에서처럼 12월 옵션을 사는 것이 아니라, 1월이나 2월 옵션을 사거나 그보다 더 만기일이 먼 옵션을 살 수 있다.

하지만 예상할 수 있듯이, 만기까지의 기간이 길수록 옵션 프리미엄이 높아지고 위험성도 커진다. 나는 대개 단기 트레이딩을 위해 그 달의 옵션을 산다.

그러나 그 달을 넘어서는 옵션을 고려하는 것이 합리적일 때가 있다. 예를 들어 그 달의 만기일이 가깝고(며칠 또는 일주일 뒤), 어떤 주식이 큰 폭으로 가격이 상승할 것으로 예상하는데 그 달 만기일 이전에 그렇게 될지 자신이 없을 때라면, 다음 달 옵션을 사는 것을 고려할 수 있다.

표 7.3은 만기까지 한 달 이상이 남은 ERTS의 옵션 가격 견적을 보여 준다. 이 견적은 3월에 만료되는 옵션의 12월 치 가격이다.

현재 주가는 67.18달러이다.

상기 예에서 70달러짜리 콜 옵션의 최고 매도 호가가 5.50달러인데, 이 정도면 상당히 높은 프리미엄이라는 사실에 주목하라.

옵션이 2.82달러 외가격(70달러에서 주가 67.18달러를 뺀 액수)이라는 점을 고려하면, 효력 있는 프리미엄 총액은 사실상 8.32달러(비용 5.50달러에 외가격 2.82달러를 더한 액수)이다. 이 옵션을 장기적으로 보유하고 있었다면, 당신에게 유리한 큰 폭의 가격 변동이 있어야 했을 것이다.

앞에서 논했던 것처럼 나는 이런 유형의 장기적 옵션 거래를 거의 하지 않는다. 하지만 그런 거래를 고려할 때가 있을 수 있다. 예를 들어, ERTS가

매각될 것이라는 소문이 돌거나, 다음 몇 달 동안 가격 상승을 촉진할 가능성이 있는 다른 기폭제가 있을 수 있다. 이런 경우 만기일이 그 달을 넘어서는 옵션으로 투기하는 것이 정당화된다.

하지만 만약 이런 유형의 거래를 할 경우, 나는 외가격보다는 내가격의 옵션을 산다. 70달러짜리 콜 옵션을 사기보다는 60달러짜리 콜 옵션을 현재 11.30달러의 매도 호가에 살 것이다. 얼핏 보기에 더 비싸게 사는 것처럼 보이지만, 실제 총 비용은 더 낮다. 행사 가격 60달러에 11.30달러를 더하면 71.30달러인 데 비해, 행사 가격 70달러에 5.50달러를 더하면 75.50달러이다. 또한 60달러짜리 콜 옵션은 이미 내가격이다. 70달러짜리 콜 옵션은 외가격이 되려면 4.20달러가 더 든다.

옵션을 살 때는 시장가 주문보다는 제한 주문을 이용할 것을 강력히 권한다. 옵션은 주식보다 유동성이 적고 가격 스프레드가 더 큰 경우가 많다. 제한 주문을 이용하면, 투자 전문가 한 사람에 의해 불리한 가격이 형성될 수도 있는 상황에 속수무책 노출되기보다는 당신의 거래 계획에 따라 당신의 주문을 시행하는 데 도움이 된다.

Symbl	Root	PutCall	Symbol	ExpDate	averasale	Strike	Last	Bid	Ask	Volume	Theoretical	Imp Volatility	PrevC	
48	EA	C	%EAF191559500	Jun 19 2015	202462	59.500	0	3.85	4.25	0				
49	EA	C	%EAF191560000	Jun 19 2015	202427	60.000	3.8	3.45	3.8	4			3.	
50	EA	C	%EAF191560500	Jun 19 2015	202408	60.500	2.68	3.15	3.3	0			2.	
51	EA	C	%EAF191561000	Jun 19 2015	202400	61.000	3.2	2.73	2.87	0			2	
52	EA	C	%EAF191561500	Jun 19 2015	202387	61.500	2.97	2.37	2.56	0			2	
53	EA	C	%EAF191562000	Jun 19 2015	202390	62.000	1.81	2.05	2.12	0			1	
54	EA	C	%EAF191562500	Jun 19 2015	202386	62.500	1.66	1.71	1.78	6			1	
55	EA	C	%EAF191563000	Jun 19 2015	202385	63.000	1.39	1.4	1.48	0			1.	
56	EA	C	%EAF191563500	Jun 19 2015	202393	63.500	1.19	1.14	1.19	41			1	
57	EA	C	%EAF191564000	Jun 19 2015	202399	64.000	0.97	0.93	0.96	42			0.	
58	EA	C	%EAF191564500	Jun 19 2015	202402	64.500	0.73	0.71	0.77	0			0	
59	EA	C	%EAF191565000	Jun 19 2015	202410	65.000	0.65	0.55	0.61	2			0	

표 7.3 ERTS의 옵션 가격 견적

레버리지와 헤지

6장에서 논의한 대로, 이익을 보존하기 위해서나 기존의 주식 포지션의 잠재적 손실을 줄이기 위해 콜 옵션과 풋 옵션을 살 수도 있다. 이것을 헤지라 한다. 손실을 막기 위한 매수 포지션을 헤지하기 위해 풋 옵션을 사거나, 매도 포지션을 헤지하기 위해 콜 옵션을 살 수 있다.

헤지를 이용하는 것의 상대적 중요성은 당신의 계좌가 어떻게 레버리지되어 있으며 규모는 어느 정도인가에 비례하는 경향이 있다. 레버리지 정도가 강한(이를테면 포지션 대부분이 매도건 매수건 같은 방향을 향하고 있는) 큰 규모의 계좌를 갖고 있다면, 시장이 갑자기 당신에게 불리하게 움직일 때 지나친 손실이 발생하는 것을 막기 위해 계좌를 헤지하는 것을 고려하는 것이 더 중요해진다.

예를 들어, 당신이 팔고 싶지 않은 주식으로 대규모의 포지션을 유지하고 있다고 해보자. 주식이 더 오를 가능성이 있다고 생각하지만, 시장 전체는 약세로 돌아서고 있는 것으로 보인다. 잠재적 손해를 막기 위해 당신은 헤지로 풋 옵션을 살 수 있다. 당신이 보유한 주식의 가격이 떨어진다면 풋 옵션은 가치가 올라, 매수 포지션에서 입는 손실을 줄이는 데 도움이 된다. 어느 정도 보호를 받을 수 있는가는 당신이 선택한 옵션들과 그 옵션들이 갖게 된 프리미엄, 그리고 몇 개의 옵션을 샀는지에 따라 달라진다.

예상했을 테지만, 헤지를 통해 보호를 받는 데는 치러야 할 대가가 있다. 어떤 주식의 가격이 올라가면, 설령 그 주식으로 돈을 번다 해도 풋 옵션에서 돈을 잃게 되며, 이에 따라 전체 수익은 줄어든다. 그래도 다음 날까지나 그보다도 더 길게 보유할 생각이 있는 오픈 주식 포지션이 많이 있다면, 부정적인 뉴스나 다른 어떤 이유로 생길 수 있는 대규모 손실을 적절한 양의 헤지를 이용해 막는 것은 좋은 생각이다. 만약 당신에게 매수 쪽으로 강하게 레버리지된 30만 달러의 포트폴리오가 있다면, 이튿날 아침 눈을 떴는데 악재 뉴스가 터져 4만 달러가 날아가 버리는 일은 바라지 않을 것이다.

모든 손실에 대비해 포트폴리오 전체를 헤지할 수도 있고, 아니면 그저 전체적인 위험성 노출을 감소하거나 제한하기 위해 헤지할 수도 있다.

만약 당신의 계좌가 매수 쪽으로 강하게 레버리지되어 있다면, 그것은 곧 당신이 낙관적이며 시장이 상승할 것으로 믿고 있다는 뜻이다. 당신의 편향이 상승 쪽인 만큼 일반적으로 당신은 이 편향을 유지하고 싶어 할 것이고, 전체 포트폴리오를 하강 움직임에 대비해 보호하려 하기보다는 여의치 않은 상황이나 당신이 시장의 방향과 어긋나는 경우에 전체적인 위험 노출도를 제한할 만큼만 헤지할 것이다. 이런 방식이면, 돈을 잃을 가능성은 여전히 있지만, 시장이 강하게 레버리지된 당신의 계좌에 어긋나는 방향으로 큰 폭으로 움직인다고 해도 지나치게 큰 손실을 입거나 파산하는 일은 없을 것이다.

대부분의 경우, 헤지 비용을 합리적인 범위 안에 두기 위해 '트레이더'들은 있을 수 있는 모든 손실을 보호하거나 장기적으로 헤지를 하기보다는, 한정된 양의 일시적 손실에 대해 단기적으로만 헤지를 한다. 나는 트레이더이고 포지션을 장기적으로 유지하지 않기 때문에, 만약 내가 헤지를 한다면 나의 헤지 기간은 대체로 일주일 이하이고 대부분의 헤지는 1~3일 정도만 지속된다. 옵션 프리미엄에 시간 기준 가치를 너무 많이 잃고 싶지 않기 때문이다. 또한 헤지에는 비용이 들기 때문에 대개 나는 이튿날까지 보유하고 있는 상당한 규모의 포지션이 있는데 손실 제한이나 작은 로트 사이즈(lot size) 같은 다른 방법들로 손실을 제한하는 것으로는 충분치 못한 경우에만 헤지 테크닉을 활용한다.

계좌를 헤지하는 데는 다양한 방법들을 고려할 수 있다. 보유하고 있는 특정한 매수 포지션들에 대한 풋 옵션을 사기보다는, 장기 보유하고 있는 주식보다 약세로 보이는 다른 주식으로 헤지를 고려하거나, 전체 포트폴리오를 헤지하기 위해 지수 옵션을 이용할 수도 있다. 더 자세한 사항은 '지수 옵션' 절을 참조하라. 그 밖에도, 옵션을 이용하기보다는 약세인 주식이나 전체 시장에서 매도 포지션을 헤지로 활용하는 방법을 고려해 볼 수도 있다. 이상적인 시나리오에서는 매수 포지션과 헤지 모두에서 이익을 얻을 수도 있다. 분명한 이유로 일반적인 경우는 아니라고 할 수 있지만 말이다. 그래도 나는 매수 포지션을 보유하고 있으면서 약세인 주식이나 시장 전체를 헤지로 이용해 양쪽 모두에서 수익을 올린 적이 여러 번 있다.

헤지를 하는 방식에는 상당한 융통성이 있기 때문에, 어떤 것이 최상의 방식인지는 당신의 목표가 무엇이며 무엇을 선호하는지, 현재 상황이 어떤지, 당신 계좌의 규모는 어느 정도인지, 당신의 위험성 감내 능력은 얼마나 되는지에 따라 달라진다. 대규모 계좌가 없다면, 헤지 전략을 쓰기보다는 다른 방법으로 위험성을 관리하는 것이 아마도 최선일 것이다. 내가 자주 언급했던 것처럼, 언제나 손실 제한을 이용해 언제라도 일어날 수 있는 잠재적 손실을 제한해야 하며, 로트 사이즈를 조정해 위험성 노출도를 줄일 수 있다.

특별히 규모가 큰 포지션이나 레버리지 정도가 심한 큰 규모의 포트폴리오의 경우처럼, 이것이 현실적이지 못한 경우에는 헤지가 유용한 대안이 될 수 있다.

지수 옵션

개개의 주식 옵션보다 지수 옵션을 매매하는 것이 더 편리하다고 느끼게 될 때가 있다.

어느 한 분야가 조만간 부상하거나 전반적으로 시장이 움직일 것이라고 예상하면서, 특정한 주식들을 고르는 데 시간을 허비하지 않고 신속히 반응할 수 있기를 바란다면, 지수 옵션을 이용하면 된다. 예를 들어, 반도체 주식들에 대한 긍정적인 뉴스가 나와서 신속히 행동할 필요가 있다면, 개별 반도체 주식들 중에서 몇 개를 선택하려고 하기보다는, 반도체 지수 (Semiconductor Index: SOX)의 콜 옵션을 사는 것을 고려해 볼 수 있다.

물론 언제라도 옵션을 이용하기보다는 지수를 매수하는 것을 고려할 수 있지만, 많은 지수들이 비싸기 때문에 옵션을 이용하는 것이 좀 더 적당한 대안이라 할 수 있다. 잠시 뒤 설명하겠지만, 지수 옵션의 프리미엄도 비싼 경우가 있지만, 옵션이 제공하는 레버리지 덕분에 지수 자체를 사는 것보다는 훨씬 싸다. 그래도 일부 지수 옵션의 가격은 계좌 규모가 작은 트레이더들이 트레이딩하는 것을 어렵게 만들 수 있다. 상장지수 펀드(exchange-traded fund: ETF)나 SMH, BBH, GLD 같은 홀더스(holders)의 옵션을 구입하는 것도 고려해 볼 수 있다.

지수 옵션이나 ETF는 위험성을 지수를 구성하는 여러 회사들에 분산함으로써 전체적인 위험성 노출을 줄이는 데 이용될 수도 있다. 또한 '레버리지와 헤지' 항에서 논의했던 것처럼, 잠재적 손실에 대비해 포트폴리오 전체를 헤지하는 데 지수 옵션을 이용할 수 있다.

그에 더해, 나는 13장에서 소개되는 수익 추세나 연방공개시장위원회

(FOMC)의 정책과 같은 다른 추세를 트레이딩하는 데에도 지수 옵션을 자주 이용했다.

표 7.4는 SOX의 12월 옵션 견적이다. 이 견적이 나올 당시 SOX는 362.64달러가 나갔다.

가격과 시간에 따라 급격히 가치가 감소하는 프리미엄 요소 때문에 나는 대개 1주일 이내, 흔히는 하루 이틀 정도의 상대적으로 단기간의 트레이딩에만 지수 옵션을 이용한다. 예를 들어, 상기 예에서 365달러짜리 콜 옵션의 프리미엄을 보라. 최고 매수 호가는 20.80달러이고, 최고 매도 호가는 23.80달러이다. 362.64달러의 지수 가격보다는 훨씬 저렴하지만, 그래도 역시 비싼 옵션이다.

비싸긴 하지만, 내가 이 옵션들에서 좋아하는 점 중 하나는 시장이 움직이기만 하면 언제나 짧은 시간단위 안에 상당히 큰 폭으로 상승하는 경향이 있다는 점이다. 개개의 주식들은 시장이 움직여도 그것을 기회로 0.50달러나 1.00달러를 벌 수 있을지가 확실하지 않은 데 반해, 지수 옵션은 급격한 움직임을 보일 때가 많다.

물론 불리한 움직임도 있을 수 있기 때문에, 손실도 그만큼 빨리 증가할 수 있다는 점도 고려해야 한다.

이 옵션들이 가장 불리한 점은 스프레드의 크기다.

앞의 견적 화면에서 매수 호가와 매도 호가를 살펴보면, 대부분의 경우 약 2~3달러의 차이, 또는 프리미엄이 있다는 것을 알 수 있다. 예를 들어, 앞에서 논의한 365달러짜리 콜 옵션의 매수 호가와 매도 호가 사이에는 3달러의 차이가 있다(23.80달러 - 20.80달러 = 3달러).

Symbol#	Root	Put/Call	Symbol	ExpDate	symonth	Strike	Last	Bid	Ask	Volume	Theoretical	Imp Volatility	PrevC
20	SMH	C	%SMHF191555000	Jun 19 2015	359784	55.000	2.9	3.4	3.9	0			3
21	SMH	C	%SMHF191556000	Jun 19 2015	359724	56.000	3.09	2.65	2.75	0			3
22	SMH	C	%SMHF191557000	Jun 19 2015	359710	57.000	1.9	1.8	1.95	11			2
23	SMH	C	%SMHF191558000	Jun 19 2015	359711	58.000	1.2	1.1	1.25	13			1
24	SMH	C	%SMHF191559000	Jun 19 2015	359713	59.000	0.65	0.6	0.65	20			0
25	SMH	C	%SMHF191560000	Jun 19 2015	359716	60.000	0.3	0.25	0.3	3			0
26	SMH	C	%SMHF191561000	Jun 19 2015	359743	61.000	0.25	0.1	0.15	0			0
27	SMH	C	%SMHF191562000	Jun 19 2015	359770	62.000	0.23	0	0.1	0			0
28	SMH	C	%SMHF191563000	Jun 19 2015	359850	63.000	0.1	0	0.05	0			C
29	SMH	C	%SMHF191564000	Jun 19 2015	360039	64.000	0.06	0	0.05	0			0
30	SMH	C	%SMHF191565000	Jun 19 2015	360037	65.000	0.03	0	0.05	0			
31	SMH	C	%SMHF191566000	Jun 19 2015	360027	66.000	0	0	0.05	0			
32	SMH	C	%SMHF191567000	Jun 19 2015	360073	67.000	0	0	0.05	0			
33	SMH	C	%SMHF191568000	Jun 19 2015	360098	68.000	0	0	0.05	0			

표 7.4 12월 SOX의 옵션 견적

스프레드의 크기는 외가격 규모가 커질수록 줄어들지만, 이 경우에도 프리미엄은 꽤 크다. 만약 포지션에 들어갔다가 마음을 바꾸면, 단순히 트레이딩에서 나온 것만으로도 10~15퍼센트를 잃을 가능성이 있다.

앞에서 언급한 것처럼, 옵션을 거래할 때는 제한 주문만을 이용할 것을 권한다. 어떤 옵션들은 유동성이 매우 높지만, 많은 옵션들이 드물게 거래된다. 낮은 유동성과 넓은 스프레드를 고려하면, 시장가 주문을 이용할 경우 매우 안 좋은 결과를 얻을 수 있다. MSFT 옵션처럼 유동성이 매우 높은 옵션으로는 양호한 결과를 거둘 가능성이 크지만, 지수 옵션의 경우, 가격이 변하고 있는데 시장가 주문을 넣으면 매우 불리한 가격에 걸릴 공산이 크다. 실제로, 의도하던 가격에서 5달러가 날아가는 것은 일도 아니다. 제한 주문을 이용하면 의도한 가격을 얻거나 아예 주문이 들어가지 않는다.

유동성을 더 잘 파악하려면, 앞에서 예로 든 견적에서 '거래량' 항목을 보라. 모든 옵션에서 거래량이 상대적으로 적은 것을 알 수 있을 것이다. 이날 최고 거래량은 390달러짜리 콜 옵션의 계약 512개이다. 이것들이 헤지로 사용되고 있었던 것이 아니라면, 이 견적이 나올 당시 SOX에 얼마간의 상승세의 이익이 있었다는 뜻이 된다. 512건의 거래량은 적당한 유동성을 창출하지만, 대개 수천 건의 거래량을 형성하는 MSFT 같은 주식보다는 훨씬 낮다. 가격이 빠르게 움직이지 않는 상태에서 390달러짜리 콜 옵션을 사기 위해 시장가 주문을 넣었다면, 최고 매도 호가에 주문이 들어갈 수도 있을 테지만, 그런 경우라도 2달러라는 큰 폭의 스프레드(13.20 − 11.20 = 2달러) 탓에 이미 이 거래에서 15퍼센트의 하락을 겪게 된다.

시장가 주문을 이용했다가 최고 매도 호가에 주문이 들어가거나, 심지어 투자 전문 기관의 변덕에 휩쓸리기보다는, 나는 대체로 최고 매수 호가와 최고 매도 호가 사이에서 제한 주문을 넣는다. 그저 포지션에 들어가기 위해 스프레드에 1.00달러 이상의 프리미엄을 지불할 생각은 없다. 그러느니 차라리 그 트레이딩은 포기하겠다. 390달러짜리 콜 옵션을 예로 들어 보면, 그 트레이딩이 얼마나 구미가 당기느냐에 따라 12.20달러나 그 이하로 제한 주문을 넣을 것이다. 나는 최고 매도 호가보다는 최고 매수 호가에 가까운 가격에 주문이 들어가는 것을 더 선호하는데, 지수들은 일중 범위가 훨씬 더 넓은 경향이 있기 때문에 주문이 들어갈 만큼 가격이 오르내릴 가능성이 크다.

유동성을 설명하기 위해 390달러짜리 콜 옵션을 예로 들기는 했지만, 사실 나는 외가격 옵션보다는 내가격 지수 옵션을 트레이딩하는 것을 더 좋아한다. 돈이 더 많이 들고, 따라서 위험성도 더 높지만, 나는 내가격 옵션의 가격 움직임을 더 선호한다. 따라서 상기 예에서라면 나는 390달러짜리 콜 옵션보다는 355달러나 360달러짜리 콜 옵션을 살 가능성이 더 크다.

또한 앞의 SOX 견적 화면의 마지막 거래 중 일부가 최고 매수호가와 매도호가의 범위를 벗어난 것을 주목하라. 그저 마지막 거래 이후로 시간이 지나 가격이 변하면서 그렇게 된 것일 수 있다. 그렇지 않은 경우, 누군가가 아주 형편없는 주문서를 받았다는 것을 뜻할 수도 있다.

표 7.5는 또 하나의 예로, S&P 100 지수(OEX)의 12월 옵션 견적을 보여 준다. 이 지수는 견적이 나올 당시 475.02달러에 거래되고 있었다.

OEX는 좀 더 활발하게 거래되기 때문에, 그에 따라 상기 견적 화면에서 더 큰 거래량과 유동성을 볼 수 있을 것이다. 앞의 SOX의 예와는 달리, 많은 OEX 옵션들이 수천 건의 거래량을 형성하는 것을 알 수 있다. 그 결과, 매수 호가와 매도호가 사이의 스프레드 폭이 더 좁고 미결제 약정의 양이 더 많다는 것도 알 수 있다.

'옵션 기본 지침' 장에서 설명했던 것처럼, 미결제 약정은 현재 오픈된 옵션 계약/포지션의 수를 반영하며, 여기서 거래량은 포지션에 들어오고 나가는 트레이딩의 수를 반영한다.

OEX의 '매수호가/매도호가 스프레드' 항을 보면, SOX에서는 스프레드가 2.00~3.00달러일 때가 많았던 데 비해, OEX에서는 가장 거래량과 유동성이 큰 스프레드들이 0.30~0.70달러의 범위에 있는 것을 알 수 있다.

하지만 거래량이 적은 일부 스프레드들은 1.00달러가 넘는데, 이것은 낮은 유동성이 가격에 미칠 수 있는 영향력을 보여 준다.

언제나 그렇듯이, OEX 옵션의 프리미엄은 옵션이 외가격이 될수록 줄어든다는 것을 알 수 있다. 예를 들어, 475달러짜리 콜 옵션의 최고 매도호가는 12.10달러인데, 490달러짜리 콜 옵션의 최고 매도호가는 5.50달러이다. 490달러짜리 콜 옵션의 가격이 훨씬 낮지만, 20포인트 넘게 외가격이다(옵션 490달러 – 지수 가격 475달러 + 프리미엄 5.50달러 = 20.50달러). 앞에서 설명한 대로, 나는 외가격 옵션들도 거래하지만, 전체적으로는 내가격 옵션 거래를 더 선호한다. 이 경우 콜 옵션을 사고 싶었다면, 아마 465달러짜리 콜 옵션이나 470

달러짜리 콜 옵션을 샀을 것이다.

Symbol#	Root	Put/Call	Symbol	Exp.Date	symcode	Strike	Last	Bid	Ask	Volume	Theoretical	Imp Volatility	Pr.evC
63	OEX	C	%OEXF1915900000	Jun 19 2015	296452	900.000	36	32.5	34.6	0			
64	OEX	C	%OEXF1915905000	Jun 19 2015	296234	905.000	31.45	28.1	30.2	0			31.
65	OEX	C	%OEXF1915910000	Jun 19 2015	296229	910.000	20.2	23.9	25.5	0			20
66	OEX	C	%OEXF1915915000	Jun 19 2015	296232	915.000	15.9	19.8	21.4	0			15
67	OEX	C	%OEXF1915920000	Jun 19 2015	296233	920.000	16.2	16	17.4	4			12
68	OEX	C	%OEXF1915925000	Jun 19 2015	296174	925.000	10	12.4	13.7	0			
69	OEX	C	%OEXF1915930000	Jun 19 2015	296080	930.000	10.2	9	10.3	39			5
70	OEX	C	%OEXF1915935000	Jun 19 2015	296143	935.000	8	6.1	7.2	17			6
71	OEX	C	%OEXF1915940000	Jun 19 2015	296135	940.000	4.1	3.8	4.7	52			5
72	OEX	C	%OEXF1915945000	Jun 19 2015	296228	945.000	3.3	2.1	2.85	25			2.
73	OEX	C	%OEXF1915950000	Jun 19 2015	296249	950.000	1.5	0.95	1.5	1			
74	OEX	C	%OEXF1915955000	Jun 19 2015	296945	955.000	0.55	0.4	0.65	0			0.
75	OEX	C	%OEXF1915960000	Jun 19 2015	296976	960.000	0.25	0.15	0.3	200			0.
76	OEX	C	%OEXF1915965000	Jun 19 2015	297080	965.000	0.15	0.1	0.2	0			0.

표 7.5 S&P 500(OEX) 12월 옵션 견적

　지수 옵션을 거래하는 것은 상대적으로 계좌 규모가 작은 트레이더들에게는 현실적이지 못할 것이고, 특히 옵션은 신용으로 거래될 수 없다는 점을 고려하면 더욱 그렇다. 하지만 지수 옵션을 거래할 수 있을 만큼 계좌 규모가 크다면, 시장에 큰 움직임이 있을 것으로 예상할 때 지수 옵션 거래는 헤지나 단기 거래에 대한 훌륭한 대안이 될 수 있다. 지수 옵션은 큰 폭의 가격 변동을 보이며 신속히 움직이는 경향이 있기 때문에, 급격한 시장 움직임을 놓치지 않는다면 어마어마한 이익을 올릴 가능성이 있다.

　나는 내 트레이딩을 뒷받침하는 강한 추세가 있을 때는 지수 옵션을 즐겨 이용한다. 예를 들어, 최근의 FOMC 회의 뒤에 시장이 분 단위로 상하 100포인트 이상의 움직임을 보이며 하루 종일 크게 소용돌이쳤다. 이와 같은 큰 규모의 급격한 시장 움직임은 끝내주는 지수 옵션 트레이딩 기회를 제공한다. 따라서 나는 대규모의 시장 움직임이 있을 것이라고 생각하면, 개별 주식을 쫓아다니기보다는 지수들을 노린다.

LEAP

단기 트레이더인 나는 LEAP(Long-Term Equity Anticipation Securities)는 거래하지 않지만, 여러분 중 궁금해 하는 분들이 있을 것 같아 전반적인 내용을 설명하겠다.

LEAP는 만기월이 9달이나 그 이상 남은 옵션이다. 표 7.6의 옵션 견적 화면은 QLGC의 LEAP을 보여준다. 이 견적이 나온 당시 옵션은 만기가 약 1년이 남았고, QLGC 주식 가격은 43.25달러였다.

SymOf	Stock	Put/Call	Symbol	Exp.Date	Symcode	Strike	Last	Bid	Ask	Volume	Theoretical	Imp.Volatility	Prof't
1	QLGC	C	%QLGCA15162500	Jan 15 2016	681288	2.500	0	12.6	13.5	0			0
2	QLGC	C	%QLGCA15165000	Jan 15 2016	681310	5.000	0	10.1	11.4	0			0
3	QLGC	C	%QLGCA15167500	Jan 15 2016	681311	7.500	0	8.1	8.5	0			0
4	QLGC	C	%QLGCA151610000	Jan 15 2016	681305	10.000	0	5.6	6.1	0			0
5	QLGC	C	%QLGCA151612500	Jan 15 2016	681301	12.500	0	3.3	3.9	0			0
6	QLGC	C	%QLGCA151615000	Jan 15 2016	681272	15.000	1.75	1.75	2.05	0			1.75
6	QLGC	C	%QLGCA151617500	Jan 15 2016	681274	17.500	0.7	0.65	0.9	0			0.7
7	QLGC	C	%QLGCA151620000	Jan 15 2016	681283	20.000	0.26	0.1	0.3	0			0.26
8	QLGC	C	%QLGCA151622500	Jan 15 2016	681338	22.500	0	0	0.15	0			0
10	QLGC	C	%QLGCA151625000	Jan 15 2016	681328	25.000	0	0	0.3	0			0
11	QLGC	C	%QLGCA151630000	Jan 15 2016	681332	30.000	0	0	0.25	0			0

표 7.6 QLGC의 LEAP

당신이 큐로직(QLGC)을 낙관적으로 바라보고, 가격이 오를 것으로 생각해 투기하려 한다면, 주식을 사기보다는 LEAP 옵션을 사는 것을 고려할 수있다. 하지만 예상할 수 있듯이, 그러한 장기 옵션 투기의 주식 매매 선택권(privilege)에는 대단히 큰 프리미엄을 지불해야 한다. 사실, 프리미엄 가격이단순히 주식을 직접 사는 것보다 옵션을 이용하는 것을 정당화하는지에는의문의 여지가 있다.

앞의 견적 화면을 보면 40달러짜리 내가격 콜 옵션의 최고 매도호가는

15.40달러라는 것을 알 수 있다. 만기 시점에 이 트레이딩에서 돈을 벌기 위해서는 주가가 55.40달러(40달러 + 15.40달러)나 그 이상이 될 필요가 있다. 주식이 앞으로 큰 호조세를 보일 것 같다면, 더 낮은 가격에 외가격 옵션을 이용하는 것을 고려해 볼 수 있다. 예를 들어, 50달러짜리 콜 옵션의 최고 매도 호가는 11.30달러로 견적이 나와 있다. 이 경우 최초 비용이 더 적긴 하지만, 옵션 만기일에 트레이딩에서 이익을 보려면 가격이 61.30달러(50달러 + 11.30 달러)나 그 이상으로 올라야 한다.

나는 LEAP를 이용해 그렇게까지 투기를 하지는 않을 것이다. 내 개인적인 목표와 단기 트레이딩 스타일을 볼 때, 그것은 정말이지 내 고려의 대상이 아니다.

스트래들

내가 가장 좋아하는 옵션 전략 중 하나이자, 자주 사용하는 것은 스트래들(straddle)이라 불리는 것이다. 스트래들이란, 하나의 주식에 대한 콜 옵션과 풋 옵션을 같은 만기일에, 같은 행사 가격으로 동일한 양을 구입하는 것이다.

스트래들은 가까운 시일 안에 큰 가격 움직임이 생겨날 때 이익을 올릴 수 있는 훌륭한 방법이다. 가까운 시일 안에 큰 폭의 움직임이 있을 것으로 예상하지만 어느 쪽으로 가격이 움직일지는 자신할 수 없는 상황에서는, 스트래들을 이용해 예상되는 가격 변동성에서 이익을 얻을 수 있다.

나는 이 방법을 여러 시점에 여러 이유로 활용하긴 하지만, 특히 스트래들의 위험/이익 비율이 상당히 유리한 어닝 시즌 동안 트레이딩하는 것을 좋아한다.

기업이 수익 보고를 한 뒤 주식이 어느 쪽으로든 급격한 움직임을 보이는 것은 흔한 일이지만, 움직임의 방향은 수익 보고의 구체적 내용에 따라 달라지며, 그 내용은 대개 미리 알 수 없다. 만약 어떤 기업이 수익 예상치를 초과했다면, 그 기업의 주가는 순식간에 껑충 뛸 것이다. 반대로, 어떤 기업이 수익 예상치를 달성하지 못하거나 수익 경고를 발표하는 등 나쁜 소식이 전해지면, 주가는 곤두박질칠 수 있다. 대부분의 주식은 수익 보고가 나온 뒤 어느 한쪽으로 움직이게 되는데, 옵션 스트래들을 이용하면 이런 움직임에서 이익을 얻을 수 있다.

스트래들 트레이딩을 하면 어느 한쪽에서는 손해를 볼 가능성이 있다. 아니 거의 틀림없이 그렇다고 할 수 있다. 따라서 그 손해를 벌충해 전체적으로 이익을 보려면 다른 쪽에서 충분히 큰 폭의 움직임이 있어야 한다. 하지만 나는 트레이딩을 하면서 양쪽 모두에서 돈을 번 적도 몇 번 있다. 예를 들어, 어떤 기업이 수익 예상치를 뛰어넘는 실적을 낸 뒤에는 우선 상승 가도를 달릴 수 있는데, 이렇게 되면 콜옵션에서 빠져나오고 나중에 팔아 치울 수 있으며, 그러면 풋 옵션 역시 이익을 남기고 나올 기회가 생긴다. 그래도 이런 일이 자주 벌어지지는 않는 만큼, 스트래들이 가장 큰 효과를 발휘하는 것은 결합된 옵션 프리미엄이 충분히 낮아 트레이딩이 현실성 있는 것이 될 때이다.

내가 알아낸 것은, 최고의 기회는 옵션이 만기되는 주에 수익 보고를 하는 회사의 주식들에 찾아온다는 것이다. 만기일이 다가오고, 수익 보고로 긴요한 가격 변동성이 생겨나면서 옵션 프리미엄이 낮아진다. 사실, 트레이더들의 목표는 할 수 있을 때마다 '우위', 즉 이점을 얻는 것이기 때문에, 옵션 만기 주는 옵션을 거래할 수 있는 최적의 시기 중 하나라는 사실을 나는 알게 되었다. 그 기간은 옵션을 거래할 때 우위를 누릴 수 있는 몇 안 되는 시기 중 하나다. 왜냐하면 수익 변동성이 옵션의 가치에 충분히 반영되어 가격이 형성되지 않기 때문이다.

어닝 시즌 동안에 나는 조사를 훨씬 더 치밀하게 시행하는데, 특히 옵션 만기 주 직전에는 더욱 그렇다. 수익 발표를 할 회사들의 주식의 매수할 기회를 계속 찾을 뿐 아니라, 앞으로의 스트래들을 위해 옵션 프리미엄을 조사하는 것이다.

나는 수익 일정표를 검토하고, 옵션이 만기되는 마지막 주에 수익 발표를 하도록 일정이 잡혀 있는 모멘텀주들의 전력을 조사한다. 가장 유망한 트레이딩 후보는 수익 발표 뒤에 급격한 움직임을 보이는 경향의 전력이 있는 주들이다.

이런 전력 차원에서 매력이 있어 보이는 주들을 찾으면, 이 주식들의 옵션 프리미엄을 확인한다. 스트래들을 트레이딩하기 위한 이중의 프리미엄은 가격이 적당해야 하는데, 늘 그렇지는 않다. 등가격으로 스트래들을 트레이딩하려고 6.00달러를 지불할 생각은 없다. 이것으로 돈을 벌려면 황당할 만큼 주가가 큰 폭으로 움직여야 하기 때문이다. 하지만 옵션 프리미엄이 구미가 당기고, 주식이 괜찮은 스트래들 후보로 손색이 없는 것으로 보이면, 스트래들 거래를 할 것이다. 최근 나는 EMC 스트래들을 약 0.50달러의 총 비용으로 거래해 전체적으로 0.70달러 남짓에 팔았다. 내게는 그 정도면 스트래들을 트레이딩하기에 썩 괜찮은 위험/이익 비율이다.

그동안 나는 옵션 스트래들을 트레이딩해 상당한 액수의 돈을 벌었고, 그것은 내 고객들도 마찬가지인데, 특히 1990년대 말처럼 시장이 높은 수준에서 거래될 때 더욱 그랬다. PMCS 스트래들을 하룻밤을 넘겨 거래해 계약당 26.00달러, 그러니까 총 약 14만 달러를 벌었던 것으로 기억한다. 다른 대단한 스트래들 거래도 수없이 많이 있었다. 물론 모든 거래가 수익성이 있었던 것도 아니고, 모두가 그렇게 상당한 이익을 올린 것도 아니지만, 전체적으로 15~20퍼센트의 이익, 또는 5~10달러의 상승을 기록하는 일이 드물지 않았고, 심지어 트레이딩이 특별히 잘 될 때면 2배나 그 이상의 이익을 올릴 때도 있었다. 구체적인 액수야 어찌되었든, 손실이 아니라 이익이 있을 때면 늘 나는 시장이 내게 주는 것을 기쁜 마음으로 받는다!

내 스트래들 거래는 대부분 어닝 시즌과 옵션이 만기되는 마지막 주에 진행되지만, 프리미엄이 구미가 당기고 변동성이 충분하다면, 다른 때도 스트래들 거래를 한다.

예를 들어, FOMC 회의를 이용해 트레이딩을 할 때는 스트래들을 이용했다. FOMC 회의 결과가 발표되면 시장이 변동할 때가 많기 때문에, 스트래들을 이용해 트레이딩을 하고 양방향의 움직임에서 이익을 얻을 수 있을 때가 있다. 본질적으로, 큰 변동성이 있을 가능성이 있을 때는 언제나 스트래들을 이용할 절호의 기회라 할 수 있다. 최상의 시나리오대로라면, 상하로 요동치는 시장에서는 콜 옵션과 풋 옵션 둘 다에서 이익을 올릴 수 있다.

표 7.7은 이베이의 옵션 견적 화면으로, 주가가 70.10달러이다.

나는 옵션 행사 가격이 등가격이나 등가격에 아주 가까운 스트래들을 선호한다. 다시 말해, 두 종류의 옵션의 행사 가격이 최대한 주식 가격에 가까운 경우를 좋아한다는 뜻이다. 이런 경우 콜 옵션과 풋 옵션에 대충 같은 비용이 든다.

TypeID	Root	Put/Call	Symbol	ExpDate	syptcode	Strike	Last	Bid	Ask	Volume	Theoretical	Imp Volatility	PrevC
29	EBAY	C	%.EBAYF191558000	Jun 19 2015	100987	58.000	4.93	3.6	4.1	0			4.
30	EBAY	C	%.EBAYF191558500	Jun 19 2015	100969	58.500	3.6	3.45	3.65	12			3.
31	EBAY	C	%.EBAYF191559000	Jun 19 2015	100949	59.000	3	3	3.2	8			3.
32	EBAY	C	%.EBAYF191559500	Jun 19 2015	100933	59.500	2.52	2.57	2.71	4			2.
33	EBAY	C	%.EBAYF191560000	Jun 19 2015	100896	60.000	2.3	2.24	2.3	43			2.
34	EBAY	C	%.EBAYF191560500	Jun 19 2015	100899	60.500	1.8	1.86	1.92	2			2.
35	EBAY	C	%.EBAYF191561000	Jun 19 2015	100895	61.000	1.52	1.52	1.58	90			1.
36	EBAY	C	%.EBAYF191561500	Jun 19 2015	100897	61.500	1.22	1.21	1.27	37			1.
37	EBAY	C	%.EBAYF191562000	Jun 19 2015	100900	62.000	0.96	0.97	1.01	60			1.
38	EBAY	C	%.EBAYF191562500	Jun 19 2015	100902	62.500	0.8	0.75	0.79	54			0
39	EBAY	C	%.EBAYF191563000	Jun 19 2015	100919	63.000	0.56	0.58	0.61	61			0

표 7.7 이베이의 12월 옵션 견적

앞의 견적 화면을 보면, 이베이 주가가 70.10달러이고 70달러짜리 콜 옵션 과 풋 옵션은 가격이 각각 2.85달러와 2.75달러로 서로 비슷하다. 스트래들을 트레이딩하려면 70달러짜리 콜 옵션과 70달러짜리 풋 옵션을 같은 양을 사서 결합된 스트래들의 총액이 5.60달러(2.85달러 + 2.75달러)가 되어야 한다.

내가 이 화면을 소개하는 것은 오로지 예를 들기 위해서라는 점을 명심하라. 내 생각에 이 경우의 프리미엄은 사실 너무 높다. 왜냐하면 견적이 나온 시점에 옵션 만기가 일주일도 더 남았기 때문이다. 옵션이 만기되는 마지막 주에 프리미엄은 1.20달러 언저리의 얼마쯤이 될 텐데, 이 정도면 스트래들을 고려할 만하다. 스트래들의 총 비용은 2.40달러 정도가 될 것이고, 따라서 트레이딩에서 돈을 벌려면 이베이가 약 5퍼센트만 움직이면 되는데, 이베이 같은 모멘텀주들이 수익 보고 뒤에 5퍼센트나 그 이상 움직이는 것은 흔한 일이다.

스트래들을 트레이딩하는 데 따르는 위험성이 있긴 하지만, 말도 안 되는 액수를 잃는 일은 거의 없다. 대개는 적어도 투자한 원금 대부분이나 그 이상을 남기고 트레이딩을 마칠 수 있다. 그래도 이베이가 본질적으로 저조하게 시작한다면, 옵션이 만기될 때까지 시간이 얼마 남지 않아 결국 옵션 프리미엄의 시간 기준 지분에서 손해를 보는 탓에 트레이딩의 양쪽 모두에서 손실을 입을 수 있다. 이런 상황에서는 심지어 투자한 돈 절반을 잃을 수도 있다. 다행히 이베이처럼 변동성이 강한 모멘텀주들에서는 이런 일은 거의 일어나지 않는다. 변동성이 강한 주식들은 포지션에서 나올 수 있을 만큼 충분히 큰 폭으로 오르내리는 경향이 있다. 그래도 스트래들을 이용할 결정을 내리기 전에는 손해를 볼 가능성이 언제나 있다는 사실을 충분히 고려해야 한다.

이상적으로 보면, 앞에서 언급한 대로 당신이 의도적으로 강세나 약세 편향을 갖고 있지 않는 한, 행사 가격이 주가와 최대한 가까워서 각 포지션의 프리미엄 역시 적절히 가까운 가격을 이루는 스트래들을 위해 콜 옵션과 풋 옵션을 이용해야 한다. 그렇게 하지 않으면, 당신의 스트래들은 근본적으로 강세나 약세 편향을 갖게 된다.

예를 들어, 앞의 이베이 주식의 가격이 70.10달러가 아니라 69달러라면, 당신은 매도 쪽을 향한 편향을 갖게 된다. 왜냐하면 70달러짜리 풋 옵션은 이미 내가격이어서 70달러짜리 콜 옵션보다 비싸지기 때문이다.

스트랭글

스트랭글(strangle)은 스트래들과 비슷한데, 서로 다른 외가격의 행사 가격을 이용한다는 점만 다르다. 스트랭글은 동일한 주식의 콜 옵션과 풋 옵션을, 주가 주변의 서로 다른 2개의 외가격 행사 가격으로, 같은 만기 달을 이용해 똑같은 양을 사는 것이다.

예시를 위해 나는 앞에 나왔던 이베이 견적 화면을 이용하려 한다(표 7.8 참조).

앞의 견적을 볼 때, 이베이 스트랭글을 사고 싶다면 65달러짜리 풋 옵션과 75달러짜리 콜 옵션을 살 수 있다. 주가와 옵션 행사 가격 사이의 차이를 나누는 셈이다. 이 경우, 65달러짜리 풋 옵션은 주가 70.10달러보다 대략 5달러가 낮고, 75달러짜리 콜 옵션은 주가보다 대략 5달러 높다. 스트랭글을 트레이딩함으로써 당신은 주식이 65.00달러 밑으로 떨어지거나 75.00달러보다 더 오를 것이라는 데 운을 건 셈이다.

스트랭글의 결합된 비용은 2.05달러(1.15달러 + 0.90달러)이다.

앞에서와 마찬가지로, 이 견적은 그저 예시를 위한 것이며 옵션 만기일로부터 일주일 이상이 남아 있다. 실제 결합된 비용은 약 1.00달러이다. 옵션이 만기되는 마지막 주까지 기다린다면 말이다. 나는 대개 이런 방법을 이용한다.

스트랭글을 거래할 때는 외가격에 더 많이 치우쳐 있기 때문에, 트레이딩을 마치려면 대개는 주가가 더 움직여야 한다. 앞의 이베이 스트래들에서 설명했던 5퍼센트 정도의 움직임이 아니라, 이번에는 약 10퍼센트가 움직여야 한다. 가상의 옵션 프리미엄 1.00달러와 희망하는 바인 5달러의 가격 움직임을 이루기 위해서는 주가가 옵션 만기 전에 어느 방향으로든 6.00달러(즉, 약 10퍼센트) 이상 움직일 필요가 있다. 그렇기는 해도, 이베이처럼 변동성이 큰 모멘텀주들은 10퍼센트씩 움직이는 것이 가능하기 때문에, 옵션 프리미엄과 다른 트레이딩 환경들을 볼 때 위험/이득 비율이 전체적으로 유리한 것 같은 경우에는 스트랭글 이용을 고려하는 것이 불합리한 일은 아니다.

앞에서 언급했던 것처럼, 내가 이런 옵션 트레이딩을 통해 많은 돈을 벌기는 했지만, 본질적으로 그것은 투기라는 사실을 명심해야 한다. 따라서 이런 투기적 트레이딩에는 총 자금의 극히 일부만을 이용해야 한다.

ScrollID	Root	Put/Call	Symbol	ExpDate	symcode	Strike	Last	Bid	Ask	Volume	Theoretical	Imp Volatility	PrevC
28	EBAY	P	%EBAYR191557500	Jun 19 2015	101041	57.500	0.09	0.06	0.11	15			0
29	EBAY	P	%EBAYR191558000	Jun 19 2015	101036	58.000	0.11	0.09	0.12	2			0
30	EBAY	P	%EBAYR191558500	Jun 19 2015	100994	58.500	0.15	0.12	0.16	5			0
31	EBAY	P	%EBAYR191559000	Jun 19 2015	100976	59.000	0.2	0.17	0.21	0			
32	EBAY	P	%EBAYR191559500	Jun 19 2015	100945	59.500	0.26	0.25	0.27	45			0
33	EBAY	P	%EBAYR191560000	Jun 19 2015	100936	60.000	0.37	0.34	0.37	69			0
34	EBAY	P	%EBAYR191560500	Jun 19 2015	100937	60.500		0.46	0.5				
35	EBAY	P	%EBAYR191561000	Jun 19 2015	100925	61.000		0.62	0.66				
36	EBAY	P	%EBAYR191561500	Jun 19 2015	100920	61.500	0.94	0.82	0.87	27			0
37	EBAY	P	%EBAYR191562000	Jun 19 2015	100907	62.000	1.07	1.06	1.12	64			1
38	EBAY	P	%EBAYR191562500	Jun 19 2015	100904	62.500	1.5	1.34	1.39	22			1
39	EBAY	P	%EBAYR191563000	Jun 19 2015	100909	63.000	1.84	1.66	1.71	30			1

표 7.8 EBAY의 옵션 견적 화면

불 스프레드

불 스프레드(bull spread)는 어떤 주식의 가격이 떨어질 가능성보다 오를 가능성이 더 크다고 생각할 때 쓸 수 있는 상향(bullish) 옵션 전략이다.

불 스프레드를 트레이딩하려면, 어떤 주식의 콜 옵션을 사고, 같은 주식의 콜 옵션 같은 양을, 더 높은 행사 가격이나 몇 개의 행사 가격들인 가격에 판다.

당신이 사는 콜 옵션은 당신이 파는 콜 옵션보다 대개 내가격이거나 가격에 더 가깝다. 당신은 당신이 사는 옵션에 프리미엄을 지불하고, 파는 옵션의 프리미엄을 거둔다. 최종적인 결과는, 불 스프레드를 향한 전반적 편향이 이름 그대로 상향을 이루는 것이다.

불 스프레드는 트레이딩의 위험성을 당신이 매입한 옵션에 지불한 액수

선으로 감소시키는데, 옵션을 팔아 거둔 프리미엄보다 적다. 하지만 최대 이익은 제한되는데, 왜냐하면 두 개의 행사 가격 사이에 위치하기 때문이다. 이윤은 제한되어 있지만, 위험성도 훨씬 더 낮다.

나는 수익 보고 전에 주식이 상승할 가능성이 더 크다고 생각하는 어닝 시즌 동안에는 불 스프레드를 거래할 것이다.

표 7.9는 KLAC의 샘플 옵션 견적 화면이다. 견적이 나온 당시에 KLAC는 약 2주 뒤에 수익 보고를 하기로 예정되어 있었다. 견적이 나왔을 때 KLAC 주식의 가격은 42.85달러이다.

SymID	Root	Put/Call	Symbol	Exp Date		Strike	Last	Bid	Ask	Volume	OpenInterest	Imp Volatility	PrevCl
7	KLAC	C	%KLACF191542500	Jun 19 2015	407156	42.500	0	14.9	17.9	0			
8	KLAC	C	%KLACF191543500	Jun 19 2015	407132	43.500	0	13.8	17.5	0			
9	KLAC	C	%KLACF191545000	Jun 19 2015	407096	45.000	0	12.3	15.8	0			
10	KLAC	C	%KLACF191546000	Jun 19 2015	407095	46.000	0	12	14.4	0			
11	KLAC	C	%KLACF191547500	Jun 19 2015	407097	47.500	0	9.7	12.9	0			
12	KLAC	C	%KLACF191548500	Jun 19 2015	407094	48.500	0	9.9	10.7	0			
13	KLAC	C	%KLACF191550000	Jun 19 2015	407042	50.000	0	8.5	9.3	0			
14	KLAC	C	%KLACF191551000	Jun 19 2015	407031	51.000	7.7	7.6	8.9	0			
15	KLAC	C	%KLACF191552500	Jun 19 2015	407037	52.500	0	6.1	7.4	0			
16	KLAC	C	%KLACF191553500	Jun 19 2015	407009	53.500	5.83	5.1	5.8	0			5.
17	KLAC	C	%KLACF191555000	Jun 19 2015	407007	55.000	4.6	3.7	4.9	0			4
18	KLAC	C	%KLACF191556000	Jun 19 2015	406980	56.000	4.5	2.85	4	0			4
19	KLAC	C	%KLACF191558500	Jun 19 2015	406921	58.500	1.25	1.1	1.2	21			2

표 7.9 KLAC의 옵션 견적 화면

KLAC가 2주 뒤에 수익 보고를 하기로 되어 있고, 이 수익 보고 이전에 이 회사가 급성장한 전력을 보인다는 것을 알고 있다면, 불 스프레드를 이용해 예상되는 상향 편향을 트레이딩하는 것을 고려해 볼 수 있다. 앞의 견적 화면에 대해 말하자면, 불 스프레드를 트레이딩할 수 있는 방법은 수없이 많다.

한 가지 방법은 40달러짜리 내가격 콜 옵션을 4.50달러에 사고 외가격인 45달러짜리 콜 옵션을 1.75달러에 파는 것이다. 45달러짜리 콜 옵션을 팔고 있기 때문에 프리미엄 1.75달러를 거두어들이고, 사들인 40달러짜리 콜 옵션에 대한 프리미엄 4.50달러를 지불하게 되기 때문에, 불 스프레드로 나가는 순 비용은 2.75달러(4.50달러 - 1.75달러)가 된다. 내가격 콜 옵션과 매수측의 더 높은 비용은 상향 편향을 반영한다.

KLAC가 옵션 만기일에 이르러 45.00달러나 그 이상이 된다면, 이 트레이딩에서 최대 2.25달러를 벌게 되는데, 이것은 매도한 45달러짜리 옵션과 매수한 40달러짜리 옵션 사이의 차에 옵션의 순 비용을 뺀 액수다(즉 45.00달러 - 40.00달러 - 2.75달러).

아니면, 더 큰 명확성을 위해 각 옵션의 가치가 결정될 수도 있다. 예를 들어 KLAC의 주가가 45.00달러라면 매수한 40달러짜리 콜 옵션에서 5달러가 오른 것이다. 옵션 프리미엄이 4.50달러이므로, 이 트레이딩에서는 0.50달러를 벌게 된다(5달러 - 4.50달러 = 0.50달러). 매도한 45달러짜리 콜 옵션의 가치는 0이지만, 프리미엄 1.75달러를 거두게 된다. 최종 결과는 똑같다. 불 스프레드에서 2.25달러를 벌게 되는 것이다(0.50달러 + 1.75달러 = 2.25달러).

KLAC의 주가가 만기일에 40달러나 그보다 낮다면, 당신이 잃을 수 있는 최대 액수는 옵션의 순 프리미엄 비용, 즉 2.75달러이다. KLAC 주가가 두 행사 가격 사이에 있을 때는 적정 액수를 잃거나 벌게 된다. 다시 말해, 주가가 옵션의 두 행사 가격 사이에 있다면, 0에서 최대 2.75달러 사이의 금액을 잃거나 0에서 최대 2.25달러 사이의 금액을 벌게 된다.

이 주식에 대해 특별히 낙관적이라면, 더 큰 외가격인 옵션을 이용하는 것을 고려할 수 있다. 당신의 잠재 이득은 더 커지지만, 그 이익이 모두 실현되려면 주식이 더 큰 폭의 움직임을 보여야 한다.

앞의 사례를 다시 예로 들자면, 45달러짜리 콜 옵션을 1.75달러에 사고 50

달러짜리 콜 옵션을 0.50달러에 팔 수 있는데, 이 경우 순 비용은 1.25달러이다. 이런 상황에서 최대 잠재 이익인 3.75달러(50달러 - 45달러 - 1.25달러 = 3.75달러)를 실현하려면, 가격을 50달러나 그 이상으로 오르게 할 수익 활동이 필요하다. 주식이 더 움직여야 하지만, 만약 그런 일이 실제로 벌어지면 당신 돈의 200퍼센트의 순이익을 얻을 가능성이 있다. 잃을 수 있는 최대 금액은 순 비용 1.25달러이다.

불 스프레드에서 가격이 당신이 매도한 행사 가격보다 계속 더 오르면, 최대 잠재 이익만을 순이익으로 얻는다. 앞의 예에서 가격이 60달러나 그 이상으로 오르면, 최대 이익은 여전히 3.75달러이다.

매수한 45달러짜리 콜 옵션에서 더 돈을 벌 수 있는 반면, 매도한 50달러짜리 콜 옵션에서 입은 손해로 같은 금액을 토해 내게 된다.

불 스프레드에서 정확히 언제 어떻게 나올지 결정하는 것은 트레이딩의 구체적 상황과 당신의 선호 취향에 달려 있다. 앞에서 설명했던 것처럼, 옵션 만기 때까지 기다려 트레이딩에서 나올 필요는 없다. 그 정도 이익이면 괜찮겠다고 생각할 때는 언제라도 그 선에서 멈출 수 있고, 그저 손해를 더 안 보기 위해 포지션에서 나올 수도 있다.

하지만 보통은 매도한 콜 옵션에서 나오지 않은 채 매수한 콜 옵션에서 나와서는 안 된다. 왜냐하면 그렇게 했다가는 주가가 예기치 않게 치솟아 오를 때 더 큰 위험성에 노출될 가능성이 있기 때문이다(이것은 콜 옵션을 무방비로 매도한 것이나 마찬가지다). 매도 포지션에서 입을 수 있는 손실을 보완하기 위해 매수 포지션을 유지하지 않으면, 무척 큰 손실을 입을 수 있다.

베어 스프레드

상승 편향에 대해 불 스프레드를 이용하는 것과 비슷한 방식으로, 편향이 하강을 이룰 때는 베어 스프레드(bear spread)를 이용할 수 있다. 베어 스프레드는 앞에서 논의한 불 스프레드와는 본질적으로 반대, 또는 역관계에 있다.

베어 스프레드를 거래하려면 어떤 주식의 풋 옵션을 사고, 같은 양의 동일 주식 풋 옵션을 더 낮은 행사 가격이나 몇 개의 행사 가격에 판다.

매수한 풋 옵션은 내가격이거나 매도한 풋 옵션보다 내가격에 가깝다. 앞에서와 마찬가지로, 매수한 옵션에 대해 프리미엄을 지불하고, 매도한 옵션으로는 프리미엄을 거두어들인다. 그리하여 최종적으로 베어 스프레드의 전체적 편향은 하향(bearish)을 보인다.

불 스프레드와 마찬가지로, 베어 스프레드는 트레이딩의 위험성을 매수하는 옵션에 지불하는 금액에서 매도한 옵션으로 거둔 프리미엄을 뺀 액수선으로 낮춘다. 하지만 최대 이익은 제한되는데, 왜냐하면 최대 이익이 두 개의 행사 가격 사이에 있기 때문이다. 이익은 제한되지만, 위험성 역시 낮다.

표 7.10은 EXPE의 샘플 옵션 견적 화면이다. EXPE의 주가는 75.08달러이다.

불 스프레드와 마찬가지로, 베어 스프레드를 트레이딩할 때는 수많은 전략 중 하나를 선택할 수 있다. 예를 들어, 75달러짜리 풋 옵션을 4.20달러에 사고, 70달러짜리 풋 옵션을 2.40달러에 팔 수 있다. 이 트레이딩의 순 비용은 1.80달러로, 75달러짜리 풋 옵션에 지불한 프리미엄에서 매도한 70달러짜리 풋 옵션에서 얻은 프리미엄을 뺀 액수이다(4.20달러 - 2.40달러 = 1.80달러).

SymR	Root	PutCall	Symbol	ExpDate	symroote	Strike	Last	Bid	Ask	Volume	Theoretical	Imp Volatility	PrevC
28	EXPE	P	%EXPER191510000	Jun 19 2015	245583	100.000	0.41	0.6	0.75	0			0.
29	EXPE	P	%EXPER191510100	Jun 19 2015	245571	101.000	0.56	0.8	0.9	0			0.
30	EXPE	P	%EXPER191510200	Jun 19 2015	245500	102.000	1.1	1.05	1.15	6			0
31	EXPE	P	%EXPER191510300	Jun 19 2015	245466	103.000	1.25	1.3	1.45	4			0.
32	EXPE	P	%EXPER191510400	Jun 19 2015	245462	104.000	1.15	1.65	1.8	0			1.
33	EXPE	P	%EXPER191510500	Jun 19 2015	245437	105.000	2.05	2.05	2.25	6			1
34	EXPE	P	%EXPER191510600	Jun 19 2015	245433	106.000	2.05	2.55	2.8	0			2.
35	EXPE	P	%EXPER191510700	Jun 19 2015	245426	107.000	2.25	3.1	3.4	0			2.
36	EXPE	P	%EXPER191510800	Jun 19 2015	245429	108.000	1.9	3.7	4	0			1
37	EXPE	P	%EXPER191510900	Jun 19 2015	245435	109.000	3.19	4.4	4.8	0			3.
38	EXPE	P	%EXPER191511000	Jun 19 2015	245442	110.000	5.05	5.2	5.5	6			4
39	EXPE	P	%EXPER191511100	Jun 19 2015	245447	111.000	5.3	6	6.4	0			5.

표 7.10 EXPE의 옵션 견적 화면

EXPE의 가격이 70달러나 그 이하로 떨어지면, 이 트레이딩에서 3.20달러를 벌게 된다(75달러 - 70달러 - 1.80달러).

아니면, 트레이딩에서 더 큰 폭의 외가격으로 트레이딩하기를 원한다면, 75달러짜리 풋 옵션을 4.20달러에 사고, 70달러짜리 풋 옵션을 파는 것이 아니라 65달러짜리 풋 옵션을 1.30달러에 파는 것을 고려해 볼 수 있다. 이 경우 순 비용은 2.90달러가 될 것이다. EXPE의 가격이 65달러나 그 밑으로 움직이면, 이 트레이딩에서 7.10달러를 벌게 된다(75달러 - 65달러 - 2.90달러).

더 큰 외가격을 선택하면 잠재 이익은 더 크지만, 주가도 더 큰 폭으로 움직여야 한다. 나는 이 경우에는 75달러/70달러 스프레드를 더 선호하는데, 관련 비용과 위험성이 더 낮기 때문이다.

불 스프레드와 마찬가지로, 꼭 만기일까지 기다려 베어 스프레드를 종료할 필요는 없다. 원하는 때 아무 때나 이익을 취하거나, 잠재적 최대 손실을 줄이기 위해 손실 포지션에서 나올 수도 있다.

그리고 이번에도 역시 매도한 풋 옵션에서 나오지 않은 채 매수한 풋 옵션에서 나와서는 안 된다. 그렇게 했다가는 주가가 예기치 않게 떨어질 경우 더 큰 위험성에 노출될 가능성이 있기 때문이다(이 경우에는 풋 옵션을 무방비로 매도한 것이나 마찬가지가 된다). 매도 포지션에서 입을 수 있는 잠재적 손실을 보완하도록 매수 포지션을 유지하지 않으면, 무척 큰 손실을 입을 수 있다.

제8장 갭 트레이딩의 동물의 영 가이드 (스토킹, 표범)

이 장에서는 갭과 관련된 내용을 지금까지보다 더 상세히 다루려 한다. 갭은 무엇인지, 갭이 발생하는 이유는 무엇인지, 언제 갭이 발생하는지 등등을 설명한다. 갭상승과 갭하락 트레이딩에 대한 예와 제안 사항들도 포함된다. 10장 '기술적 분석을 이용한 갭 트레이딩'은 여기서 다루는 내용을 보완해, 근본적으로 차트와 기술적 분석에 근거한 트레이딩 테크닉을 추가로 소개한다. 갭 트레이딩을 시작하고 끝내기 위해 특정 가격 목표를 정하는 차트 활용 테크닉이 있다는 것을 알게 될 것이다. 앞에서 논의했던 것처럼, 아침의 갭을 트레이딩하는 것은 잠깐씩 짬을 내 시장을 트레이딩하는 훌륭한 방법이다. 잠깐씩 짬을 내 트레이딩을 하기 원하고, 아침에 장이 처음 열릴 때 한 시간 정도 낼 수 있다면, 갭 트레이딩을 한번 해보기를 권한다. 전업 트레이더들에게는 갭이 그날의 최고의 트레이딩 기회가 되어 줄 때가 많다. 나는 갭을 트레이딩해 한 시간도 안 되는 시간 만에 그날 치 목표를 달성하고 '집으로 퇴근하는' 트레이더들을 많이 알고 있다. 그래서 본인은 갭 트레이딩을 흔히 '1시간 트레이딩'이라고 부른다. 사실, 우리 어피니티 트레이딩에서는 갭 트레이딩을 위한 특별 서비스를 제공 중이다!

갭이란 무엇인가?

주가가 이전의 종가와 관련해 트레이딩을 시작하는 데에는 3가지 방식이 있을 수 있다. 더 높은 가격으로 시작하거나, 더 낮은 가격으로 시작하거나, 아니면 같은 가격으로 시작하는 것이다. 주식의 종가와 시가(始價) 사이에 차이가 있을 때 이것을 갭이라 한다. 시가가 전날 종가보다 높은 경우, 갭상승이라고 부른다. 시가가 전날 종가보다 낮으면 갭하락이라고 부른다. 주식이 전날 종가와 본질적으로 같은 가격으로 시작되거나 차이가 거의 없으면, 수평 개시로 간주된다. 표 8.0은 갭의 가격 예들을 보여 준다(예들은 표 8.1에 나온다).

표 8.1의 INTC 차트에서, 갭의 멋진 점 중 하나는 동일한 주식이 온갖 방식으로 트레이딩될 수 있다는 사실이라는 것을 볼 수 있다. 동일한 주식이 때로는 갭상승하고, 때로는 수평으로 개시하며, 어떤 때는 갭하락하기도 한다.

적절한 정도의 유동성을 지닌 주식이 전날 종가와 똑같은 가격으로 시작되는 일은 거의 없다. 대형, 중형, 소형 가릴 것 없이 주식은 일반적으로 어느 정도 갭을 형성한다. 하지만 가격 차가 적어서 본질적으로 수평 개시라 할 수 있다면, 보통은 개장 때 갭 트레이딩을 시도하지 않는 것이 좋다. 가격 역전이 벌어질지 확실치 않기 때문이다. 갭은 개별 주식에 적용될 뿐 아니라 전체 시장에도 적용된다. 시장은 개별 주식들의 집합이기 때문에, 시장이 큰 폭으로 갭상승하거나 갭하락하면, 많은 개별 주식들도 갭상승하거나 갭하락할 가능성이 크다. 표 8.2는 나스닥 종합지수의 갭하락을 보여 준다.

우선은 차트에서 나스닥 종합지수가 전날 폐장 때보다 현저히 낮은 가격으로, 즉 갭하락한 상태로 개장했으며, 이것은 나스닥 내의 수많은 테크놀로지 주식들도 마찬가지로 갭하락했을 가능성이 크다는 것을 의미한다는 점에 주목하자. 무엇 때문에 갭이 발생하는가? 다양한 요소들이 시장이나 개별 주식들의 갭을 유발할 수 있다. 특정 주식에 대한 최신 속보, 실적 보고, 애널리스트들의 업그레이드나 다운그레이드, 오버나이트 선물 거래, 주요한 국제적 사건들, 또는 수요 공급 간의 단순한 불균형 등이 이런 예에 속한다. 특정 기폭제에 상관없이, 갭은 매수나 매도측의 지나친 수요 때문에 발생하는데, 이것은 정규 개장 시간 외에 나타나는 적은 거래량에 의해 더욱 증폭된다. 개장 이전이나 폐장 이후 시간에는 매수자와 매도자 총수가 적기 때문에, 의미 있는 매수 압력이라면 어떤 것이라도 정규 개장 시간 동안 정상적으로 일어나는 것보다 더 높은 주가 상승을 촉진할 수 있다. 매도 압력이 더 강할 때는 그와 반대다. 감정도 역할을 한다. 큰 폭의 갭은 장후 트레이딩에 나온 뉴스에 트레이더들이 과잉으로 반응하는 바람에 벌어질 때가 많다. 큰 폭의 움직임을 놓치고 싶지 않다는 마음에 사람들이 흥분해서 충동적으로 사거나 팔고, 그 바람에 가격이 훨씬 더 급격하게 움직이게 되는 것이다. 장이 열리고 유동성이 정상으로 돌아오면, 과열된 가격은 가격 반전을 통해 제자리를 찾는 경향이 있다.

폐장 시 52.25달러	개장 시 52.75달러	50센트 갭상승
폐장 시 14.72달러	개장 시 14.50달러	22센트 갭하락
폐장 시 27.93달러	개장 시 27.93달러	수평 - 갭 없음!

표 8.0 폐장/개장 시 주가 차이

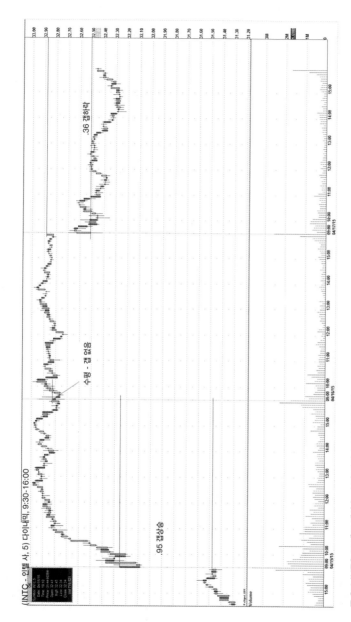

표 8.1 INTC 95센트 갭상승; 수평 개시; 36센트 갭하락

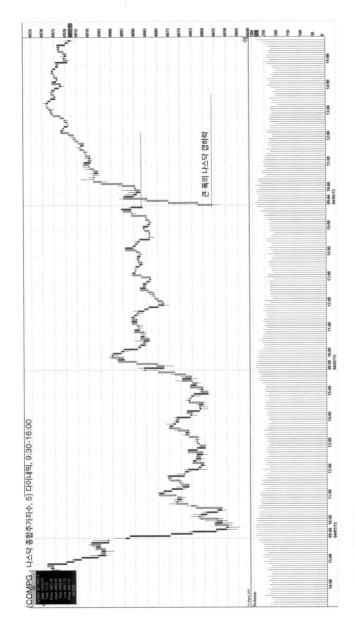

표 8.2 나스닥 캡하락 차트

예를 들어, 앞의 나스닥 종합주가지수 차트에서 어떤 일이 벌어졌는지 살펴보자. 큰 폭의 갭하락 이후, 먼저 상승의 가격 반등으로 가격이 회복되었다. 이런 사실을 이해하고서, 민첩한 파워 트레이더들은 이와 같은 가격 반등을 예상하고 트레이딩을 해 이익을 얻을 가능성이 있다. 이것을 갭을 페이드한다고 부르기도 한다. 갭을 초래하는 매수나 매도 압박이 가라앉으면, 가격이 반대 방향으로 페이드하는 경향이 있다. 어떤 주식이나 시장이 어느 시점에 결국 갭 전체를 되돌리게 될 때 갭을 메웠다고 한다. 25.50달러로 폐장해 26.10달러로 갭상승했다가 결국 25.50달러로 되돌아온 주식은 갭을 메운 것이다. 많은 전문 애널리스트들은 거의 모든 주식들이 (그리고 시장 자체도) 어김없이 갭을 메우게 될 것으로 믿는다고 말할 것이다. 나는 이 말에 꼭 동의하지는 않는다. 왜냐하면 여러 해 이 일을 하면서 메워지지 않는 갭도 수없이 보았기 때문이다. 하지만 대부분까지는 아니라도 많은 일중 갭들이 메워진다는 것을 알아 두는 것도 좋다. 여기서 우리가 중심 주제로 삼고 있는 것이 그런 갭들이기 때문에, 이것은 중요한 진술이다.

갭은 언제 발생하는가? 규모는 다양하지만, 거의 시장이 열리는 날마다 갭은 발생한다. 어느 날이든 갭은 대개 그날 처음 30분 동안 트레이딩된다. 갭을 트레이딩하는 시간단위가 짧기 때문에, 잠깐 동안 트레이딩하는 데는 훌륭한 기회를 제공한다. 갭 트레이딩의 길이는 몇 초에서 몇 분, 몇 시간, 또는 갭 반전이 반대 방향으로 동력을 얻고 당신이 최대한 오래 움직임을 따라가기로 결정할 경우 하루 종일이 될 수도 있다. 일주일을 단위로 할 때, 일주일 중 어느 날이라도 갭을 트레이딩하기 좋은 날이 될 수 있지만, 내 경험상 최고의 날은 월요일과 금요일이라고 할 수 있다. 불확실성이 커지는 것도 하나의 원인이다. 새로 한 주가 시작되면, 그날이든 그 주의 다른 날들이든 시장이 어떻게 움직일지 아무도 확신하지 못한다. 마찬가지로, 월요일보다는 덜하지만, 주말에 대한 불확실성으로 인해 금요일도 개인적으로 매우 중요하게 생각한다. 늘어난 불확실성은 더 큰 변동성을 초래할 때가 많은데, 이럴 경우 더 큰 폭의 갭이 발생한다. 특별한 내용이 없는 뉴스나 트레이딩을 재시작할 때 갭 이외의 다른 이유들 때문에 하루 종일 어떤 주식이 정체되어 있을 때가 있기는 하지만, 트레이더로서 우리가 흥미를 갖는 것은 아침 갭이다. 왜냐하면 아침 갭이 가장 예상 가능하고 일관적인 트레이딩 기회를 제공하기 때문이다.

갭 트레이딩 계획 짜기

갭 트레이딩은 대개 신속히, 단기간에 이루어지는 트레이딩이긴 하지만, 그래도 최선의 결과를 얻기 위해서는 상당양의 준비가 필요하다. 물론 어떤 주식들이 갭을 형성하고 어떤 주식들이 최고의 트레이딩 기회를 제공할지 판단할 필요가 있다. 그에 더해, 적절하게 준비하려면 전체 뉴스와 시장 상황, 관심 있는 개별 주식들에 영향을 미칠 수 있는 뉴스, 장이 열리기 전의 활동, 가격 움직임, 거래량, 주문, 앞으로 있을 트레이딩에 어떤 유형의 작전을 쓸지, 어떻게 해야 위기를 가장 잘 관리해 이익을 올릴 수 있는지, 특정 트레이딩에 어떤 로트 사이즈를 사용할 것인지 등등을 검토해야 한다. 다음은 일반적인 조언들과 갭을 트레이딩할 때 내가 사용하는 기술들이다. 10장에서는 차트와 기술적 분석에 근거한 진입 및 종료 전략을 계획하는 데 도움이 될 다양한 다른 테크닉들을 논의하겠다. 선택할 수 있는 도구와 테크닉들이 다양하기 때문에, 갭 트레이딩에 대한 두 장을 모두 읽고 자신에게 가장 잘 맞을 것 같은 방법을 시도해 볼 것을 권한다. 그 방법이 잘 듣지 않으면 다른 방법을 써볼 수 있다. 흔히 그렇듯, 한 사람에게 잘 맞는 테크닉이 다른 사람에게는 잘 맞지 않을 수 있으므로, 얼마간 실험을 해보고 경험을 쌓은 뒤에 어떤 테크닉이 자신의 개인적 목표와 트레이딩 스타일에 가장 잘 맞는지 더 잘 파악할 수 있을 것이다. 다음 장에서 논의되는 기술적 분석 테크닉들을 이용하기로 결정했다면, 트레이딩을 계획할 때 이 장에서 소개되는 내용들을 염두에 둘 것을 강력히 권한다. 다음 장에서 설명하는 내용들은 여기서 설명하는 내용들을 보완한 것이다.

일일 갭 목표!

많은 트레이더들이 일일 이익 목표를 설정한다. 그렇게 하느냐 하지 않느냐는 정말로 개인적 선택의 문제이지만, 나는 트레이딩 목표를 세우는 것뿐 아니라 일반적인 인생 목표를 세우는 것도 득이 된다고 개인적으로 믿는다. 어쨌거나 꿈을 실현하기 전에 꿈이 무엇인지부터 알아야 한다. 꿈 목록을 적어 볼 것을 권한다. 그런 다음, 목록의 항목들을 좀 더 작고 이루기 쉬운 목표들로 세분화함으로써 그 항목들을 이루기 위해 필요한 일련의 단계를 정할 수 있다. 미처 깨닫기도 전에, 이룰 수 없을 것 같아 보였던 꿈들 중 많은 것이 당신의 새로운 현실이 되어 있을 수도 있다. 물론 당신의 목표들은 합리적이고 현실적이어야 하지만, 그렇다고 원대한 꿈을, 이를테면 백만 장자가 되는 꿈을 꾸면 안 된다는 뜻은 아니다! 이렇게 높디높은 목표를 하룻밤 사이에 이룰 수야 없겠지만, 미래의 어느 순간에는 충분히 이룰 수 있을 것이다. 여기서 이 문제를 논의하는 것은, 일일 이익 목표를 설정하면 갭 트레이딩의 마감 전략이 영향을 받을 수 있기 때문이다. 예를 들어, 일일 이익 목표가 300달러라면, 그날의 목표를 달성했는데 아직도 포지션을 유지하고 있을 때 어떻게 해야 할지 당신은 결정해야 할 것이다. 잘 풀리는 날에는 단 한 번의 갭 트레이딩으로 일일 목표를 달성할 수도 있다. 큰 폭의 갭하락에 XYZ 주식 1,000주를 샀는데, 그것이 당신에게 유리한 쪽으로 0.30달러 움직였다면, 일일 목표를 달성할 수 있다. 그런 일이 벌어지면 어떻게 할 것인가? 즉시 모든 포지션을 마감하고 그날 트레이딩을 종료할 것인가, 아니면 계속 트레이딩을 할 것인가? 많은 트레이더들이 일일 목표를 달성하면 그날 할 일은 다 한 것으로 간주한다. 힘겹게 얻은 이익을 다시 토해 내는 위험을 감수하고 싶지 않아, 그들은 즉시 포지션을 마감하고 트레이딩을 종료한 뒤 남은 하루를 쉬며 보낸다. 다른 트레이더들은 얻을 수 있는 모든 것을 얻기 위해, 목표를 달성한 뒤에도 트레이딩을 계속한다. 또 어떤 트레이더들은 남은 시간을 학습이나 경험을 위해 사용하기도 한다. 실제 자본에 위험을 초래하지 않고 가상 트레이딩이나 시범 트레이딩을 하면서 새로운 전술들을 시도해 볼 수 있다. 효과가 있는 새로운 테크닉들을 발견하면, 그 테크닉들을 당신의 트레이딩 전략에 포함시킬 수 있다. 이 또한 개인적 선호와 어떤 것이 당신에게 잘 맞느냐의 문제이다. 아침에는 꽤 짭짤한 이익을 보는데, 나중에 가면 결국 번 돈을 잃을 때가 많다면, 일일 목표를 달성하자마자 트레이딩을 마감하는 것이 최선일 것이다. '일중 시간단위' 장에서 논의했던 것처럼, 하루 중 특정 시간에는 흔히 소강상태에 들어간다. 이것을 이용해 트레이딩하려 하는 것은 이익이 별로 또는 아예 없거나 심하면 손해를 보아 계좌가 엉망진창이 되는 결과를 초래할 수 있다.

일일 이익 목표를 설정할 생각이라면, 우선 자신의 트레이딩 계좌 규모를 고려해 어느 정도 액수가 합리적이고 현실적인지 결정할 필요가 있다. 매일 계좌의 50퍼센트에 해당하는 돈을 벌기를 기대하는 것은 당연히 비현실적이다. 또한 5천 달러 계좌에 합당한 액수는 1만 달러 계좌, 5만 달러 계좌, 500만 달러 계좌 등등에 합당한 액수와 같지 않을 것이다. 구체적인 액수는 다른 요소들과 함께 당신의 경험 수준, 계좌 규모와 관련이 있고 어느 정도는 그것에 좌우되긴 하지만, 일반적으로 나는 계좌 규모의 2퍼센트 정도를 일일 목표로 하는 것이 현실적이라고 생각하며, 특히 트렌드 트레이딩 테크닉을 완전히 익힌 사람들에게는 더욱 그렇다. 따라서 1만 달러 계좌가 있다면 2퍼센트를 기준으로 한 일일 목표는 200달러가 된다.

물론 매일같이 일일 목표를 달성할 수는 없다. 며칠, 어쩌면 심지어 몇 주, 몇 달 동안 돈을 잃을 수도 있다. 하지만 희망컨대 결국 성공을 거두려면, 장기적으로는 전체적으로 버는 날이 잃는 날보다 많아질 것이고, 2퍼센트의 일일 목표의 상승 잠재력은 일정 기간 사이에 평균적으로 상당히 커질 것이다. 계좌 규모가 커지면서 일일 목표의 크기도 늘어나게 된다.

목표

트레이딩에 대한 기대와 목표는 트레이딩의 관리 방식과 종료 방식 모두에 영향을 미칠 수 있다. 현실적인 기대와 목표를 갖고 트레이딩에 임한다면, 미리 정한 계획이 아니라 감정에 따라 충동적인 결정을 내릴 가능성이 더 적을 것이다. 또한 시작과 종료 전략들을 계획하고, 위험성을 관리하고, 이익을 얻기 위한 전략들을 강구하는 데 더 유리한 위치에 있게 될 것이다. 그 점을 염두에 두고 생각할 때, 갭 트레이딩에 대한 현실적인 기대란 어떤 것일까? 뭐 다음과 같은 것들을 예상해야 한다. 갭 트레이딩은 빠르고 변동성이 커서, 빠르게 변화하는 상황에 신속히 대응해야 한다. 갭 트레이딩은 짧고 쉬울 수도 있고, 아침을 지나서까지 지속될 수도 있으며, 어떤 경우에는 심지어 하루 종일 지속될 수도 있다. 적어도 많은 경우에 이것은 당신의 트레이딩 목표와 트레이딩을 관리하는 방식, 그날 트레이딩에 얼마나 많은 시간을 투자할 수 있는가에 달려 있다.

갭은 짧은 시간단위 안에 상당한 이익을 올릴 기회를 만들지만, 짧은 시간단위 안에 돈을 잃을 수도 있다. 당신이 설정하는 트레이딩 목표 역시 트레이딩 결과에 영향을 미친다. 이익을 취하고 일단 일일 이익 목표가 달성되면, 설령 그 트레이딩으로 더 많은 이익을 올릴 가능성이 있어도 그 자리에서 트레이딩을 종료할 계획인가? 아침 동안 트레이딩할 준비를 했는가? 아니면 하루 종일? 혹시 처음 한 시간 안에 트레이딩을 종료하고 다른 일을 해야 하는가? 가격 타깃을 미리 정했는가, 아니면 그저 얻을 수 있는 것만 가지고 트레이딩할 계획인가? 물론 또 하나의 명백한 목표는 바로 이익을 얻는 것이다. 하지만 트레이딩이 불리하게 돌아가면 어쩔 것인가? 충분히 그럴 수 있기 때문에, 또 다른 목표는 손실을 미리 정하고 제한하는 것이 되어야 한다. 이렇게 당신의 기대와 목표가 트레이딩의 결과에 영향을 미칠 수 있는 경우 중 몇 가지 사례를 들어 봤지만, 쉽게 알 수 있듯이, 이런 것들을 미리 생각해 두면 적어도 트레이딩 계획에서 그런 부분들을 고려하는 데 유리한 위치에 설 수 있다. 이것을 실행하는 좀 더 구체적인 방법들은 이 장 뒷부분과 다음 장에 나온다.

뉴스/뉴스/뉴스

트레이딩을 계획하고 추진할 때 뉴스는 중요한 역할을 한다. 매일 아침 장이 열리기 전에, 나는 별다른 이유 없이, 즉 특별한 뉴스가 없는데도 갭상 승하거나 갭하락한 모멘텀주들을 찾아본다. 갭의 폭이 클수록 앞으로 있을 트레이딩에는 더 좋다. 특별한 이유 없이 갭을 형성한 주들을 찾는 것이 유리하기 때문에, 갭 트레이딩을 계획하기 전에 언제나 뉴스를 검토해야 하면, 트레이딩을 실행할 때에도 항상 뉴스에 귀를 기울여야 한다. 우선, 주식이 구체적인 뉴스에 근거한 적절한 이유로 갭을 형성했는지, 아니면 뉴스도 없는데 갭이 지나치게 과잉 형성되어 결국 방향을 바꿀 가능성이 다분한지 판단하고 싶을 것이다. 시장 전반에 영향을 미칠 수 있는 뉴스라면 어떤 것이라도 주의를 기울여야 한다. 같은 업종과 관련된, 또는 같은 업종 안의 다른 주식과 관련된 모든 뉴스를 포함해, 당신이 선택한 개별 주식들과 관련 있는 뉴스들도 마찬가지다. 시장은 어느 쪽 방향으로 몰아가는 이런저런 형태의 주요 뉴스가 있다면, 트레이딩에 들어가기 전에 갭 반등의 증거를 조금 더 기다리고 싶어질 수도 있다. 중요한 애널리스트 업그레이드나 수익 상승 발표 같은 뉴스로 개별 주식이 갭상승한다면, 위험성이 더 높은 트레이딩이 된다. 왜 매도하는 위험을 감수하겠는가? 가격을 훨씬 더 높이거나 가격이 떨어지지 않게 받쳐 주어, 원상태로 돌아가는 것을 불확실하게 만들 수 있는 긍정적 뉴스가 있다. 그 대신 뉴스가 없는데도 큰 폭으로 갭상승하고 있는 주식을 찾아보면 보통 더 좋은 결과를 얻을 수 있다. 약세인 업계에서 과잉 매입된 약세 주라면 금상첨화다. 반대로, 갭하락에 매수 포지션을 시작할 때는 보통 강세인 주식을 찾고, 주식 자체나 해당 업종과 관련된 나쁜 뉴스가 있는 주식은 피하는 것이 최선이다. 최고의 기회 가운데 몇몇은, 한 업종의 주식들이 다른 업종들에는 해당되지 않는 주요 뉴스에 갭을 형성하지만 관련 없는 다른 주식들도 갭을 형성할 때 찾아온다. 별다른 이유 없이 또는 직접적인 상관이 없는 뉴스에 갭을 형성하는 주식들은 앞으로 갭 반등이 일어날 가능성이 다분한 후보들이다.

뉴스를 해석하는 것과 갭이 일어나는 원인은 주관적이고 매우 다양한 요소들에 의해 좌우될 수 있으므로, 모든 환경들을 고려하면서 당신 자신의 판단력을 이용해야 하되, 예전에 비슷한 조건에서는 어떤 일이 벌어졌는지에 대해 역사적 관점을 취하는 것이 바람직하다. 급격한 갭은 중요한 뉴스 사건에 의해 촉발된 경우에도 반등할 때가 많다. 특히 갭이 주식을 과잉 매도 또는 과잉 매수된 상황으로까지 몰고 갈 경우 더욱 그렇다. 시간과 경험이 있으면 어떤 일련의 상황이 최고의 트레이딩 기회를 제공하는지 더 잘 판단할 수 있게 될 것이다(시장 움직임에 대한 약간의 직감도 해가 될 것은 없다).

나오세요, 어디 있든 나오세요, 갭 선생!

흔히 그렇듯이, 갭을 형성하는 주식을 찾아내는 데 이용할 가능성이 있는 방법과 도구는 다양하다. 한 가지 방법은 브로커나 견적 제공 기관을 이용하는 것이다. 어떤 서비스들에는 어떤 주식들이 장전 활동에서 가장 큰 움직임을 보였는지 보여 주는 프로그램이 있다. 예를 들어, 가장 크게 오른 종목과 내린 종목, 그리고 어떤 주식이 가장 활동적인지를 확인해 볼 수 있다. 또한 나스닥 100 주가지수 선물, S&P 500 주가지수 선물 같은 더 광범위한 시장들을 확인할 수도 있다. 예를 들어 나스닥이 갭하락하고 있지만 S&P 500은 약간 올랐다면, 나는 범위를 좁혀서 갭하락하고 있는 테크놀로지 주식들을 찾아볼 것이다. 그리고 바로 앞 절에서 설명했던 것처럼, 뉴스 역시 갭 트레이딩 아이디어를 위한 좋은 원천이 되어 준다. 흔히 중요한 뉴스나 나쁜 뉴스에 근거해서 갭을 형성하는 주식들은 같은 업계나 업종의 주식들에도 영향을 미치므로, 잠재적 트레이딩 기회들을 찾으려면 뉴스를 확인하면 된다.

대개 나는 인기 있는 모멘텀주들을 찾는데, 이런 주식들은 더 급격하게 갭을 형성했다가 제자리로 돌아가는 최고의 반등의 기회를 제공하는 경향이 있기 때문이다. 하지만 상황에 따라서는 S&P 500 같은 다른 주식들을 트레이딩하기도 한다. '비용 대비 효과'가 가장 큰 주식을 찾자는 생각에서다. 나라면 0.30달러의 시티코프(Citicorp) 갭하락보다는 1.50달러의 이베이 갭하락을 이용해 트레이딩할 것이다. 이베이의 갭이 더 큰 것으로 간주되기 때문에, 트레이딩에서 있을 수 있는 가격 움직임 역시 훨씬 더 클 것이고, 가격 움직임이 클수록 이익을 올릴 수 있는 가능성도 더 커진다. 모멘텀주를 이용하는 것의 또 다른 이점은, 그런 주식들이 더 큰 유동성과 가격 활동을 제공하며, 그 덕분에 트레이딩을 신속히 시작하거나 종료하는 것(트레이더들에게는 중요한 고려 사항이다)이 더 쉬워진다는 점이다. 늘 그런 것은 아니지만, 모멘텀주들은 대체로 나스닥 증권거래소에서 거래되는 테크놀로지나 바이오테크놀로지(바이오테크) 주식들로 이루어져 있다. 그래서 이런 주식들은 링크드인(LNKD), 시스코(CSCO), 암젠(AMGN)처럼 대개 4글자로 된 약자가 있다. 내가 이 약자들을 언급한 것은 그저 나스닥의 주식 약자들의 예를 들기 위한 것임을 명심하기 바란다. 갭을 트레이딩할 때 이 주식들을 이용하라는 소리가 아니라는 말이다. 고려할 만한 잠재적 모멘텀주들은 수없이 많다. 어느 주식이 가장 좋은가는 그날그날 다르며, 전반적인 시장 상황과 해당 트레이딩의 구체적인 환경에 달려 있다. 또한 나는 가끔씩 다른 거래소에서 주식을 거래하기도 한다. 일단 훌륭한 트레이딩 후보들을 고르면, 나는 그 주식들을 관찰 목록에 추가하고 잠재적인 트레이딩 계획을 찾아보기 시작한다.

주문 흐름

앞에서 언급했던 것처럼, 갭을 트레이딩하는 시간단위는 대개 짧고, 따라서 가격 활동이 빠르고 변동성이 클 수 있다. 갭 트레이딩은 몇 분, 몇 시간, 심지어 하루 종일 지속될 수 있지만, 몇 초 만에 끝날 수도 있다. 어떤 경우에는 움직임이 워낙 빨라, 주문 실행에서 몇 분의 1초 차이가 트레이딩의 결과에 영향을 미칠 수 있다. 그렇기 때문에 신속한 주문 실행 시스템과 2단계 견적표(Level II quote display)가 정말로 필요하다. 내 의견으로는 갭을 트레이딩하려면 직접 접근 중개 업체가 필요하다. (국내 대부분 증권사 HTS시스템의 경우 매우 안정적인 서비스를 제공한다 - 감수자)

대체로 웹을 기반으로 한 중개 업체들은 갭 트레이딩을 신속히 시작하고 끝내는 데 필요한 지속적이고 신뢰할 만한 실행 속도를 갖추고 있지 못하다. 이 중개 업체들이 10초 만에 주문을 집행할 수 있다고 선전하기는 하지만 말이다. 주문이 집행되는 데 10초를 기다리는 것은 갭을 트레이딩할 때는 영원과 같은 수 있고, 이로 인해 성공적인 트레이딩이 실패로 돌아갈 수도 있다. 모든 시스템이 그때그때의 기술적 문제나 예기치 않았던 수요량에 좌우되기는 하지만, 고속 인터넷 시설을 갖춘 직접 접근 주문 기관을 이용할 경우, 일반적으로 주문 집행은 거의 즉각적으로(몇 분의 1초 만에) 이루어진다.

일단 건실한 중개 기관과 거래를 시작하면, 2단계 견적 화면을 들여다보며 관심이 가는 주식들의 가격 움직임과 주문 흐름을 살펴보고 싶어질 것이다. 2단계 견적 화면을 보면서 나는 내가 고른 주식들을 누가 사거나 팔고 있는지에 주의를 기울이고, 전체적인 매수 또는 매도 압력에 근거해 언제 트레이딩에 들어갈지 판단한다. 나는 (갭상승에 대한) 매수나 (갭하락에 대한) 매도가 안정되기 시작하는 신호를 기다린다. 이것을 결정하는 것을 돕기 위해 나는 양측의 전체적인 규모, 거래량, 주문량을 살피면서, 주문 흐름이 안정되고 있거나 갭상승의 매수측 또는 갭하락의 매도측에서 줄어들기 시작하는 신호가 보이는지 관찰한다. 예상이나 바람과는 달리 특정 주식에 이런 일이 벌어지지 않으면, 나는 이 트레이딩을 고집하지 않고 다른 트레이딩을 찾아본다. 내 트레이딩의 반대편에서 과도하게 매수나 매도된 것을 거슬러 추가로 위험성을 감수하고 싶지는 않기 때문이다. 하지만 내가 매도 중이라면, 매수할 때보다는 더 일찍 행동에 들어갈 것이고, 특히 갭이 큰 폭으로 형성되고 지나치게 과잉되어 있는 것으로 보일 때는 더욱 그럴 것이다. 강세로 매도해야 하는 만큼, 너무 오래 기다리다가는 결국 (특히 회복성 가격 반등으로 팔자가 시작된 뒤에는) 매도할 주식을 쫓아다니게 될 수도 있다. 그래서 나는 갭하락을 선호한다. 대개 갭하락은 트레이딩하기 더 쉽다. 반등이 확실해질 때까지 더 오래 기다리다가 움직임에 참여해도 된다. 그래도 트레이딩의 위험/이익 비율이 워낙 양호하기 때문에 큰 폭의 갭하락이 있을 때 너무 오래 기다리고 싶지는 않을 것이다.

위험성 관리

위험성 관리는 트레이더로서 성공하는 데 워낙 핵심적인 요소여서, 여기서 이 문제를 논의하는 것 외에도 책 전체에서 위험성을 제한해야 한다는 이야기를 시도 때도 없이 할 것인데, 손실 제한 주문을 성실히 이용해야 한다는 말을 가장 많이 할 것이다. 어떤 의미에서 위험성 관리는 트레이딩의 종료 전략을 미리 짜는 것이라 할 수 있다. 트레이딩이 불리하게 돌아갈 때에 대비해 미리 계획된 종료 전략이라는 말이다. 마찬가지로, 이익을 취하는 것은 트레이딩이 유리하게 돌아갈 때를 대비한 미리 계획된 종료 전략으로 간주될 수 있다. 갭 트레이딩의 이점 중 하나는, 적절한 위험성 한도를 이용한다면 상승 잠재력은 한정이 없지만 하락 위험성은 한정된다는 것이다. 하락 위험성이 한정되는 것은, 손실 제한 주문의 노련한 이용으로 수용할 의사가 있는 위험성의 양을 미리 정해 제한할 수 있기 때문이다. 그리고 가격이 당신에게 유리하게 돌아가면, 손실 제한 주문을 조정하거나 연동형 손실 제한 주문을 이용해서 당신의 트레이딩 계획에 따라 이익을 취할 수 있다. 좋은 방법 중 하나는 애초의 이익 목표가 달성될 때 주식 일부를 팔고, 연동형 손실 제한 주문을 최소한 남은 주식들로 손해도 이익도 없을 정도로 조정하는 것이다. 이렇게 하면 트레이딩에서 손해를 볼 일이 절대 없다. 상향 움직임이 계속되면, 가격이 반등해 트레이딩이 중단될 때까지 남은 주식으로 추가 이득을 올릴 수 있다. 이에 대해서는 다음 절에서 예를 하나 제시하며 좀 더 논의하도록 하겠다.

갭이 고비율의 트렌드이긴 하지만, 적절한 성실함과 합리적일 만큼의 주의가 필요하다. 주식 시장과 관련된 다른 모든 것이 그렇듯, 확실히 보장된 것은 아무것도 없다. 시장이 큰 폭으로 갭상승하거나 큰 폭으로 갭하락한 뒤, 그 방향으로 계속 진행되고 반등이 일어나지 않는 날들이 있다. 이런 날에는 오전 10시 법칙을 지침으로 삼아야 한다. 이런 날에는 어떻게 트레이딩을 해야 하는지는 다음 장에서 더 자세히 설명하겠다. 거의 언제나 이런저런 형태의 갭이 발생하긴 하지만, 다른 날에는 갭의 폭이 그리 크지 않을 수 있고, 이럴 때 트레이딩은 위험성이 더 커진다. 마찬가지로, 갭의 폭이 매우 작다면 시장은 전날과 본질적으로 수평을 이루는 것으로 간주되며, 이런 경우 시장의 방향이 드러날 때까지 기다리면서 갭 트레이딩을 아예 하지 않는 것이 좋다. 반면, 큰 폭의 갭은 워낙 고비율의 트레이딩이어서, 불확실할 때라도 나는 그대로 계속해서 갭 트레이딩을 할 때가 많다. 어떤 주식이 아무런 뉴스가 없는데도 큰 폭으로 갭하락한다면, 짧은 시간 안에 더 크게 떨어질 위험성은 상대적으로 낮다. 갭은 보통 아주 단기간의 데이 트레이딩이기 때문에, 위험성/이익 비율은 당신에게 훨씬 더 유리하다. 왜냐하면 시간 단위가 짧을수록 시간을 기준으로 한 위험성도 줄어들기 때문이다. 큰 폭의 갭하락 이후에도 가격이 더 떨어질 수 있지만, 양호한 위기 관리법을 채택하고 손실 제한 주문을 이용하면, 하락 위험성은 한정되어 정해진다. 최대 위험성 한도를 정하기 위해, 나는 2퍼센트 법칙을 지침으로 삼을 것을 권한다. 그 말은 곧, 어떤 트레이딩에서도 당신 계좌의 총 가치의 2퍼센트를 넘는 손실이 생기도록 해서는 안 된다는 뜻이다. 2퍼센트 법칙을 적용하면, 당신 계좌 규모가 1만 달러일 경우 한 건의 트레이딩에서 200달러가 넘는 손실을 보아서는 안 된다. 물론 그렇다고 해서 모든 손실 제한을 오로지 최대 위험 한도에 근거해 설정해야 한다는 것은 아니다. 어떤 트레이딩에서 입을 수 있는 손실의 최대액이 그러해야 한다는 것뿐이다.

각 트레이딩의 특정 환경들도 고려해야 한다. 예를 들어, 최대 위험 한도가 200달러일 때, 200주를 샀다면 1.00달러(1달러 × 200주 = 최대 한도 200달러) 이상의 손해를 보면서 트레이딩을 해서는 안 된다. 특정 주식의 가격 범위에 따라, 1.00달러의 손실 제한 설정은 너무 클 수도, 너무 작을 수도 있다. 다른 예를 하나 들어 보자. 당신이 1천 주를 샀다고 해 보자. 이제 200달러의 최대 한도 안에 있으려면 당신의 손실 제한 설정은 0.20달러가 되어야 한다 (0.20달러 × 1,000 = 200달러). 갭을 트레이딩할 때, 손실 제한을 이렇게 작은 액수로 설정하면 대부분의 트레이딩이 중단되기 십상이다. 따라서 어떤 트레이딩에서든 합리적인 손실 제한 완충을 이용하고 최대 위험 한도 안에 있을 수 있도록 로트 사이즈를 조정할 필요가 있다. 기술 분석의 관점에서 손실 제한 주문을 이용하는 법에 대해서는 다음 장에서 논의하도록 하겠다.

일반적으로, 기술 분석을 이용하지 않고 갭하락을 트레이딩하고 있다면, 포지션에 들어간 뒤에는 최초의 손실 제한 주문을 그날의 주식의 저점보다 약간 낮게 설정해야 한다. 반대로, 갭상승을 트레이딩하고 있다면, 손실 제한 주문을 그날의 주식의 고점보다 약간 높게 설정해야 한다. 물론, 손실 제한을 이 액수로 설정하는 것이 당신의 최대 위험 한도를 넘어선다면, 손실 제한 설정이나 로트 사이즈를 적절히 조정해야 한다. 갭 트레이딩은 좀 더 감정에 휘둘리고 변동성이 더 크기 때문에, 제한을 지나치게 딱 맞게 설정하지 않도록 조심하지 않으면 이익을 얻을 수 있는 트레이딩에서 무엇을 어떻게 해보기도 전에 트레이딩이 중단되는 사태가 벌어질 수 있다. 가격은 저점을(때에 따라서는 고점을) 다시 테스트할 수도 있다. 그러는 와중에 반등이 일어나기 전에 이전의 저점이나 고점을 약간 넘어설 수 있다. 많은 트레이더들이 손실 제한을 갭 트레이딩을 하기에 너무 좁게 설정하는 경향이 있다. 이들은 작은 손실이 나도 트레이딩을 중단해, 그 뒤에 따라오는 여러 점을 형성하는 움직임을 놓치고 만다. 그 주식에 약간의 숨 돌릴 여지를 주되 만약 갭하락 이후에 매각이 계속 이어지거나 갭상승 이후에 매입이 계속된다면, 당신은 손실을 제한하고 트레이딩을 중단하고 싶어질 것이다. 앞에서 논한 것처럼, 로트 사이즈를 줄여서 위험을 제한할 수도 있다는 것을 기억하라. 때 이르게 트레이딩을 중단하게 될 때가 많다면, 중단되지 않았더라면 그 뒤에 이익을 올릴 수 있었다는 뜻이고, 그렇다면 로트 사이즈를 줄여서 더 광범위한 손실 제한 설정을 이용할 수 있도록 하라.

유지할 때와 중단할 때를 알라

트레이딩에서 위험성을 관리하는 것만큼 중요한 것은 어떻게 이익을 올릴지 계획하는 것이다. 흔히 듣는 격언 중에 이 주제에 해당하는 것이 있다. "소도 돈을 벌고, 곰도 돈을 버는데, 돼지는 도살된다."거나 "파산하고 이익을 얻는 사람은 아무도 없다!"는 격언 등이다. 당신이 탐욕스러운데 이득을 얻기 위해 너무 오래 기다리고 있다면, 지금까지 번 것을 도로 잃거나, 훨씬 더 심하게는 성공적인 트레이딩이 실패가 될 위험성이 있다. 이번에도 역시 이것은 트레이딩의 무척 중요한 측면으로, 여기서 설명하는 것에 더해 적절할 때마다 제안하고 상기시킬 것이다.

앞 절에서 언급했듯이, 이익을 올리는 것은 어떤 의미에서는 트레이딩에 대해 미리 계획된 종료 전략을 갖는다는 것이다. 이 경우, 트레이딩이 유리하게 돌아갈 때 일어나는 일에 대비한 종료 전략으로 생각할 수 있을 것이다. 여기서 나는 이익을 올리기 위해 내가 자주 사용하는 일반적 방법에 대해 설명하려 한다. 10장에서는 기술 분석에 바탕을 둔 구체적 시작 및 종료 가격 타깃을 계획하는 다른 방법들을 소개한다. 물론 언제 어떻게 이익을 얻을지에 관한 방법에는 잠재적인 변형들이 많다. 언제나 그렇듯, 트레이딩의 구체적 환경도 고려해야 한다. 많은 트레이더들이 이익을 얻기 위한 고정 불변의 가격 타깃을 설정하고, 그 가격 타깃에 다다르면 포지션을 완전히 종료한다. 상황에 따라 나 역시 그렇게 하지만, 대개는 어느 정도 꽤 이익을 올리면 한 번에 하나씩 이익을 고정하는 쪽을 선호한다. 예를 들어, 주당 50달러의 가격에 1,000주를 샀다고 해보자. 주가가 50.50달러를 돌파하면(구체적인 액수는 상황에 따라 다르다) 나는 주식의 절반, 즉 이 경우에는 500주를 팔고, 나머지 500주에 대해서는 이익도 손해도 없는 가격으로, 그러니까 이 경우에는 수수료까지 고려해 50.06달러로 손실 제한을 변경해 설정한다. 이것은 내 수익 부분을 고정할 뿐 아니라, 트레이딩에서 더는 손해를 보지 않도록 보장해 준다. 다시 말해, 성공적인 트레이딩이 실패로 돌아가는 일이 없도록 보장해 주는 것인데, 이것이야말로 놓쳐서는 안 되는 핵심 규칙이다. 이상적으로는, 승자가 패자가 되는 일은 결코 없도록 해야 한다.

앞의 예를 좀 더 확장해 보면, 특정한 트레이딩이 어느 정도 강세를 보이는지에 대한 감에 따라 나는 두 가지 방식으로 트레이딩을 종료한다. 만약 추가로 이익을 올렸지만 움직임이 흐름에서 벗어난 것처럼 보이면, 나는 그 정도 이익에 만족하고 그 시점에서 모든 포지션을 종료할 것이다. 그렇지 않고, 상당한 액수의 추가 이익을 올렸는데 여전히 상승 움직임이 있을 것처럼 보인다면, 다시 남은 주식의 절반을 팔고 그 나머지에 대해서는 손실 제한의 범위를 줄여 주문을 넣고 움직임을 따라갈 것이다. 이 지점에서 나는 가격이 결국 반등해서 내 손실 제한 주문이 발효되어 포지션을 종료할 때까지 그저 남은 주들로 움직임을 따라가기만 할 때가 많다. 어떤 방법이 가장 효력을 발휘하는지는 해당 트레이딩의 구체적 상황, 주가, 트레이딩하는 주식의 수 등등에 따라 달라진다. 내가 보유한 주식이 많고, 추세가 특별히 내게 유리하게 돌아간다면, 나는 계속 천천히 이익을 취하면서 트레이딩을 좀 더 오래 지속할 수도 있다. 반면, 뉴스 속보가 나와서, 또는 심지어 별다른 이유도 없는데 예기치 않게 내게 유리한 쪽으로 큰 움직임이 있다면, 나는 즉시 모든 이익을 거두어들이고 포지션을 종료할 것이다.

내 의견으로는, 가격 움직임이 예기치 않게 당신의 예상을 뛰어넘을 경우에는 돈을 챙기고 자리를 떠야 한다. 물론 당신이 아직 듣지 못한 최신 뉴스가 있을 수도 있어서 돈을 남겨 둘 수도 있지만, 다른 식으로 사태가 전개될 가능성도 얼마든지 있고, 실제로 그런 일이 벌어지기 때문에 적어도 이익의 일부를 고정해야 한다. 어찌 되었건 당신은 트레이더이다. 돈을 벌었다면, 트레이딩을 종료한 뒤에 무슨 일이 벌어지건 간에 할 일을 잘해 낸 것이다. 또한 그럴 만한 이유를 발견했다면 나중에 새로운 포지션을 시작하는 것을 고려하면 된다.

이미 언급했듯이, 어떻게 이익을 취할지 결정할 때 고려해야 할 많은 변수들이 있다. 실제 주식 양과 주가는 트레이딩 때마다 다르다. 내가 앞에서 든 예에서 제시한 수치는 그저 예시를 위한 것일 뿐이다. 50.00달러짜리가 아니라 2.00달러짜리 주식을 샀다면, 50센트가 움직일 때를 기다려 이익을 걷지는 않을 것이 분명하다. 마찬가지로, 어떤 트레이딩에서든 1,000주보다 많거나 적은 주식을 보유할 것이다. 따라서 언제 어떻게 이익을 올릴지 결정할 때는 매 트레이딩의 구체적 상황을 고려해야 한다. 중요한 것은 상당한 이익이 생기면 그때마다 이익을 거두어들여야 하며, 성공적인 트레이딩을 실패한 트레이딩으로 만들어서는 안 된다는 것이다. 일단 충분히 이익을 보았다면, 최소한 손익 평형을 이루는 선으로 손실 제한을 조정하라. 만약 뒤에 가격이 하락해 트레이딩이 중단된다면, 그렇게 두면 된다. 이익 없이 평형 상태에서 중단하는 것이, 손실 제한 주문으로 유리한 움직임을 따라가지 않아서 손실을 보고 중단하는 것보다 훨씬 낫다. 이 절과 위험성 관리에 대한 앞 절을 읽으면서 알 수 있겠지만, 위험성을 관리하기 위해 손실 제한을 이용하는 방식과 어떻게 이익을 올릴지를 선택하는 것이 트레이딩을 종료하는 방식을 결정할 수 있다. 하지만 더 구체적인 종료 전략을 미리 계획할 수도 있다. 10장에서는 갭 트레이딩을 위한 시작, 종료, 손실 제한 설정을 계획하는 데 이용할 수 있는 그 밖의 테크닉들을 제시하겠다.

믿어라!

성공적으로 갭을 트레이딩하려면 감정을 억누르고 다른 사람들이 믿는 것과는 반대로 트레이딩을 할 필요가 있다. 따라서 시장 심리를 고려하면서 추세에 대한 믿음을 가져야 한다. 애초에 갭을 촉발한 사건이나 뉴스와는 상관없이, 큰 폭의 갭상승이 일어나는 것은 사람들이 대목을 놓칠지 모른다는 생각에 충동적으로 사들이는 데도 얼마간 원인이 있다. 반대로, 큰 폭의 갭하락이 일어나면 사람들은 공황에 빠져 시장이 안정되거나 회복되기를 기다리기보다 계속 팔아 버린다. 갭을 트레이딩하려면 다른 사람들이 모두 사들이고 있는 것 같을 때 매도에 들어가거나 다른 사람들이 모두 팔아 버리고 있는 것 같을 때 매수에 들어가야 할 수도 있다. 그러기 위해서는 그 순간에 흥분되는 것을 억누르고 감정을 추스르면서 추세를 믿을 수 있어야만 한다.

갭 추세가 100퍼센트는 아니라 해도(어떤 추세도 100퍼센트는 아니다), 시장은 큰 폭의 갭상승이 있을 때는 하락하거나, 큰 폭의 갭하락이 있을 때는 설령 일시적일 뿐이라 해도 반등할 것이다. 따라서 큰 폭의 갭상승 때 매도에 나서고, 큰 폭의 갭하락에는 매수에 들어가는 식으로 트렌드를 트레이딩해야 한다. 앞에서 말했던 것처럼, 완만하거나 작은 규모의 갭에는 모든 상황들을 고려하고 더 큰 신중함을 발휘해야 한다. 일반적으로 개장 때 큰 폭의 갭상승에서 주식을 사거나 큰 폭의 갭하락에서 주식을 팔아서는 안 된다. 갭 추세를 트레이딩하거나 오전 10시 법칙을 지침으로 삼아라. 어떤 주식이 갭상승하면, 오전 10시 이후에 새로 고점을 형성하지 않는 한 매수해서는 안 된다. 반대로 어떤 주식이 갭하락하면, 오전 10시 이후에 새로 저점을 형성하지 않는 한 매도해서는 안 된다.

겁먹을 것 없다. 갭 트레이딩에서 정확히 최고점이나 최저점을 잡는 일은 거의 없고, 그것은 어떤 트레이딩에서든 마찬가지니 말이다. 어떤 식으로든 지속적으로 그런 일을 하는 사람은 아무도 없다. 그런 일이 일어나면, 좋다, 그래도 그것을 믿어서는 안 된다. 따라서 트레이딩이 처음에는 어느 정도 당신에게 불리하게 돌아갈 것을 예상해야 한다. 적절한 포트폴리오 비중과 손실 제한 완충을 이용해 트레이딩 계획을 세운다면, 가격이 등락을 거듭해도 어쩔 줄 모르고 허둥댈 일은 별로 없을 것이다. 위험 한도를 미리 정해서 상황이 불리하게 돌아갈 때 트레이딩이 종료된다는 것을 알고 있으면 안심이 될 것이다. 게다가 손실 제한이 작동하는 상황에서는 원래의 트레이딩 계획보다 감정에 휩쓸려 성급하고 충동적인 결정을 내릴 확률도 줄어든다. '위험성 관리' 부분에서 언급했던 것처럼, 갭 트레이딩을 할 때는 손실 제한에 약간 여유를 두는 것이 최선이다. 왜냐하면 처음에는 얼마간 매수나 매도를 향한 잔여 압력이 있을 때가 많기 때문이다. 필요하다면 포트폴리오 비중을 줄여, 최대 위험 한도를 초과하지 않고 손실 제한 설정을 더 넓힐 수 있다. 트레이딩이 당신에게 불리하게 돌아가 도중에 중단하게 될 때, 그것을 가지고 자책하지 말라! 얻는 것도 있고 잃는 것도 있을 것이다. 양호한 위험/이익 트레이딩이었고, 당신은 자신의 계획에 따라 트레이딩을 했다. 트레이딩을 중단함으로써 다음 트레이딩을 위한 자본을 보존할 수 있었다. 내가 자주 이야기하듯이, 트레이딩은 단거리 경주가 아니라 마라톤이다. 그리고 트레이딩이 마라톤인 만큼, 자본을 보존하는 것은 장기적으로 성공을 거두기 위한 핵심 요소이다.

갭하락 트레이딩

앞에서 논의했던 것처럼, 갭하락은 개장 때 주가가 전날 폐장 때 가격보다 낮은 가격으로 시작할 때 일어난다.

표 8.3의 AAPL 차트는 갭하락을 보여 준다. 차트에서 AAPL이 84센트 갭하락했다가, 잠깐 동안의 강화기 뒤에 AAPL 주가가 반등해 갭하락으로 입

었던 손실을 모두 회복한 것을 주목하라. 이것은 갭을 페이드해서 얻을 수 있는 잠재적 이익을 보여 준다. 갭하락을 트레이딩하려면, 최초의 매도 압력이 진정되는 대로 주식을 사들인다. 그런 다음 그날의 저점보다 약간 낮은 가격으로, 또는 당신 자신의 위험 감수 능력에 맞게 손실 제한을 설정해서, 가격이 계속 떨어질 경우 입을 수 있는 손실을 제한해야 한다. 10장에서는 차트와 기술 분석에 근거해 갭 트레이딩의 시작과 종료 시점을 정할 때 이용할 수 있는 그 밖의 테크닉들에 대해 설명하도록 하겠다.

갭하락은 지속적인 수익 창출 기회를 제공하는 강력한 고비율의 추세이다. 실제로 내가 즐겨 시행하는 트레이딩 중 하나이기도 하다. 갭하락을 따라다녔던 시절 동안, 갭하락은 내가 이용한 추세들 중 가장 지속적이고 수익성 높은 것 중 하나였다. 갭상승도 훌륭한 트레이딩 기회를 제공하지만, 둘 중에선 갭하락이 최고의 트레이딩 기회라 할 수 있다. 예전에는 어떤 주식을 매도하려면 흔히 '상승 기세(uptick)'가 필요했는데, 그 말은 곧 매도할 기회가 생기려면 주가가 당신에게 유리하게 올라야 했다는 뜻이다. 하지만 오늘날에는 매수 호가에 주식을 내놓는 것만으로 주가가 떨어질 때도 주식을 팔 수 있다. 갭하락을 트레이딩할 때, 트레이딩에 확실한 자신이 없다면, 반등이 확실해질 때까지 기다렸다가 포지션에 들어가도 된다. 갭하락 때는 매도자들이 사실상 늘 존재하기 때문에 트레이딩에 들어가는 것은 대개 쉬운 일이다.

앞에서와 마찬가지로, 갭하락을 트레이딩하려면, 일단 최초의 매도 압력이 진정된 뒤 매수 포지션에 들어가고, 그런 다음 그날의 저점보다 약간 낮은 가격으로, 또는 당신의 위험성 감수 능력에 맞게 손실 제한 주문을 설정

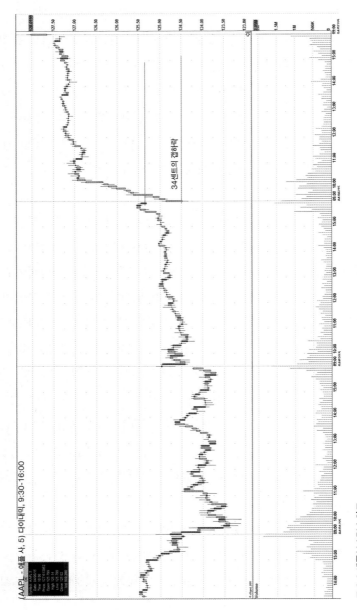

(AAPL - 애플 사, 5) 다이내믹, 9:30-16:00

34센트의 갭하락

Volume

표 8.3 애플(AAPL) 차트

한다. 이 차트에서 갭하락이 반등된 뒤, 주가가 계속 올라 결국 이전 종가를 넘어선 것도 주목하라. 그날 아침의 저점보다 거의 2.00달러가 올랐다. 이런 유형의 움직임을 활용하는 한 가지 방법은 갭이 메워지면 보유한 주식의 절반에서 이익을 거두어들이는 것이다(다음 장에서 이에 대해 더 자세히 설명하겠다). 그런 다음 손실 제한 주문을 걸어 둔 상태에서 남은 주식으로 또다시 일어나는 상승 움직임을 따라갈 수 있다. 상승 움직임이 계속되면, 손실 제한을 계속 좀 더 높은 액수로 조정할 수 있다. 가격이 하락할 경우, 추가로 얻은 이익을 고스란히 남긴 채 트레이딩이 중단될 것이다.

갭상승 트레이딩

갭상승은 주가가 전날 폐장 때보다 높은 가격으로 시작될 때 나타난다. 표 8.4의 아마존(AMZN) 차트는 갭상승의 한 예를 보여 준다. AMZN이 384.50달러로 마감되었다가 다음 날 개장 때 386달러로, 1.50달러 갭상승한 것에 주목하라. 차트를 보면, AMZN 트레이딩이 시작된 뒤 곧바로 가격이 떨어진 것을 볼 수 있다.

주가는 갭상승하기 전으로 돌아간 데 그치지 않고 계속해서 더 떨어졌다. 아주 짧은 시간단위 안에 갭을 페이드해 괜찮은 이익을 올릴 수 있었을 것이다. 갭상승을 트레이딩하려면, 최초의 매수 압력이 가라앉는 대로 주식을 매도한다. 그런 다음, 그날의 고점보다 약간 높은 액수로, 또는 당신의 위험 감수 능력에 맞게 손실 제한 주문을 설정해서, 주가가 계속 오를 경우 입을 수 있는 손실을 제한해야 한다. 갭 반등은 주로 트레이딩을 시작한 뒤 30

분 안에 발생한다. 하지만 처음에는 갭상승 뒤에 주가가 계속 상승할 수도 있는 기회를 놓치지 않으려는 사람들로 인해 얼마간의 매수 관심이 남아 있다. 따라서 손실 제한 주문을 설정할 때, 주가가 떨어지기 전에 조금 더 오를 경우를 대비해 약간의 여유를 남겨 두는 것이 좋다. 앞에서 말한 것처럼, 상승 기세 법칙 때문에 강세에 매도에 들어갈 대비를 해야 한다. 주문을 넣기 전에 매도가 시작될 때까지 기다리다가는, 매도할 주식을 획득할 수 없을지도 모른다. 사람들이 선호하는 방식은 매수 압력이 진정되는 신호를 기다리는 것이지만, 워낙에 고비율의 트레이딩인지라, 시장이 큰 폭으로 갭상승하면 '큰 폭'에 초점을 맞추어 곧바로 갭을 매도하는 것을 고려할 수 있다. 그 뒤에 손실 제한 주문을 이용해 위험성을 관리하면, 이 트레이딩에서 상승으로 인한 잠재적 이익은 대개 하락 위험성보다 더 크다. 작은 규모의 갭에는 더 신중을 기해야 하는데, 왜냐하면 가격 반등이 일어날지 확실하지 않기 때문이다. 가격 제한의 폭을 좁히고 포트폴리오 비중을 줄이는 것을 고려해 볼 수 있다. 소규모나 보통 수준의 갭이 불확실할 때는, 그저 기다리면서 오전 10시 법칙을 지침으로 삼는 것이 최선일 수도 있다.

AMZN의 예는, 설령 전체적인 위험 노출도를 줄이기 위해 포트폴리오 비중을 줄이는 한이 있어도 손실 제한에 왜 얼마간 여유를 두어야 하는지도 설명해 준다. 차트에서 볼 수 있는 것처럼, 갭 이후에 주가는 처음에는 더 상승했다. AMZN의 거래가 시작되자마자 트레이딩에 들어갔는데, 손실 제한이 너무 여유 없게 설정되어 있다면, 때 이르게 트레이딩이 중단되었을 것이다. 너무 일찍 트레이딩이 중단되면, 주가 반등과 매우 수익성 높은 트레이딩을 놓치고 말았을 것이다. 앞에서와 마찬가지로, 갭을 트레이딩하려면, 매수 압력이 가라앉은 다음에 매도 포지션에 들어가면 된다. 그런 다음, 그

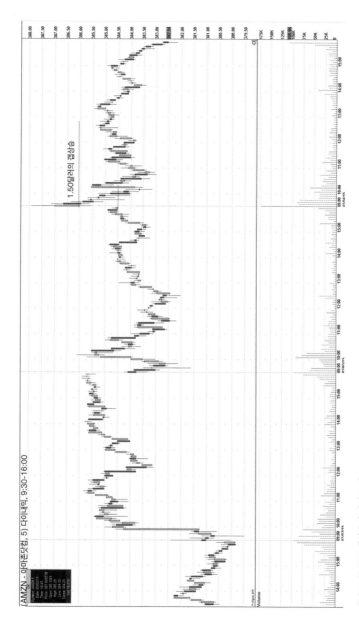

표 8.4 AMZN 갭상승과 페이드 차트

날의 고점보다 약간 높은 액수로, 또는 당신의 위험 감수 능력에 맞게 손실 제한 주문을 설정한다.

제9장 내가 좋아하는 동물의 영들

　골라 쓸 수 있는 수많은 트레이딩 도구와 전략들이 있어서, 초보 트레이더들은 흔히 내게 그중 어느 것이 최고라고 생각하는지 묻곤 한다. 뭐, 나는 이 책에서 소개한 모든 테크닉들을 좋아하고 또 늘 이용한다. 그래서 이 책에서 그 테크닉들을 소개하는 것이다. 환경과 시장 상황에 따라, 모든 전략은 저마다 햇빛을 받거나 환하게 빛날 때가 있기 마련이다. 하지만 주제의 폭을 좁히는 쪽을 더 좋아하는 사람들을 위해, 여러 해 동안 내 선호 목록에서 다른 것들보다 약간 더 우위를 차지했던 몇몇 테크닉들을 소개하도록 하겠다. 그 테크닉들이 어떻게 그런 영예를 얻었느냐고? 여러 해 동안 꾸준히 나와 내 고객들에게 큰돈을 안겨 준 덕분이다!

　이 장에서는 내가 좋아하는 트레이딩 전략들을 집중적으로 소개한다. 여기서 제시되는 테크닉들은 책 다른 곳에서도 다루어지지만, 쉽게 참조할 수 있도록 한곳에 모아 설명하는 것이 편리하다는 점을 이해하시리라 믿는다. 이 장을 펼치면 내가 테크닉들 가운데 백미라 생각하는 것들을 쉽게 찾아볼 수 있을 것이다. 또한 여기서 나오는 설명과 예들은 앞에 나왔던 관련 내용들과 다르거나 한층 심화된 것이므로, 검토하면서 몇 가지 유용한 트레이딩 주제들을 새로 알 수 있게 될 것이다.

시간의 시험을 견뎌 낸 전략들만이 내 선호 목록에 오를 수 있지만, 시간이 지나면서 시장이 변화하듯이 내가 좋아하는 트레이딩 전략들도 변할 수 있다는 점을 분명히 하고자 한다. 시장 상황이 변해서 특정한 트레이딩 테크닉들이 더 이상 효과를 발휘하지 못하거나, 어떤 이유인지는 모르지만 효력이 없어진다면, 물론 나는 그것을 내 선호 목록에서 삭제할 것이다. 마찬가지로, 앞으로 이것들을 대체할 새로운 추세나 테크닉들을 발견할지도 모르지만, 지금 이 순간까지 효과를 발휘한 것이 어떤 표시라면, 나는 예측할 수 있는 미래에도 이 전략들이 내 포트폴리오에 여전히 자신의 마법을 발휘해 줄 것이라고 생각한다. 당신의 포트폴리오에도 마찬가지이기를 바란다! 좋다, 내가 즐겨 이용하는 목록은 다음과 같다.

- **갭 페이드**
- **어닝 런**(earnings run)
- **수익 스트래들**
- FOMC **페이드**
- **오전 10시 법칙**

지금부터 각각의 항목을 상세히 논의하고, 그에 해당하는 예들을 제시하겠다.

갭 페이드

갭 페이드가 내가 즐겨 쓰는 테크닉 목록의 맨 윗자리를 차지하는 데는 충분한 이유가 있다. 갭을 페이드하는 것은 시장이 호황일 때나 불황일 때나, 오랜 세월 동안 변함없이 효과를 발휘했다. 나는 갭상승일 때와 갭하락일 때 모두 페이드를 즐겨 사용하지만, 둘 중 하나를 고르라면, 갭하락을 페이드하는 것이 역시 최고다. 시장이 더 큰 폭으로 갭하락할수록 트레이딩하기는 더 좋다. 갭 트레이딩에 대해서는 앞에서 이미 충분히 설명했으므로, 자세한 설명을 원하면 앞부분을 다시 참조하기 바란다. 여러분의 편의를 위해 여기서는 갭에 대해 짧게 복습하도록 하겠다.

갭하락은 시장이나 어떤 주식이 전날 폐장 때보다 낮은 가격으로 출발할 때 일어난다. 갭상승은 시장이나 어떤 주식이 전날 폐장 때보다 높은 가격으로 출발할 때 일어난다. 뉴스 속보, 또는 단순히 정규 개장 시간이 아닐 때 벌어진 트레이딩에서 빚어진 수요나 공급 과잉이 갭의 촉매제가 될 수 있다. 장후 트레이딩 동안에는 거래량이 적기 때문에, 어느 정도 두드러진 매수 또는 매도 압력은 모두 과장된 가격 움직임을 초래할 수 있다. 일단 시장이 개장해 정규 거래가 시작되고 거래량이 정상으로 돌아오면, 이런 과장된 가격 움직임은 흔히 제자리를 찾아, 갭의 반대 방향으로 가격 반전이 이루어진다. 이런 가격 반전을 이용해 트레이딩하는 것을 갭을 페이드한다고 부른다. 갭하락을 페이드하려면, 처음의 매도 압력이 가라앉을 때 매수 포지션에 들어간다. 갭상승을 페이드하려면, 처음의 매수 압력이 가라앉을 때 매도 포지션에 들어간다.

시장이 갭을 형성했다가 원 상태로 회복되지 않고 계속 같은 방향으로 진행될 때가 있다는 것을 기억하라. 따라서 위험성을 관리하고 잠재적 손실을 한정하기 위해, 갭 트레이딩에 들어간 뒤에는 즉시 적절한 손실 제한 주문을 넣어야 한다. 시장이 그 전날 종가와 정확히 같은 가격으로 시작하는 일은 거의 없기 때문에, 대개 어느 정도는 갭을 형성한다. 갭이 매우 작거나 시장이 본질적으로 수평으로 시작하는 날에는, 갭을 페이딩하기보다는 비켜서서 그날의 시장 방향이 정해질 때까지 기다리면서, 앞에서 설명한 대로 오전 10시 법칙을 지침으로 삼아야 한다(이 문제에 대해서도 이 장에서 더 자세히 설명하겠다). 보통 규모의 갭은 성공적으로 트레이딩할 수 있을 때가 많지만 더 신중을 기해야 하며, 상승이든 하락이든 큰 규모의 갭은 최고의 트레이딩 기회를 만들어 낸다. 표 9.1의 다이아몬드 지수(DIA) 차트는 갭하락을 보여 준다.

표 9.1의 차트를 보면, DIA는 전날 폐장 때보다 크게 갭하락했다. 갭하락 이후 저항선이 형성되는 짧은 강화기가 찾아왔다. 갭하락을 트레이딩하려면, 강화기 동안이나 주가가 오전 10시 이전에 형성된 고점을 돌파할 때 매수 포지션에 들어간다. 그 뒤에 그날의 저점보다 낮은 가격으로, 또는 당신의 위험 감수 능력에 맞게 손실 제한 주문을 넣어서 시장이 계속 하락할 경우 입을 손실을 제한해야 한다. 가격이 상승하면 그에 따라 손실 제한 주문을 조정하고 상승 움직임을 따라갈 수 있으며, 그러는 사이 상당한 이윤이 생길 때마다 이익을 챙길 수 있다. 재량에 따라 포지션 전체에서 이익을 챙길 수도 있고, 아니면 포지션의 절반에서 이익을 챙기고 남은 주식에는 손익 평형이 되도록 손실 제한을 조정할 수도 있다. 이 시점에서 트레이딩에서 손해를 보면 안 된다. 포지션 절반에 대해 이익을 고정시킨 상황에서, 트레이딩이 중단될 때까지 당신은 남은 주식으로 또 다른 상향 움직임을 계속

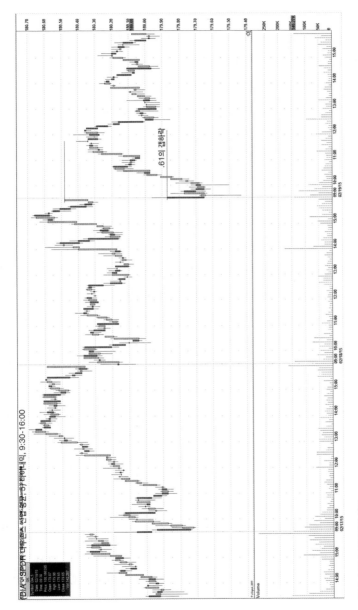

표 9.1 DIA 갭하락과 반등

따라갈 수 있다.

앞의 예에서 이 전략을 따름으로써, 상당한 이익이 가능했다. 처음에 손실 제한을 너무 빡빡하게 설정하지 않는 한, 순간적으로 하락이 일어나도 트레이딩이 중단되지 않았을 가능성이 크다. 그리고 만약 그럴 만한 가치가 있어서 움직임을 따라갈 수 있었다면, 이 트레이딩에서 잠재적으로 약 2달러 이상을 벌 수 있었을 것이다. 나는 갭하락한 개별 주식들도 자주 트레이딩하지만, 여기서는 DIA를 예로 들었다. 나는 늘 특정한 주식들만 찾는 것이 아니라, 종종 DIA나 QQQ 등과 같은 지수들도 트레이딩한다. DIA나 다른 지수들을 이용하는 것의 이점은, 시장을 언제나 완벽히 따르지는 않는 개별 주식들과는 달리, 다우지수가 갭하락 이후에 반등하면 DIA 역시 틀림없이 반등하는 데 있다. DIA는 회사 하나 이상에 위험을 분산할 뿐 아니라, 시장의 가격 움직임에 제대로 반응하도록 해준다. 반대로, 개별 주식들의 경우, 시장이 반등해도 주식은 그에 따라 반등할 수도 반등하지 않을 수도 있다. 예를 들어, IBM 주를 샀는데 시장이 반등한다면, IBM은 반등할 수도 있고, 그대로 있을 수도 있으며, 심지어 하락할 수도 있다. 표 9.2는 TSLA의 갭하락을 보여 주는 또 다른 사례 차트이다.

갭상승을 트레이딩하려면, 매수 압력이 가라앉은 것처럼 보일 때 매도 포지션에 들어가면 된다. 이번에도 역시, 그럼 다음에는 그날의 고점보다 높은 가격으로, 또는 당신의 위험 감수 능력에 맞게 손실 제한 주문을 넣어서, 주식이 기대했던 만큼 떨어지지 않을 때 입을 수 있는 손실을 제한해야 한다. 갭하락에서 설명했던 것처럼, 그런 다음 손실 제한을 넣은 상태로 유리한 움직임이 있을 때마다 따라가면서 그사이 재량에 따라 이익을 챙길 수 있다. TSLA 차트에서 볼 수 있듯이, 갭 페이드는 잠깐씩 트레이딩을 하는 데는 최

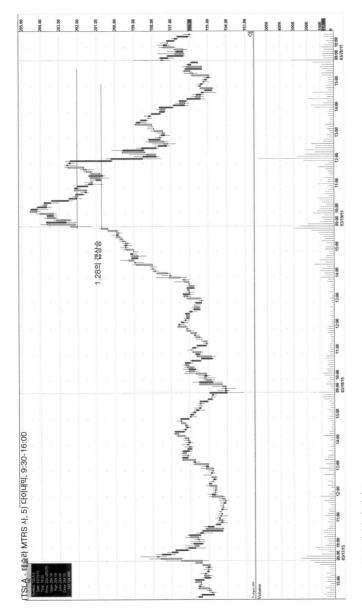

(TSLA - 테슬라 MTRS 시, 5) 다이내믹, 9:30-16:00

1.28의 갭상승

표 9.2 TSLA 갭상승과 페이드

고의 기회를 제공한다. 따라서 트레이딩을 할 수 있는 시간이 아침 한두 시간밖에 없다면, 갭 페이드가 원하는 만큼의 이익을 올리는 기회를 제공할 수 있다. 나는 갭하락이 내가 훨씬 더 선호하는 일중 추세라는 점을 확실히 해두고 싶다. 갭하락은 일반적으로 갭상승을 페이드하는 것보다 효과가 훨씬 더 좋다. 나는 아주 명확한 이점이 있다는 생각이 들지 않으면, 갭상승은 그냥 지나칠 때가 많다. 하지만 갭하락을 그냥 지나치는 일은 거의 없다. 말이 그렇다는 얘기다!

어닝 런

내 목록에서 갭하락 페이드 바로 다음에 있는 것이 어닝 런(earings run)이다. 나는 이 추세를 해마다 차트로 만들었는데, 늘 무척 믿을 만하고 또한 무척 수익성이 높은 추세였다! 어닝 런 추세란, 인기 있는 모멘텀의 가격이 보통은 각 사분기 말이 지나면 발표되는 실적 보고에 대한 기대로 상승하는 역사적 경향을 가리킨다. 이 추세의 성공률은 90퍼센트를 넘는 것 같다. 주로 내 직감에 따른 '감' 추정치이긴 하지만 말이다. 이런 시도는 주관적이고, 트레이딩하기 가장 좋은 주식은 사분기마다 바뀌기 때문에, 나는 성공률을 계산해 볼 생각을 하지 않았다. 하지만 나는 이 추세를 여러 해 동안 따라갔고, 일정 수준에서는 거의 언제나 효과를 발휘한다고 자신 있게 말할 수 있다.

언제나 그렇듯이, 해당 사분기 말에 어닝 런의 잠재력을 계산할 때는 전체 시장 상황과 특정 업종이나 종목에 관련된 환경들을 모두 고려해야 한다. 전체 시장 정서에 따라 어닝 런의 강도와 타이밍이 달라질 수 있다. 시장 전체가 약세인 상태로 어닝 시즌에 들어가면, 어닝 런은 평소보다 한 주나 그보다 늦게 일어날 수 있다. 만약 시장이 이미 상당히 상승해 과잉 매수된 상태로 어닝 시즌에 들어가면, 수익 추세는 그 결과 어느 정도 약해질 수 있다. 어떤 경우에는 시장 전체는 횡보하거나 겉보기에 약세처럼 보이는 데 반해, 개별 모멘텀주들은 수익 보고에 앞서 여전히 상승하고 있기도 한다. 다른 변형된 어닝 런들도 가능하다.

어닝 런에 잠재적으로 좋은 환경은 어닝 시즌 바로 직전에 시장이 하락하면서 약간 과잉 매도 상황이 조성될 때 생겨난다. 이상적인 조건에서는 어닝 런을 위한 상승 잠재력은 폭발적일 수 있다. 요점은, 어닝 런의 정확한 타이밍과 강도는 그때그때 다를 수 있지만, 대개 어닝 시즌에 앞서 상승 가도를 달리는 개별 모멘텀 회사들이 적어도 얼마간은 있다는 것이다. 일반적으로 개별 모멘텀주들은 일정에 잡힌 실적 보고 약 2주 전에 상승하기 시작하는 경향이 있다. 물론, 앞에서 논의했던 것처럼, 이것은 다양한 주식과 업종의 전체적인 역사적 패턴에 기반하고 있다. 어떤 사분기이든, 전체 시장 상황과 당신이 트레이딩하는 특정 주식들의 역사적 패턴을 고려해야 하며, 적절한 조정을 해야 한다.

잠재적 트레이딩 후보들을 찾기 위해, 앞으로 실적 보고를 하기로 일정이 잡혀 있는 회사들의 온라인 실적 일정표를 확인할 수 있다. 다양한 온라인 뉴스와 주식 시장 지향 서비스에서 실적 일정표를 제공한다. 하지만 실적 일정표에 관한 주의 한마디. 신중을 기할 것. 왜냐하면 모든 일정표가 똑같이 성실하게 작성되지는 않아서, 어떤 것은 부정확한 정보를 담고 있을 수도 있기 때문이다. 게다가 기업들이 때로는 실적 발표 일자를 바꾸기도 하는데, 정기적으로 발표 일자를 확인하지 않는 서비스들은 이러한 최신 변동 사항이 반영되지 못할 수도 있다. 이것은 중요한 문제인데, 왜냐하면 실적 추세를 트레이딩하는 핵심 규칙이 실제 실적 보고에 앞서 포지션에서 나오는 것인데, 만약 부정확한 정보에 근거해 종료 시점을 잡는다면, 매우 값비싼 대가를 치러야 하는 실수가 될 수 있기 때문이다.

일단 트레이딩할 만한 잠재적 주식들을 찾아내면, 과거에 이 주식들이 실적 보고에 앞서 어떻게 움직였는지 파악하기 위해 차트를 집어 들고 조사할 수 있다. 대개 나는 트레이딩을 확정하기 전에 2년 전 자료를 참조한다. 어떤 주식이 연속으로 한두 번만 상승했다면, 나는 그것을 확실한 추세로 간주하지 않는다. 3번이라면 초기 추세를 형성할 가능성이 있고, 나는 그것을 앞의 경우보다는 어떤 추세를 나타내는 것으로 간주한다. 기본적으로, 추세는 반복될수록 더 좋다. 또한 이따금씩 같은 양상을 보이지 않는다고 해서 꼭 추세가 아니라고 할 수는 없지만, 신중히 합리적으로 생각하고 더 주의 깊게 관찰해야 한다. 뉴스가 결정적인 역할을 하기 때문에, 트레이딩에 들어가기 전에 각 개별 주식 및 업종과 관련된 최신 뉴스를 확인해, 어닝 런에 불리한 영향을 미칠 수도 있는 일이 벌어지고 있지는 않은지 점검해야 한다. 표 9.3은 AAPL 차트로, 어떻게 거래가 진행되어 실적 보고까지 이르렀는지를 보여 준다. 사실 우리는 이 주식을 어닝 런을 위해 트레이딩했다.

표 9.3을 보면, 어닝 시즌에 앞선 몇 주 동안 횡보 강화 움직임이 벌어진 것을 알 수 있다. 이처럼 토대를 이루는 움직임은 어닝 트레이딩에 들어갈 수 있는 최고의 환경을 만들어 줄 때가 많다. 박스권을 상향 돌파하는 것이 보일 때 포지션에 들어가거나, 특정 주식의 추세가 특히 강하게 느껴지고 약간의 위험은 더 감당할 수 있다면 토대 형성기라도 트레이딩이 들어가 박

스퀀의 저항선 바로 밑으로 손실 제한 주문을 넣을 수 있다.

내가 이 트레이딩을 좋아하는 또 다른 이유는, 실적 보고에 앞서 이미 상승하고 있는 다른 유사한 주식들을 따돌렸기 때문이다. 우리는 선택한 주식에 대한 매수로 트레이딩을 시작했다. 그리고 실적 발표 당일 AAPL 주를 팔았는데, 그것이 어닝 추세를 트레이딩할 때 핵심 규칙이다. 설령 실적 보고가 긍정적일 것으로 예상되더라도 주식을 실제 실적 보고 때까지 보유하고 있는 것은 권하고 싶지 않다. 내 생각으로는, 그것은 도박이다. 왜냐하면 실적 보고에서 어떤 내용이 나올지 미리 확실히 알 길이 없기 때문이다. 실적이 나쁘거나, 기업이 향후 실적 추정치를 낮추거나 경고하면, 지금껏 얻은 이익을 도로 잃게 될 뿐 아니라 상당히 큰 손해를 볼 가능성도 있다. 이번 경우에는 AAPL이 실적 보고 이후 훨씬 더 큰 상승을 이루었지만, 실적 보고가 나쁘게 나올 때 손해를 보고 싶지는 않을 것이다!

게다가 실적 보고에 앞서 큰 폭의 상승 움직임을 보인 주식들은 실적 보고 이후에는 설령 긍정적인 결과가 나왔더라도 대량 매각될 때가 많다. 소문에 사고 뉴스에 파는 것(buy the rumor and sell the news)은 흔히 있는 일이다. 기업이 실적 보고를 망치고 상승세를 달릴 때도 있지만, 내 생각에는 상승 잠재력이 위험성을 무시해도 좋을 정도는 아니다. 어닝 런 추세를 트레이딩하려면, 기업의 실적 보고가 있기 전 적절한 시점에 포지션에 들어가서, 보고일 당일 폐장 전에, 또는 당신 재량에 따라 훨씬 더 일찍 포지션에서 나와야 한다. 그 말은 곧, 상당액의 이익이 생기면 언제라도 이익의 일부 또는 전부를 더 일찍 챙길 수 있다는 것이다. 마찬가지로, 뉴스 속보나 다른 이유로 인해 트레이딩의 위험/이익 비율이 변해서 더 이상 당신에게 유리하지 않으면, 손실을 제한하기 위해 일찍 포지션에서 나올 수 있다.

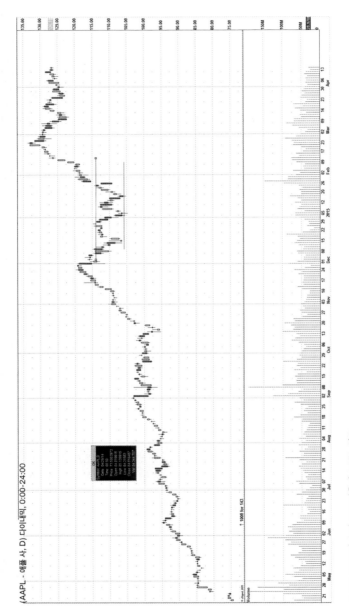

(AAPL - 애플 사, D) 다이내믹, 0:00-24:00

표 9.3 2015년 수익 보고 전후의 AAPL 차트

이미 말한 것처럼, 내가 선호하는 방식은 상당량의 이득이 생길 때마다 이익을 챙기는 것으로, 그것은 어닝 런에도 적용된다. 내가 자주 하는 방식은 포지션의 반을 팔고, 남은 주식에 대해 손익 평형을 이루도록 손실 제한을 조정하는 것이다. 이러면 이익이 고정되고, 트레이딩에서 손실을 보지 않는 것이 보장된다. 그런 다음, 손실 제한 주문을 넣은 채 그 이후의 상향 움직임을 따라가면서 내 재량으로 이익을 챙기거나, 아니면 트레이딩이 중단될 때까지 움직임을 계속 따라간다. 표 9.4는 또 하나의 어닝 런 사례로, 실적 보고 이전에 GOOG의 가격이 어떻게 움직였는지를 보여 준다. 이 경우, 우리는 어닝 런을 트레이딩하는 데 옵션도 이용했는데, 왜냐하면 주식이 분명히 가격이 너무 높고 100달러가 넘는 주식의 경우(50달러가 넘는 주식도 종종) 내가 유일하게 이용하는 것이 옵션일 때가 많기 때문이다. 이 방식은 위험성이 제한되어 있고, 상향 비율을 최대화할 수도 있다.

표 9.4에서 볼 수 있는 것처럼, GOOG는 실적 보고에 앞선 2주 동안 좋은 성적을 보였다. 실적 보고는 1월 29일에 있었으므로, 말 그대로 30달러가 오른 것을 볼 수 있다! 정말 수지맞는 거래이지 않은가? 다시 한 번, 어닝 런에 앞선 토대 움직임을 주목하라. 이 시점에 나는 이 주식을 잠재적 어닝 런 후보로 자세히 관찰하고 있었다. 이미 지적한 것처럼, 토대 형성기가 끝날 무렵에 움직임들을 관찰하면서 나는 짧은 하락을 이용해 실적 보고 약 10일 전에 포지션에 들어간다. 나는 어닝 런으로 이 주식을 트레이딩했을 뿐 아니라, 트레이딩을 위해 옵션도 이용하기로 했다. 옵션 덕분에 내 위험성을 명확하게 미리 정할 수 있었을 뿐 아니라, 프리미엄 역시 충분히 매력적이어서 주식이 어닝 런에 들어가면 큰 이익을 볼 가능성이 있는 것으로 예상했다. 언제나 그렇듯이, 위험성 대 이익 비율은 어떤 트레이딩 계산에서든 큰

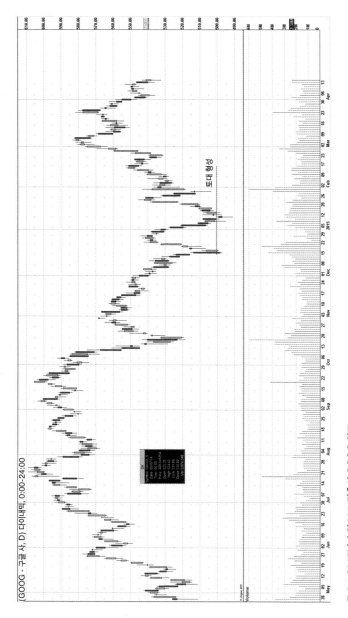

표 9.4 2015년 수익 보고 전후의 GOOG 차트

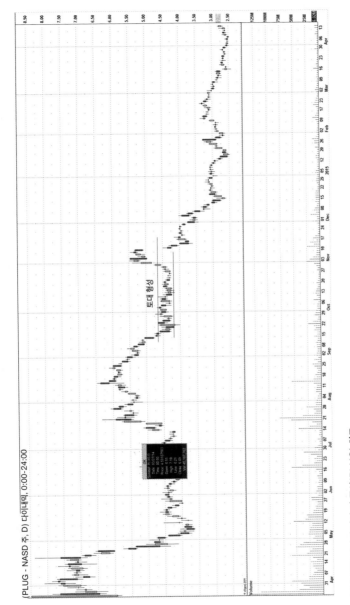

(PLUG - NASD 주, D) 다이내믹, 0:00-24:00

Volume

토대 형성

표 9.5 또 하나의 어닝 런 주식(PLUG) 차트

비중을 차지해야 한다.

표 9.5에서 볼 수 있는 것처럼 스몰캡(중소형주)을 찾아낼 수 있다면, 제대로 되었을 때 작게나마 짭잘한 수익을 올릴 수 있다. 우리는 어닝 런으로 플러그 파워(PLUG)를 트레이딩했고, 시장은 난리가 났다. 다음 장에서 나는 상향돌파와 하향돌파를 검토하고 내가 왜 이런 트레이딩 전략들을 황금알을 낳는 거위로 여기는지 설명하겠다.

어닝 스트래들

어닝 런을 트레이딩할 때 내가 즐겨 사용하는 변함없이 수익성이 높은, 그래서 선호하는 또 하나의 테크닉은 바로 옵션 스트래들이다. 이것은 방금 내가 설명한 것과 똑같은 어닝 런 추세에 기반하고 있긴 하지만, 추세를 트레이딩하기 위해 옵션을 이용하는 다른 전략을 채택한다. 명확히 하자면, 스트래들은 움직임이 상향이건 하향이건 상관없이 주가가 큰 폭으로 움직이는 데서 잠재적인 이익을 얻기 위해 사용할 수 있는 테크닉이다. 스트래들 전략을 취하려면, 만기월이 같은 콜 옵션과 풋 옵션을 같은 행사 가격으로 산다.

어닝 스트래들을 트레이딩할 때는, 원하는 이익을 달성하면 실적 보고 전에 팔아 버리겠지만 항상 그러는 것이 아니라, 실적 보고가 끝날 때까지 트레이딩의 전부 또는 일부를 지속하기도 한다. 이 경우 당신이 안는 위험성은 미리 정해져 한정되어 있기 때문에, 트레이딩에서 아직 충분한 이득을 올리지 못했다면, 실적 보고가 끝날 때까지 트레이딩을 유지하다가 실적 보고와 관련된 큰 폭의 가격 움직임이 생길 때 거기서 잠재적으로 이익을 올릴 수 있다. 실제로, 옵션 프리미엄이 현저히 낮다면 나는 때때로 어떤 기업이 실적을 보고하기로 한 날 스트래들을 구사함으로써, 옵션을 이용해 실제 실적 보고에 투기하기도 한다.

어닝 옵션 스트래들은 오랫동안 내게는 확률 높은 트레이딩이었다. 다시 말해, 트레이딩의 위험성/이익 비율이 컸다! 이 트레이딩의 핵심 요소는 총 프리미엄이 유리한 상황에서 스트래들을 시작하는 것이다. 그 점을 염두에 두고, 나는 보통 옵션이 만기되는 마지막 주에 실적 보고를 하기로 되어 있는 기업들을 대상으로 어닝 옵션 스트래들을 구사한다. 옵션 프리미엄의 시간 기준 요소는 이때 가장 낮고, 두 개의 옵션 포지션의 스프레드는 더 좁기 때문에, 유리한 총 비용으로 스트래들을 할 수 있을 가능성이 더 높다. 스트래들에서 이익을 보려면, 기초 주식의 가격이 짧은 기간 안에 충분히 큰 폭으로 움직일 필요가 있다. 어닝 런과 실적 보고는 이처럼 커다란 잠재적 가격 움직임을 위한 변동성을 창출한다. 이상적인 상황에서는 심지어 트레이딩의 양면 모두에서 이익을 남길 기회를 얻을 수도 있다. 표 9.6은 수익 발표 당일과 그다음 날의 넷플릭스(NFLX) 차트이다.

일반적으로 스트래들을 트레이딩할 때는 어느 쪽의 편향도 없이 포지션을 설정하려 한다. 즉, 트레이딩의 양측이 거의 같은 가치를 지니고, 행사 가격은 대략 기초 주식의 가격과 같다. 그렇지 않을 경우, 내재적인 상승 또는 하향 편향이 어느 정도 있으며, 그러면 가격이 어느 한쪽으로 움직일 때 얻는 이익이나 손실이 더 커진다. 어떤 경우에는, 사실상 편향이 트레이딩에 들어가길 원한다면 이것이 당신의 이익에 도움이 될 수 있다. NFLX의 경우, 긍정적 편향이 있었다면 틀림없이 큰돈을 벌었을 것이다! NFLX에서는 스

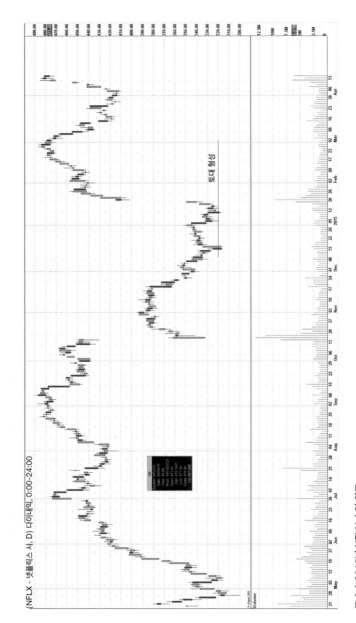

(NFLX - 넷플릭스 사, D) 다이내믹, 0:00-24:00

토대 형성

Volume

표 9.6 2015년 NFLX 수익 차트

트래들의 비용이 막대해서, 약 25달러의 프리미엄을 지불해야 했을 것이다. 여기에 따르는 위험성은, NFLX가 어느 방향으로도 25달러 이상 움직이지 않는 것으로, 이런 경우 트레이딩 전체를 잃을 수도 있다. 하지만 긍정적인 실적 보고 뒤에 주식은 매우 급격하게 움직였다. 늘 효과를 발휘하는 전략은 없지만, 적절한 돈 관리를 적용한다면 전략이 항상 효과를 발휘할 필요는 없다. 아니, 항상 근처도 갈 필요가 없다! 사실, 내 경험상 훌륭한 트레이더는 전략이 들어맞아 돈을 벌 확률이 40퍼센트이다. 다트를 던지는 원숭이도 과녁에 명중시킬 확률이 50퍼센트는 된다!

FOMC 페이드

내가 좋아하는 또 다른 테크닉은 FOMC(연방공개시장위원회) 발표를 페이드하는 것이다. 13장에서 설명하겠지만, FOMC는 금리와 신용 정책을 결정하는 역할을 맡은 12인 위원회이다. FOMC 회의가 열릴 때면 시장은 흔히 불안해지고 회의 결과에 촉각을 곤두세운다. 금리가 인상될 것인가, 인하될 것인가, 아니면 그대로 유지될 것인가? 연방준비제도가 선물금리 편향을 바꾸거나, 통화 정책을 완화 또는 긴축하거나, 아니면 시장에 영향을 미칠 수도 있는 경제 상태에 대해 다른 언급을 할 것인가?

정당하건 아니건, 시장은 FOMC 뉴스 보도에 극렬하게 반응하는 경향이 있다. 발표에 따라 반응은 때로는 그저 일시적일 수도 있고, 때로는 그날 내내 지속될 수도 있으며, 또 때로는 다음 며칠이나 몇 주 동안 지속되기도 한다. 시장에 미치는 영향이 전체적으로 얼마나 지속되는가에 상관없이,

FOMC 발표 직후에 시장은 대개 지극히 변동이 심하고 트레이더들이 뉴스를 소화시키는 동안 변덕스럽게 움직인다(조금 뒤에 이런 모습을 보여 주는 차트를 제시하겠다). 어떤 때는 다우 지수가 한쪽 방향으로 100포인트 넘게 움직이다가, 갑자기 반대 방향으로 똑같이 무지막지하게 되돌아가기도 한다. 극단적인 경우에는 이 모든 것이 분 단위로 일어날 수도 있다. 특히 FOMC가 발표한 내용의 중요성이나 의미가 무엇인지에 대해 처음에 혼란이 빚어질 때는 더욱 그렇다. 마침내 시장은 그 뉴스를 소화해 안정을 이루거나 좀 더 명확히 방향이 잡힌 추세를 정착시키기 시작한다. 가격 움직임이 속도가 빨라 어느 정도 민첩성이 요구될 수도 있지만, FOMC 회의 이후 처음 발생하는 변동성은 그것을 예상한 트레이더들에게 대단한 트레이딩 기회를 안겨 준다. 늘 그런 것은 아니라 해도, FOMC 발표 이후 나타나는 최초의 충동적 움직임은 과장되어 있을 때가 많으며, 더 중요한 것은, 종종 비합리적이고 감정적인 트레이딩에 기반하고 있다는 사실이다.

앞에서 언급했듯, 페이드는 매우 강력한 추세이지만 제3의 움직임으로, 요즈음에는 보통 원래의 움직임과 같은 방향을 향하며, 가장 강력할 수 있는 움직임이다. 그래서 갭 반등을 트레이딩하는 것과 마찬가지로, 나는 대개 FOMC 발표 이후 일어나는 첫 번째 충동적 움직임을 페이드한 다음, 종료할 때까지 그 움직임을 페이드한다. 사실, 이 움직임은 너무 충동적이어서 대개 차트에서 급등을 야기할 때가 많다. 첫 번째 상승의 폭이 크면 클수록 좋다. 첫 번째 충동의 방향이 제자리로 돌아가지 않는 경우에도, 나는 그것이 적어도 처음에는 과장되었다가 결국 반대 방향으로 돌아가거나, 발표로 야기된 최초의 혼란 때문에 어느 정도 반대 방향으로 페이드할 것이라고 예상하고 이 움직임을 페이드한다. 어느 쪽이든, 설령 제자리로 돌아오는 반등이 일시적이라 해도 이 트레이딩에서 잠재적으로 이익을 얻을 수 있다. FOMC 발표를 페이드할 때 나는 변동성이 큰 업종의 변동성이 큰 모멘텀주를 즐겨 이용한다. 예를 들어, 표 9.7의 차트는 AAPL이 FOMC 발표에 어떻게 반응했는지를 보여 준다.

FOMC 회의 결과는 대개 동부표준시간으로 오후 2시경에 발표된다. 온라인 뉴스 서비스를 주시하는 동시에, CNBC 같은 비즈니스 뉴스 채널을 시청하며 결과를 지켜보는 것도 좋은 생각이다. 차트를 보면, 발표에 대한 예상으로 가격이 하향 움직임을 보이는 것을 볼 수 있다. 발표 이후에는 급작스럽게 가격이 상승했는데, 그런 다음 곧바로 반전이 이루어져 가격이 하락했다. 차트의 양봉은 상승 급등을 나타내고, 바로 다음의 밝은 색 봉은 반전을 나타내며, 그다음의 녹색 봉은 이 움직임의 페이드를 나타낸다. 전체 과정이 몇 분 만에 끝난다. 또한 FOMC를 둘러싼 전체 변동성 양에도 주목하라.

반전을 페이드하려면, 첫 번째 상승 급등에 매도 포지션에 들어가고 반전으로 이득이 생길 때 포지션에서 나간다. 그러면 우리가 그랬던 것처럼, 그 페이드의 페이드에 들어가 마감 때까지 지속할 수 있다. 차트에서 볼 수 있듯이, 가격 움직임이 상당히 빠르게 진행될 수 있기 때문에 신속히 행동할 준비가 되어 있어야 한다. 그에 더해, 이 추세를 믿을 만하게 트레이딩하기 위해서는 직접 접촉하는 중개 업체가 정말로 필요하다. 웹에 기반한 플랫폼들은 대체로 트레이딩에 신속히, 그리고 믿을 만하게 들어가거나 나갈 수 있을 만큼 집행 속도가 빠르지 않다. 실제로, 이 트레이딩의 가격 움직임은 때로는 워낙 빨라서, 내가 반전을 놓치지 않기 위해 이따금씩 첫 번째 급등 때 시장가 주문을 이용하는 몇 안 되는 경우 중 하나이기도 하다. 나는 반전 움직임의 최저점을 포착하고 싶은데, 어쨌거나 시장가 주문은 대개 최저점

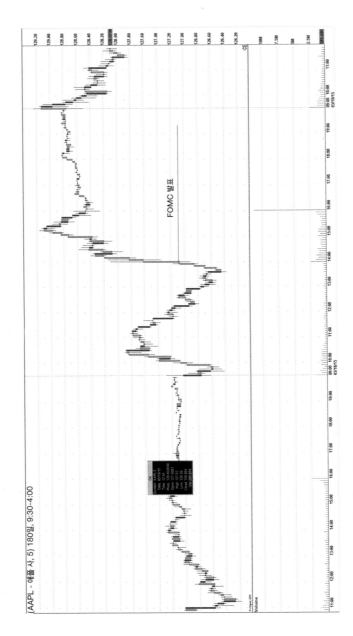

표 9.7 2015년 FOMC 발표 전후의 AAPL 차트

근처 어딘가에서 들어가기 때문이다. 하지만, 당신이 직접 접촉하는 신속한 트레이딩 플랫폼이 있고, 무슨 일을 하는지 이해하고 행동하고 있다면, 시장가 주문만을 이용해야 한다는 점을 강조하고 싶다. (국내 인터넷환경과 HTS 플랫폼에서 이러한 것은 문제가 되지 않는다 - 감수자)

앞의 사례를 살펴보자면, 당신의 트레이딩 플랫폼이 너무 느리거나 당신이 잡은 타이밍이 정확하지 않을 경우, 시장가 주문은 반전 전에 유리한 가격으로가 아니라, 반전 뒤에 최고가나 최저가 근처에서 들어간다. 다시 한번 차트를 언급하자면, 이 경우 가격 움직임이 잠시 뒤에 안정되고, 이어서 그날 지속되었던 이전의 추세, 즉 본질적으로 큰 폭의 상승 움직임을 회복한 것을 볼 수 있다. 언제나 이 경우처럼 이전의 추세가 회복되는 것은 아니다. FOMC 뉴스가 어떤 것인가에 따라, 최초의 반응 뒤에 반등 또는 매각이 지속될 수 있다. FOMC 발표 이후 최초의 움직임이 상승이 아니라 하락이라면, 앞에서 설명한 과정과 정반대 전략을 취해, 매도 포지션이 아니라 매수 포지션에 들어가면 된다. FOMC 페이드를 위해 주식을 이용하는 것 외에도, 나는 자주 다이아몬드(DIA) 옵션이나 XLF 또는 BHP, USO 같은 다른 지수들의 옵션을 사지만, 여러분은 시장에서 깔끔한 움직임을 취하는 경향이 있다. (지수 옵션을 이용하는 것에 대해서는 '갭 페이드' 항에서 더 자세히 설명하겠다.) 하지만 FOMC 움직임을 옵션으로 페이드할 때는 제한 주문만 이용해야 한다. 빠르게 움직이는 지수 옵션에 시장가 주문을 이용하려 했다가는 매우 불리한 가격으로 채워지기 십상이다.

오전 10시 법칙 트레이딩

나는 선호 목록에 오전 10시 법칙을 포함시켰는데, 이것이 시장이나 개별 주식들의 단기적 방향에 대한 믿을 만한 지표라는 것이 밝혀졌기 때문이다. 오전 10시 법칙을 따르는 것은 늘 수익을 얻을 수 있는 전략으로 밝혀졌을 뿐 아니라, 수많은 트레이더들이 너무 일찍 트레이딩에 들어가 손해를 입는 것을 피할 수 있게 해 주었다. 이 책 앞부분에서 오전 10시 법칙을 이미 다루었지만, 여러분의 편의를 위해 여기서 다시 설명하겠다.

어떤 주식이 갭상승하면, 오전 10시 이후에 새로운 고점을 형성하지 않는 한 그 주식을 매수해서는 안 된다. 반대로, 어떤 주식이 갭하락하면, 오전 10시 이후에 새로운 저점을 형성하지 않는 한 그 주식을 매도해서는 안 된다. 오전 10시 법칙의 개념은 사실 단순하기 짝이 없다. 오전 10시 법칙을 적용할 경우, 당신이 트레이딩을 위해 주목하고 있는 주식이 오전 10시 이후에 새로운 고점을 형성하면, 트레이딩을 위해 그 주식을 매수할 수 있다. 반대로, 어떤 주식이 오전 10시 이후에 새로운 저점을 형성하면 트레이딩을 위해 그 주식을 매도할 수 있다. 예를 들어, MSFT가 42.00달러로 트레이딩을 개시해서 오전 9시 30분에서 10시 사이에 42.35달러로 고점을 형성했다고 치자. 오전 10시 이후 어느 때든 주가가 42.36달러가 되었다면 그 주식을 트레이딩을 위해 매수할 수 있다. 언제나 그렇듯이, 전체 시장 상황과 특정 주식에 영향을 미칠 수 있는 다른 환경들을 여전히 고려해야 하지만, 이런 요소들이 트레이딩에 유리하다면 매수 포지션에 들어가 잠재적으로 이익을 올릴 수 있다. 왜냐하면 오전 10시 이후의 새로운 고점은 상승을 알리는 지표이기 때문이다. 이번에는 앞의 사례를 다시 들어, MSFT가 42.00달러로 시작해 오전

9시 30분에서 10시 사이에 41.70달러의 저점을 형성했다고 치자. 이어서 오전 10시 이후에 41.69달러가 된다면 트레이딩을 위해 주식을 매도할 수 있는데, 왜냐하면 오전 10시 이후의 새로운 저점은 하강의 지표이기 때문이다. 이번에도 역시 다른 관련 요소들은 트레이딩에 유리한 것으로 가정한다.

어떻게 그리고 왜 오전 10시 법칙이 효력을 발휘하는가?

시장이 막 개장할 때는 감정적인 트레이딩과 불확실성이 더 많은 경향이 있다. 시장은 아직 발판을 찾지 못했거나 어떤 유형의 방향 편향도 확립하지 못했고, 더 고약하게는 진짜 방향에 대해 잘못된 신호를 보내기도 한다. 게다가 처음에는 장후, 장전 트레이딩에서 발생한 불균형의 잔재 때문에 매수와 매도 양측 모두에 억제된 수요가 있을 때가 많다. 이 모든 문제가 대개는 오전 10시까지는 해결되기 때문에, 오전 10시 이후에 일어나는 가격 움직임은 일반적으로 시장의 진정한 방향 편향에 대한 좀 더 믿을 만한 지표라 할 수 있다. 이렇게 해서 오전 10시 법칙이 탄생한 것이다. 이것은 이른 아침의 함정을 피하는 데뿐 아니라, 특히 방향성 추세가 있는 날에 잠재적으로 더 큰 이익을 올리기 위한 지침이 되어 준다.

표 9.8은 오전 10시 법칙을 보여 주는 알리바바(BABA)의 차트이다. 시장이 처음에는 전날 폐장 때 상황이 그대로 이어진 채, 즉 본질적으로 수평으로 시작한 것을 주목하라. 오전 10시가 지나고 얼마 안 있어 BABA는 오전 10시 이전의 고점을 돌파했다. 이 시점에 매수 포지션에 들어갈 수 있다. 그런 다음 오전 10시 이전에 발생한 저점보다 약간 낮은 가격으로 손실 제한 주문을 넣어야 한다. 그 뒤에 시장이 방향을 바꾸면, 트레이딩을 중단해 손실을 제한해야 한다. 앞의 예에서 당신은 오전 10시 법칙을 지켜서 이 트레이딩에

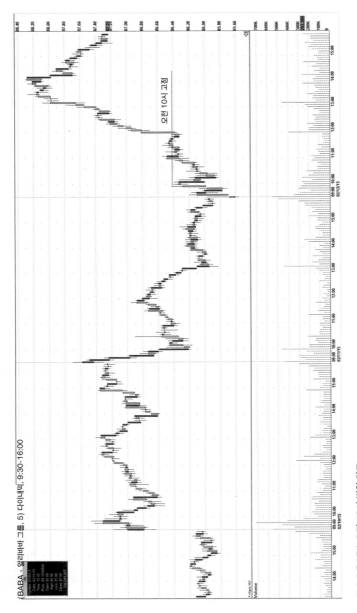

(BABA - 알리바바 그룹, 5) 다이내믹, 9:30-16:00

Symbol: BABA-5
Date: 02/11/15
Time: 15:45
Price: 85.93
Open: 85.93
High: 85.95
Low: 85.96
Close: 85.93
Vol: 243,877

오전 10시 급락

Volume

700K
600K
500K
400K
300K
200K
100K
0

02/10/15   02/11/15   02/12/15

표 9.8 BABA 오전 10시 발작 차트

서 상당한 이익을 보았을 수 있다. 가격이 더 높아지면, 손실 제한 주문을 넣은 채 움직임을 계속 따라가야 한다. 그리고 앞에서 설명했던 것처럼, 내가 선호하는 방식은 그러는 사이 일정 이익이 생길 때마다 그 이익을 챙기는 것이다. 일단 충분한 이익이 생기면, 나는 포지션의 절반에서 이익을 챙기고 손실 제한을 남은 주식들에서 손실 평형이 되도록 조정할 때가 많다. 이렇게 하면 트레이딩에서 더 이상 손해를 보지 않을 수 있다. 그다음으로 나는 대개 트레이딩이 중단될 때까지, 또는 추가 이익을 챙기고 포지션을 종료하기로 결정할 때까지 나머지 주식에서 발생하는 모든 추가 이익을 뒤쫓는다.

표 9.9는 뱅크오브아메리카(BAC)를 사례로 들어, 하향 움직임을 나타내는 오전 10시 법칙의 다른 예를 보여 준다. 처음에는 BAC가 갭상승했다는 점을 주목하라. 보다시피, 처음의 매수 열기에 걸려들어 주식을 산 사람들은 모두 잠시 뒤에 그 대가를 치렀다. 이것은 오전 10시 법칙이 어떻게 때 이른 트레이딩 진입을 방지할 수 있는지를 보여 주는 예라 할 수 있는데, 트레이딩의 잘못된 쪽에 있었다면 대단한 일이라 할 수 있다. 오전 10시 법칙을 따르면, 갭상승을 페이드하거나, 주식이 오전 10시 이후에 새로운 저점을 형성하면 주식을 매도하게 된다. 어떤 포지션에 들어간 다음에는 오전 10시 전에 일어난 고점보다 약간 높은 가격으로 손실 제한 주문을 넣어야 하는데, 이 경우에는 약 16.60달러가 된다. 그 뒤로는 앞의 예에서 설명한 것처럼, 계속해서 어느 정도 규모의 이익을 모두 따라가면서 그러는 동안 이익을 챙기게 된다. 이번에도 역시 오전 10시 법칙을 매도 진입의 타이밍을 잡는 지침으로 사용해 큰 이익을 얻을 수 있다. 물론 이 예들은 그저 예시를 위한 것이다. 시장이 오전 10시 이후에 짧게 새로운 고점이나 저점을 형성하고 이어서 횡보하거나 방향을 바꾸는 날이 있다. 반전이 일어나는 경우, 당신의 손실

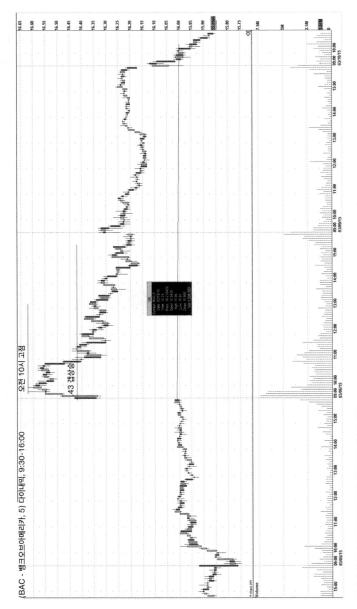

표 9.9 오전 10시 법칙이 적용되지 않은 BAC 차트

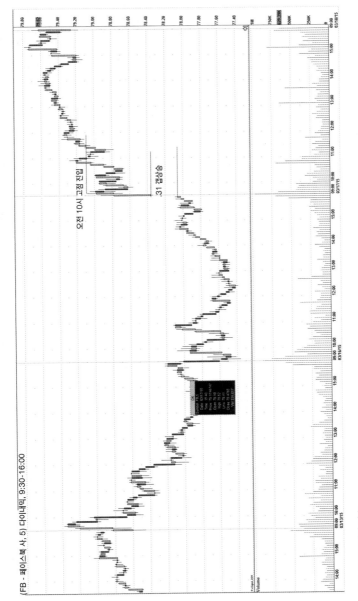

(FB - 페이스북 사, 5) 다이내믹, 9:30-16:00

오전 10시 고점 진입

.31 갭상승

표 9.10 FB 갭과 지속

제한 주문이 발동돼 잠재적 손실을 제한할 것이다. 그래서 손실 제한을 이용하는 것이 그토록 중요한 것이다. 박스권을 형성한 날에는 트레이딩에서 이익을 보는지 여부, 그리고 얼마나 벌게 되는지가 분명히 트레이딩의 구체적 사항들과 트레이딩 범위의 규모에 달려 있다. 일반적으로, 가장 큰 이익을 얻는 것은 시장이 하루 종일 지속되는 방향성 추세를 확립할 때다. 그때야말로 정말로 거금을 벌 수 있는 기회다!

표 9.10은 페이스북(FB)의 갭과 지속(gap and go)을 보여 주는데, 이 주식이 갭상승한 다음 그날 내내 계속 고점들을 형성하는 모습을 볼 수 있다. 오전 10시 법칙에 따라 주식을 샀다면, 정말 잘한 것이다! 또한 개장 때 갭상승에 페이드했다고 하자. 그러면 오전 10시 고점에 트레이딩을 중단했다가, 원할 경우 다시 매수에 들어간다. 맞다, 페이드에서 약간 손해를 보았겠지만, 매수로 손실을 보완하고도 남았을 것이다. 이번에도 이런 아이디어들이 언제나 효과를 발휘하지는 않는다는 것을 명심해야 하지만, 트레이딩을 계획하고 계획에 따라 트레이딩하면서 엄청난 이익을 얻을 가능성을 갖게 된다. 그리고 우리가 정말로 요구할 수 있는 것은 이것이 전부다!

제10장 기술 분석을 이용한 갭 트레이딩

8장에서 설명한 방식 외에도, 갭 트레이딩을 위한 진입 및 종료 가격 타깃을 결정하는 데 차트와 기술 분석을 이용할 수 있다. 이 장에서는 여러 테크닉들을 설명하는데, 본격적인 설명에 앞서 나는 갭을 트레이딩할 때 기술 분석을 이용하지 않을 때가 많다는 점을 밝혀 두고 싶다. 갭 트레이딩을 추가로 확인하기 위해 차트를 가끔 이용하긴 하지만, 큰 폭의 갭하락이 있고 그 트레이딩에 자신이 있는 경우에는, 기술 분석을 이용해 확증을 기다리지 않고 8장에서 설명했던 것처럼 개장 때 바로 갭을 매수할 때가 많다. 반대로, 큰 폭의 갭상승을 매도할 때는 심지어 장전 트레이딩에서 주식을 매도하기도 한다. 큰 폭의 갭은 워낙 강력한 고비율의 추세이기 때문에, 대개 나는 굳이 기술적 확인을 기다릴 필요를 느끼지 않는다. 하지만 많은 트레이더들이 진입과 종료 시점을 정하는 데 도움을 받기 위해 기술적 분석을 이용하는 것을 선호하며, 따라서 여러분 중 관심이 있는 사람들을 위해 갭을 트레이딩하는 데 유용한 다양한 차팅 기술들을 포함시켰다. 다음에 소개되는 전략들은 트레이딩의 정확한 진입 및 종료 시점을 정하는 데 도움이 되지만,

어떤 테크닉을 이용할 것인지는 개인적 선호와 어떤 것이 자신에게 가장 잘 맞는가의 문제이다. 경험이 쌓이고 갭을 트레이딩하는 자신만의 직감이 생기면, 이 외에 이용할 수 있는 다른 방법과 요령들도 발견하게 될 것이다.

반전 봉

반전 봉(reversal bar)은 기술 분석을 시행할 때 이용되는 잘 알려진 여러 캔들 차트(candlestick chart) 형식 중 몇 가지일 뿐이다. 반전 봉은 추세 변화가 일어나고 있음을 알리는 신호일 때가 많다. 이어지는 절들 중 일부에서 갭 트레이딩을 위해 진입 및 종료 가격 타깃을 설정하는 데 반전 봉을 이용하는 방식을 취하고 있기 때문에, 여러분의 편의를 위해 여기서 간략하게 반전 봉을 소개한다. 기술 분석과 캔들 차트 활용은 갭 트레이딩을 위한 실용적 목적보다 훨씬 큰 의미가 있다는 것을 명심하기 바란다. 또한 나는 차트 전문가가 아니라는 점도 염두에 두기 바란다. 나는 차트를 그렇게 자주 쓰지 않으며 어쩌다 이용할 때는 대개 내 파트너인 마이크 디 조야나 다른 전문가에게 어떻게 생각하는지 묻는다. 기술 분석 그리고/또는 캔들 차트 활용에 대해 더 알고 싶다면, 이 주제를 전문적으로 다루는 좋은 책들이 많이 있다.

도지

　도지형(doji candle)이 나타나는 것은(표 10.1 참조) 봉(candle)의 지속 시간(나는 갭을 트레이딩할 때는 대개 5분을 이용한다) 동안 좁은 범위 내에서 가격이 시작되고 종료되었다는 것을 표시한다. 다시 말해 곰과 황소가 한판 싸움이 붙었다는 뜻이다. 어떤 주식이 상승이건 하락이건 어떤 방향 추세를 갖고 있었다면, 도지는 방향의 잠재적 변화가 진행 중이라는 표시일 수 있다. 도지는 매우 강력한 지표이다. 도지를 보게 되면, 적어도 적신호라는 것은 고려해야 한다. 일부 트레이더들은 단순히 도지를 보았다는 이유로 트레이딩에 들어가거나 손실 제한의 폭을 좁힌다. 특히 어떤 주식이 그때까지 강한 방향 추세를 보였다면 더욱 그렇다.

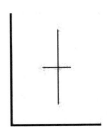

표 10.1 도지를 보여 주는 차트

(망치 자루와) 망치형
　망치형은 표 10.2에서 볼 수 있는 것처럼 캔들의 직사각형 몸체 아래위에 있는 가는 선으로 나와 있는 위쪽 몸통이 아주 작고, 아래쪽 꼬리는 길다. 캔들 꼭대기에 위치한 짧은 실제 몸체가 있다. 망치는 강한 저항을 나타내는 또 하나의 강력한 지표이고, 종종 두드러진 하향 추세의 종식을 나타낸다. 확증은 가격이 망치 꼭대기 이상으로 돌파할 때 나타난다. 횡보를 보일 때는 반드시 덜컥 뛰어들어 망치형을 트레이딩할 필요는 없지만, 하향 추세일 때는 위험성이 낮고 비율이 높은 절호의 기회이며, 특히 저항선에서 발생할 때는 더욱 그렇다. 망치 고점을 돌파하는 선에서 주식을 사고 망치 아랫부분보다 조금 더 낮은 가격으로 손실 제한 주문을 넣으면, 위험성이 정해진 상태에서 매수 포지션에 들어갈 수 있다.

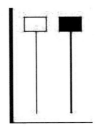

표 10.2 망치명 차트

별똥별형(통상 역망치형이라 한다 – 감수자)

별똥별형은 마치 아래위가 뒤집힌 망치나 전도된 망치형처럼 보인다(표 10.3 참조). 위쪽 꼬리가 길고 아래쪽 몸통은 짧고 뭉툭하다. 별똥별형은 하향을 나타내는 강력한 지표이자, 상승 반전을 알려 주는 매우 믿을 만한 지표이기도 하다.

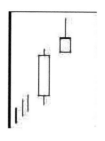

표 10.3 별똥별형 차트

진입 시점

지금부터는 갭 트레이딩에 들어갈 타이밍을 잡는 데 유용할 수 있는 다양한 기술 분석 전략에 대해 설명하겠다. 진입 전략에 대한 설명 다음에는 종료 전략에 대해서도 논의하겠다.

제1봉 고점/저점 진입

갭을 트레이딩하는 진입 테크닉 가운데 하나는 일중 차트의 제1봉의 고점과 저점을 이용하는 것이다. 고점은 갭하락 진입을 설정하는 데 사용되며, 저점은 갭하락에 사용된다. 일부 트레이더들이 1분 또는 3분 차트를 사용하기는 하지만, 나는 5분 차트로 갭을 트레이딩해서 더 좋은 결과를 얻었다. 따라서 나는 대개 5분 차트를 사용한다. 표 10.4는 갭하락을 보여 주는 ARMH의 5분 일중 캔들 차트이다. 차트에서 갭하락 이후 제1봉의 고점 가격이 48.80달러라는 것을 주목하라(봉들을 자세히 보려면 표 10.5 참조). 주가가 제1봉의 고점을 돌파하면, 즉 이 경우에는 48.80달러 이상으로 오르면 그것은 주식을 사라는 신호로, 갭하락이 반전할 수 있다는 것을 나타낸다. 따라서

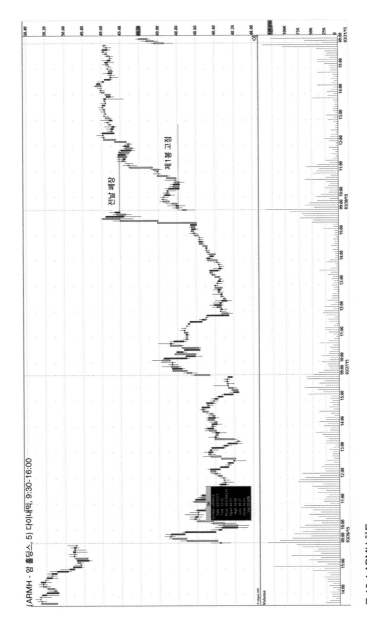

(ARMH - 암 홀딩스, 5) 다이내믹, 9:30-16:00

전날 퍼장

제1봉 고점

표 10.4 ARMH 차트

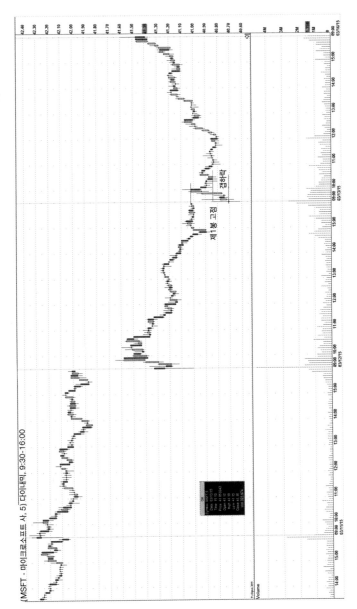

〈MSFT - 마이크로소프트 사; 5〉 다이내믹, 9:30-16:00

제1봉 고점

갭하락

표 10.5 MSFT 차트

트레이딩의 진입 가격 타깃을 갭을 메우는 가격인 49.40달러로 잡을 수 있다. 앞의 차트에서 갭하락에 이은 첫 두 봉을 자세히 표시한 것이 있다. 가격이 48.80달러에 이르렀을 때 주식을 매수한 다음, 제1봉의 저점보다 약간 낮은 가격으로 손실 제한 주문을 넣는다. 이 저점은 대개 그날의 저점이기도 하다. 표 10.5의 차트는 MSFT의 갭하락에 근거한 또 다른 제1봉 진입을 보여준다.

앞의 MSFT 차트에서 갭하락 이후 제1봉의 고점이 40.82달러이므로, 가격이 40.83달러에 이르면 주식을 매수한 다음 제1봉의 저점보다 약간 낮은 가격으로 손실 제한 주문을 넣는다. 제1봉을 갭상승의 진입 타깃을 결정하는 데 이용할 수도 있다. 갭상승의 경우, 과정을 반대로 해서 가격이 제1봉의 저점을 돌파할 때 매도하면 된다. 그런 다음 제1봉의 고점보다 약간 높은 가격에 손실 제한 주문을 넣는다.

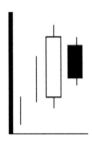

표 10.6 내봉 차트

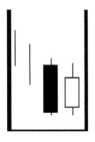

표 10.7 내봉 차트 - 가격 범위 '안'

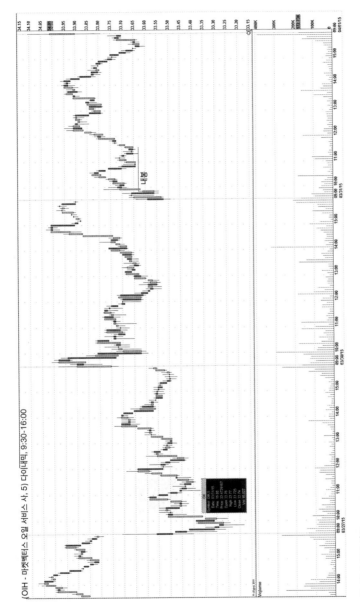

〈OIH - 마켓벡터스 오일 서비스 사, 5) 다이내믹, 9:30-16:00〉

갭

표 10.8 OIH 차트

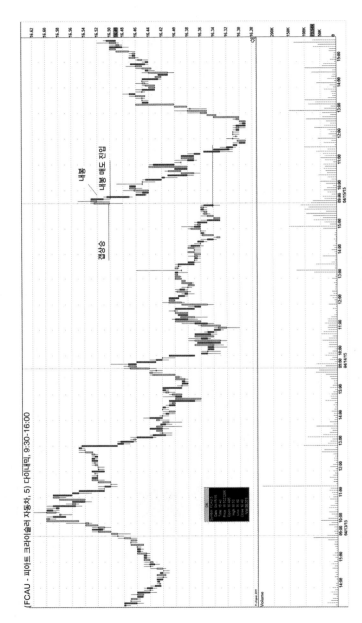

(FCAU - 피아트 크라이슬러 자동차, 5) 다이내믹, 9:30~16:00)

내봉

내봉 매매 진입

접상승

표 10.9 FCAU 차트

내봉 진입

갭 트레이딩의 진입 가격 타깃을 설정하는 또 다른 방법은 내봉(inside bar)을 이용하는 것으로, 표 10.6에서 볼 수 있다. 내봉(inside bar)은 봉의 고점 가격이 이전 봉의 고점보다 낮고, 저점이 이전 봉의 저점보다 높을 때 발생한다. 표 10.7에서 볼 수 있는 것처럼, 내봉의 가격 범위는 이전 봉의 범위 '안'에 있다. 내봉은 계약 범위와 변동성을 나타내는데, 이것은 또한 매도 압력이 진정되고 있음을 나타낸다. 그리고 앞에서 언급했던 것처럼, 감정 역시 주식이 갭을 형성하는 데 일정한 역할을 하므로, 내봉은 감정적 매도가 끝나는 중일 수도 있다는 것을 나타내기도 한다. 표 10.8의 OIH 차트는 내봉이 어떻게 갭하락 트레이딩의 진입 가격 타깃을 설정하는 데 이용될 수 있는지를 보여 준다.

내봉은 갭의 기술 분석 확인을 이용할 때, 진입 타깃을 정하기 위해 내가 즐겨 참조하는 지표이다. 특히 내봉 이전의 봉들이 앞의 예에서처럼 갭의 방향을 향하고 있을 때는 특히 더 그렇다. 이를테면, 갭이 하락 방향을 향하고 내봉 이전의 봉들도 하락 방향을 형성할 때 말이다. 내봉은 워낙 강력한 지표여서, 나는 대개 내봉을 확인하면 (예를 들어 제1봉 고점 돌파 같은) 다른 기술적 확인들을 기다리지 않는다. 진입 가격 타깃을 내봉의 고점보다 약간 높게 설정할 수 있다. 앞의 예에서 내봉 가격 범위는 33.53달러에서 33.63달러 사이이므로, 가격이 33.64달러에 이르면 매수 트레이딩을 시작할 수 있다. 트레이딩에 들어갈 때, 손실 제한 주문은 트레이딩이 당신에게 불리하게 돌아갈 때 손실을 제한할 수 있도록 내봉의 저점보다 약간 낮은 가격으로 설정한다. 내봉의 저점이 손실 제한 주문을 넣기에는 너무 가깝다면 (그리고 비정상적으로 협소하다면), 내봉 이전의 봉들의 최저점을 이용하거나 그날의 저점을 이용하는 것을 고려할 수 있다. 손실 제한에 대한 그 밖의 지침과 권고들에 대해서는 이 장 뒤에 나오는 '제한 이용' 절을 참조하라. 내봉은 갭상승을 트레이딩하는 데도 이용될 수 있다. 표 10.9는 FCAU의 갭상승을 보여 준다.

표 10.9의 차트에서 제1봉의 가격 범위가 X달러에서 Y달러에 이른다는 점을 주목하라. 다음 봉은 범위가 X달러에서 Y달러까지로 제1봉의 안에 있기 때문에 내봉이다. 갭상승했으므로, 가격 타깃은 내봉의 저점, 이 경우에는 마침 제1봉의 저점이기도 한 X달러 바로 아래다. 가격이 Y달러에 이르면, 주식을 매도하고 봉의 고점보다 약간 높은 가격으로 손실 제한 주문을 넣거나, 이번에도 역시 제한을 약간 넓힐 필요가 있을 경우에는 가까운 또 다른 저항선을 이용하는 것을 고려할 수 있다.

반전 봉

갭 트레이딩에 진입 가격 타깃을 설정하는 데 반전 봉 형태들을 이용할 수도 있다. 이 방식은 약간 더 공격적인 경향이 있긴 하지만 말이다. 표 10.10은 넷플릭스(NFLX)의 차트로, 별똥별형 반전 봉을 보여 주는데, 이 유형은 주식이 갭상승한 뒤 얼마 안 있어 나타난다.

앞에서 언급한 것처럼, 별똥별형은 상승 추세가, 또는 이 경우처럼 갭상승이 종료된다는 신호일 때가 많다. 표 10.10을 보면, 별똥별형이 나타난 뒤 얼마 안 있어 가격이 떨어진 것을 볼 수 있다. 갭상승 뒤에 별똥별형이 나타나는 것이 보이면, 가격이 별똥별형의 저점을 돌파할 때 주식을 팔 수 있다.

포지션에 들어간 뒤에, 손실 제한 주문을 별똥별형의 고점 바로 위의 가격으로 넣는다. 반전 봉을 이용할 때는 손실 제한 폭을 매우 좁게 잡아야 한다. 가격이 앞선 별똥별형의 고점을 돌파하든지 해서 지표가 예상을 빗나가면, 트레이딩을 중단해야 한다. 이와 관련해 염두에 두어야 할 재미있는 점은, 어떤 패턴 형태가 실패할 때 또 다른 잠재적인 트레이딩 기회가 생겨난다는 것이다. 패턴 계획의 실패에 근거해 반대 방향으로 수익성 높은 트레이딩에 들어갈 수 있을 때가 많다. 유사한 사업이나 업종에 속한 주식들은 종종 서로 연동해 움직인다. 익스피디아(EXPE)와 유사한 사업을 하는 프라이스라인(PCLN)과 관련된 나쁜 뉴스가 나오자, EXPE도 그 뉴스 때문에 갭하락했다.

표 10.11은 망치형 반전 봉에 근거한 트레이딩 진입을 보여 준다. 다음은 망치형 반전 봉을 확대한 것이다. 앞에서 논의했던 것처럼, 망치형은 하향 추세가 종료된다는 신호일 때가 많다. 갭하락한 뒤에 EXPE가 먼저 하향 추세를 보이는 것을 주목하라. 망치형이 나타난 뒤 얼마 안 있어 주식은 방향을 바꾸어 상승 움직임을 보였다. 망치형 반전 봉의 고점보다 약간 높은 가격으로 잠재적 진입 가격 타깃을 설정할 수 있다. 가격이 망치형의 고점을 돌파하면, 하향 추세가 반전될 가능성이 높다. 포지션에 들어간 뒤, 반전 봉의 저점보다 약간 낮은 가격으로 손실 제한 주문을 넣는다. 앞에서와 마찬가지로, 반전 봉이 예상과 빗나가면, 손실을 제한하고 트레이딩을 중단해야 한다.

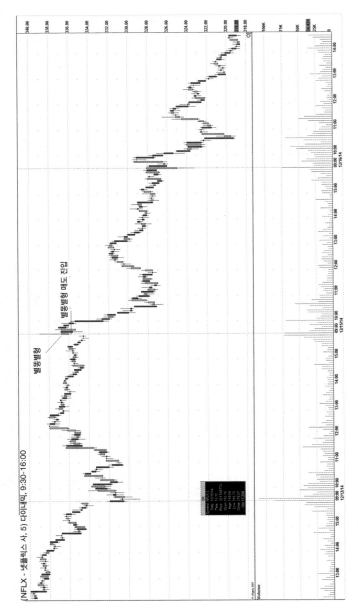

〈NFLX - 넷플릭스 사, 5〉 다이내믹, 9:30-16:00

별똥별형

별똥별형 매 진입

표 10.10 NFLX 차트

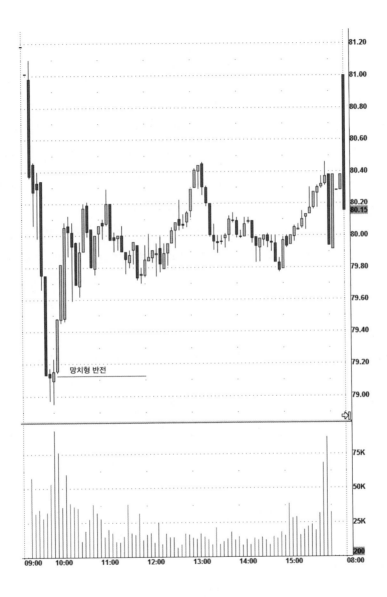

표 10.11 망치형 반전의 확대 모습

웁스 진입

선물 트레이더인 래리 윌리엄스는 1970년대에 '웁스(OOPS)'라는 신조어를 만들고 웁스 상황을 고안해 냈다. 그가 고안한 이 상황의 이용법에는 여기서 소개하는 것보다 더 많은 변형들이 포함되어 있기는 하지만 말이다. 그는 시장이 갭상승할 때 사람들이 매수 열기에 사로잡혀 계속해서 갭상승을 매수하는 경향이 있는 것을 목격했다. 그러다 매도가 시작되면 사람들은 '이런(OOPS)!' 하고 비명을 내지르며 실수를 깨닫게 되기 때문에 그는 이 상황을 '웁스'라고 불렀다. 웁스 상황은 단순히 그 전날의 종가보다 높은 가격으로 출발하는 것이 아니라 전날의 고점 가격보다 높게 갭상승으로 출발할 때, 또는 반대로 갭하락의 경우 그 전날의 종가가 아니라 저점 가격보다 낮은 가격으로 출발할 때 발생한다. 사실, 엄격하게 기술적 관점에서 갭을 정의한다면, 진정한 갭은 단순하기 그지없다. 즉, 가격이 전날의 고점보다 높게 출발하면 갭상승이고, 전날의 저점보다 낮게 출발하면 갭하락이다. 갭이 오로지 종가에만 근거하고 이전의 고점이나 저점을 넘지 않으면, 그것을 기술적으로는 '랩(lap)'이라 부른다. 그래도 대부분의 사람들은 어느 경우든 갭이라고 부르고, 나 역시 대개 그렇다. 하지만 웁스 진입을 설명하기 위해서는 양자를 구별하는 것이 적절한 것으로 보였다. 갭상승의 경우에는 웁스 진입 가격 타깃은 전날 고점을 돌파하는 지점이다. 갭하락의 경우에는 전날의 저점을 돌파하는 지점이고 말이다. 표 10.12의 YHOO 차트는 내봉 진입과 웁스 진입, 이렇게 2개의 잠재적 진입 타깃을 제공하는 웁스 갭상승을 보여준다.

차트 10.12를 보면, 다음날 구글이 이전 고점보다 높은 가격으로 출발한 것을 알 수 있다. 따라서 이것은 잠재적인 숏스 트레이딩 기회이다. 숏스 진입 타깃은 전날 고점 바로 아래이다. 하지만 또한 제2봉으로 나타난 것이 내봉이기도 하다. 숏스 진입을 기다릴 수도 있지만, 이런 경우 나는 내봉 진입을 더 선호한다. 앞에서 설명한 것처럼, 내봉의 경우에는 갭상승 진입은 내봉의 저점 바로 아래이다. 따라서 내봉 타깃을 트레이딩하려면 가격이 저점을 돌파할 때 주식을 매도한다. 그런 다음 내봉의 고점보다 높은 가격으로 손실 제한 주문을 넣거나, 제한이 비정상적으로 협소할 경우에는 가까운 다른 저항 영역보다 높은 가격으로 넣는다. 이런 경우, 제한 지점은 내봉 직전의 봉들 중 하나의 최고점 바로 위가 된다. 만약 내봉 진입을 놓치거나 숏스 진입을 기다리는 편을 더 좋아한다면, 가격이 숏스 진입 가격 타깃에 이를 때 주식을 매도한다.

숏스 트레이딩에서 손실 제한 주문을 설정하는 공식적인 지점은 그날의 고점이다. 하지만 그날의 고점은 때로는 매우 폭이 넓을 수 있는데, 그것이 내가 공식적인 숏스 트레이딩을 그리 좋아하지 않는 이유 중 하나이다. 내 의견으로는, 당신의 위험 감수 능력, 갭의 환경, 트레이딩에 앞선 가격 움직임을 고려해서 최선의 손실 제한 주문을 설정해야 한다. 범위가 너무 넓지 않다면, 공식 추천을 이용해 손실 제한을 그날의 고점보다 약간 높은 가격으로 설정할 수 있다. 그렇지 않으면, 나는 좀 더 가까운 저항 영역을 찾아보거나, 일단 이익이 생겼으면 가격이 원래대로 돌아가기 전에 이익을 챙긴다. 또 다른 위험성 관리 대안은, 로트 사이즈를 줄여서 당신의 최대 위험성 한도 안에 좀 더 넓은 제한폭이 들어가도록 하는 것이다. 방식에 상관없이 당신이 어떤 트레이딩에서 감수할 자신이 있는 위험성 양을 미리 정하고, 그런 다음 트레이딩이 그 범위 안에 있도록 트레이딩의 한도들을 조정하는 것

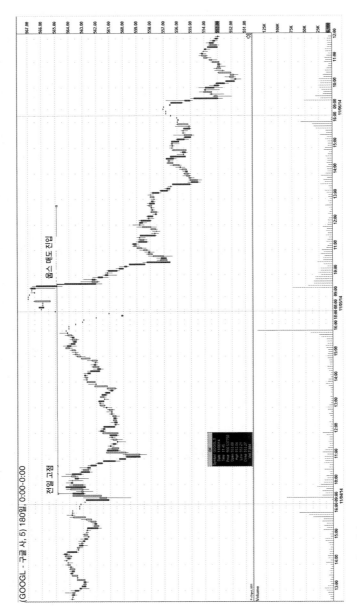

표 10.12 움스 패턴

이 중요하다고 생각한다. 자본 보전이 트레이더로서 장기적 성공의 열쇠이다. 갭하락 웁스 트레이딩은 반전이 발생할 때만 빼고는 갭상승과 똑같이 작용한다. 웁스 진입 타깃은 전날 저점을 상향 돌파하는 것으로, 이럴 경우 주식을 매수하고 그날의 저점을 공식적인 손실 제한 지점으로 잡는다. 이번에도 역시, 그날의 저점이 당신의 트레이딩 위험성 감수 최대 한도를 넘어설 경우, 손실 제한 설정의 폭을 좁히는 방법을 권하고 싶다.

갭 그리고 그 방향으로 계속 쭈~욱!

대부분의 경우 시장이 큰 폭으로 갭을 형성하면 제자리로 돌아오는 가격 반전이 있기 마련이지만, 시장이 갭을 형성한 뒤 계속 같은 방향으로 나아가는 날도 있다. 나는 이것을 갭과 지속이라고 부른다. 갭과 지속이 발생하는 날에는 어떻게 트레이딩을 해야 하는가? 이런 날들이 바로 오전 10시 법칙을 적용해야 하는 날이다. 여러분의 편의를 위해 여기서 오전 10시 법칙을 간략히 다시 설명하겠다. 어떤 주식이 갭상승하면 오전 10시 이후에 새로운 고점을 형성하지 않는 한 그 주식을 매수해서는 안 된다. 반대로, 어떤 주식이 갭하락하면 오전 10시 이후 새로운 저점을 형성하지 않는 한 그 주식을 매도해서는 안 된다. 오전 10시 법칙을 따르면, 어떤 주식이 갭상승했다가 오전 10시 이후에 새로운 고점을 형성하면 그 주식을 매수하면 된다.

표 10.13의 알커메스(ALKS) 차트는 이런 진입 유형을 보여 준다. ALKS가 갭상승한 뒤 반전이 발생하지 않고 가격이 계속 올라가는 것을 볼 수 있다. 이것은 매수 압력이 증가하고 있고/있거나 매도 압력이 진정되고 있다는 것

을 나타낸다. 오전 10시 이전의 고점을 우리는 범위의 고점 액수를 설정하는 데 이용한다. 그들 고점들이 돌파되면 매수 포지션에 들어갈 수 있다. 그 뒤에는 오전 10시 이전에 발생한 저점보다 약간 낮은 가격으로 손실 제한 주문을 넣어야 한다. 이것이 만약 너무 광범위하고 당신의 위험성 감수 최대 한도를 넘어선다면, 당신의 최대 위험성을 넘어서지 않도록 손실 제한이나 로트 사이즈를 조정해야 한다(아마 근처의 다른 저항선 수준으로 조정될 것이다). 이 장 뒷부분의 '손실 제한 이용' 절에서는 손실 제한에 대한 그 밖의 지침과 제안 사항들을 제시한다. 앞의 예에서 오전 10시 이전에 발생한 고점을 돌파한 것에 근거한 진입이 수지맞는 단기 트레이딩으로 귀결되는 것을 볼 수 있다. 또 하나의 갭상승과 지속의 사례가 표 10.14에 나와 있다.

이번에도 역시, 표 10.14의 차트에서 볼 수 있는 것처럼, 매수 압력이 링크드인(LKND)이 갭상승한 뒤 지속되고 있다. 오전 10시 이전에 형성된 고점, 즉 이 경우에는 229.20달러를 돌파하면 매수 포지션에 들어갈 수 있다. 그런 다음, 손실 제한 주문을 오전 10시 이전에 형성된 저점보다 낮은 가격으로 넣거나, 이번에도 역시 저점이 당신의 위험성 최대 한도를 넘을 경우 더 가까운 손실 제한이나 더 작은 로트 사이즈를 이용한다. 이미 짐작했겠지만, 하향 갭을 트레이딩할 때도 오전 10시 법칙을 적용할 수 있다. 이를 위해서는, 어떤 주식이 갭하락한 다음 오전 10시 이후에 새로운 저점을 형성할 경우, 주식을 팔면서 포지션에 들어가면 된다. 표 10.15의 트위터(TWTR) 차트는 갭하락에 근거한 갭과 지속 진입을 보여 준다.

표 10.15를 보면, 갭하락 직후에 나타난 반전 봉들을 보고 매수 포지션에 들어가는 것도 충분히 가능했을 것이다. 설령 이 경우에 일이 잘 풀리지 못했다 하더라도, 이런 진입이 잘못된 것은 아니다. 나중에 '우위 점하기'에서

는 잘못된 진입을 피하는 데 도움이 될 수 있는 주요 지표들을 설명하겠다. 하지만 손실 제한을 이용한다면, 제한을 설정해 주식이 당신에게 불리하게 움직일 경우 트레이딩이 중단되었을 것이다. 게다가 앞에서 내가 지적한 것처럼, 반전 봉의 실패는 반대 방향으로 트레이딩에 진입할 수 있는 강력한 지표일 수 있는데, 표 10.15의 TWTR이 엄청난 약세를 보이면서 오전 10시의 저점을 돌파하고 그래서 46.60달러에서 엄청난 매도를 형성했듯이, 이 경우에는 상당한 효과를 발휘했다. 반전 봉들에 근거해서 매수 포지션에 들어갔는지 여부에 상관없이, 일단 당신이 트레이딩을 중단했는데 오전 10시 저점 돌파가 발생하면, 매도 쪽에서 새로운 포지션에 들어갈 수 있다. 그 뒤에, 오전 10시 이전에 발생한 고점보다 약간 높은 가격으로 손실 제한 주문을 넣는다. 앞에서 설명한 것처럼, 그런 손실 제한 설정이 너무 광범위하면, 당신의 위험성 최대한도 내에 있도록 손실 제한을 조정할 수 있다(아마도 가까운 다른 저항선 수준으로 조정될 것이다). 표 10.16의 뱅크오브아메리카(BAC) 차트는 또 다른 갭하락의 예를 보여 준다. 이번에도 역시, BAC가 갭하락한 뒤 제자리로 돌아가는 가격 반전이 일어나지 않았다. 짧은 강화기에 이어, 가격은 계속 떨어졌다.

오전 10시 이전의 저점은 16.28달러였다. 16.27달러의 저점을 돌파하면, 주식을 매도한 다음 오전 10시 이전에 형성된 고점보다 약간 높은 가격으로 손실 제한 주문을 넣을 수 있다. 갭과 지속 트레이딩에 들어간 다음에는 손실 제한을 유지한 채 유리한 가격 움직임은 어떤 것이라도 따라가다가, 적절할 때 이익을 챙겨야 한다. 이 주제에 대한 더 자세한 내용은 이 장 뒷부분에 나오는 '이익 챙기기'와 '손실 제한 이용' 절을 참조하라. 시장이 본질적으로 평형한 상태로 개장하거나 갭의 폭이 매우 작은 날에는 시장의 방향 추세나

표 10.13 ALKS 갭과 지속 차트

(LNKD - 링크드인 사, 5) 180일, 0:00-0:00

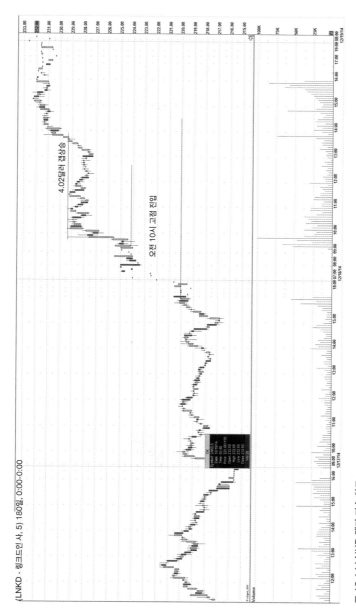

4.02달러 갭상승

오전 10시 고점 진입

표 10.14 LNKD 갭과 지속 차트

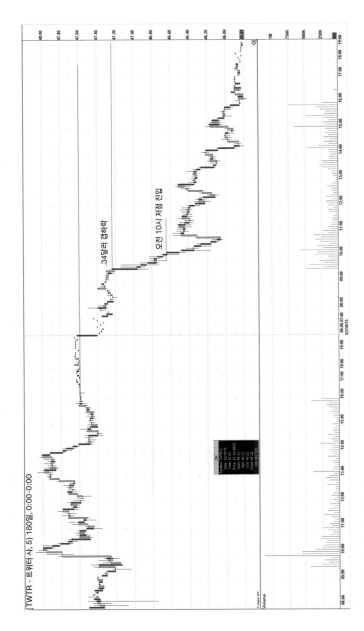

표 10.15 TWTR 갭과 지속 차트

편향이 정해질 때까지 기다려 포지션에 들어가는 것이 가장 좋다. 이번에도 역시, 오전 10시 법칙을 지침으로 삼을 수 있다. 시장이(또는 당신의 주식이) 오전 10시 이후에 새로운 고점을 형성하면, 매수에 나선다. 마찬가지로, 오전 10시 이후에 새로운 저점을 형성하면, 매도에 나선다.

종료 전략

지금까지 여러분은 갭 트레이딩 진입을 결정하는 차트 활용 테크닉에 대한 내용을 읽었는데, 그렇다면 트레이딩을 종료하되 이왕이면 이익을 남기고 종료하기 위해서는 어떻게 기술 분석을 이용해 가격 타깃을 정해야 할까? 이 절에서는 이를 위한 몇 가지 전략을 탐구한다. 물론 종료를 계획하는 데 차트를 이용할 수 있지만, 여러 다른 중요한 요소들도 갭 트레이딩을 종료하는 데 영향을 미치거나 심지어 종료 방식을 결정하기도 한다는 점을 잊지 말아야 한다. 트레이딩에서 당신이 우선적 목표로 하는 것, 기대하는 것들, 데이 트레이딩 목표 등이 모두 일정한 역할을 한다. 다른 요소들로는, 당신이 트레이딩하는 주식들 각각의 가격 움직임, 시장의 전체적 동향, 당신이 선택한 이익 취득 방법 등을 들 수 있다. 장기적인 트레이딩에서는 이 장에서 논의한 오전 10시 법칙이 작용한다. 물론 앞에서 언급한 것처럼, 트레이딩이 당신에게 불리하게 돌아가면 종료는 당신이 설정한 손실 제한 주문에 의해 결정되거나, 손실 제한 주문을 따라가는 경우, 가격이 반전해서 손실 제한에 이르는 지점에서 종료가 이루어진다. 기술적 지표를 이용하고 싶다면, 트레이딩을 종료하기 위해, 그리고/또는 더 주의해야 한다는 경로 신호로 이용할 수 있는 다양한 차트 형식들이 있다. 잠시 뒤 나는 이익을 거두면서 포지션에서 나가기 위해 가격 타깃을 설정하는 데 내가 이용하는 여러 테크닉을 설명할 것이다. 또한 어떤 움직임이 모멘텀을 잃고 있는지 아니면 방향을 바꾸려는 것인지를 알려 주는 기술적 신호들 또는 경고 신호들의 예를 제시하겠다. 갭이 상승하느냐 하락하느냐에 따라 지지 또는 저항선이 되는 중요한 영역은 갭이 메워질 때 나타나는 경향이 있다. 다시 말해, 가격이 갭 이전 가격에 가까워질 때 말이다. 대개는 전날의 종가가 바로 그 지점이 된다. 따라서 갭 메움은 이익의 일부 또는 전부를 거두어들이는 것을 고려해야 하거나, 갭과 발생한 이익의 규모에 따라 적어도 트레이딩에서 손익 평형을 이루도록 손실 제한을 조정해야 하는 가격 타깃이다. 또한 갭 메움은 다른 트레이더들 사이에서 잠재적 저항점(또는 방향에 따라 지지점)으로 널리 알려져 있기 때문에, 갭 메움이 가까워지면 당신은 갭이 완전히 메워질 때까지 기다리기보다는 일찍 행동에 들어가고 싶어 할 수도 있다. 갭의 폭이 크고 그 갭이 메워지면, 나는 말할 것도 없이 이익의 일부 또는 전부를 거두어들일 것이다. 그만큼은 크지 않은 규모의(이를테면 0.40달러 정도의) 갭이 메워지면, 트레이딩이 어느 정도 강세로 보이는지에 따라 손실 제한을 손익 평형이 되도록 조정하거나, 이익의 일부분을 챙기고 나머지 주식에 대해 손실 제한을 손익 평형이 되도록 옮길 것이다. 어찌되었든 간에, 나는 트레이딩이 이 지점에서 손해가 되도록 놓아두지 않을 것이다. 표 10.17의 마이크로소프트(MSFT) 차트는, 이 경우에는 일시적이기는 하지만, 갭하락이 메워진 뒤 어떻게 저항이 나타나는지를 보여 준다.

저항을 완전히 돌파하는 것은 상향 움직임이 지속되는 것으로 이어질 수 있으며, 바로 이런 일이 이 차트에서 일어났다. 표 10.17에서 보이는 것과 같이, MSFT는 41.03달러 근처에서 갭 메움을 형성했고, 한번 일중 저항을 돌파한 다음에는 계속 올랐다. 앞으로 참고하도록 적어 놓고 기억해야 할 유용한 토막 상식 한 가지는, 이전의 저항선이 새로운 지지선이 될 때가 많다는 것이다. 차트를 보면, 가격이 저항선을 돌파하자 이전의 저항선이 한동안 새로운 지지선이 된 것을 볼 수 있다.

경계해야 할 다른 경고 신호는 캔들 반전 봉이다. 여기서 논의되는 반전 봉에 대한 전반적인 설명을 보려면 이 장 앞부분에 나온 '반전 봉' 절을 참조하라. 캔들 반전 봉은 움직임이 활력을 잃어버릴 때 나타나는 경우가 많다. 이런 예를 보려면, 표 10.17의 MSFT 차트와 표 10.18의 반전 봉의 확대된 모습을 확인하라. 반전 봉이 나타나고 얼마 안 있어 상향세가 동력을 잃고 가격이 하락했다. 표 10.17의 차트에서 첫 번째 반전 봉은 도지(doji)라고 불린다. 이것은 적신호로 간주되어야 하는데, 왜냐하면 가격이 매우 좁은 범위 안에서 시작되고 종료되었기 때문이다. 두 번째 봉은 별똥별형(또는 전도된 망치형)으로 불린다. 이 예에서 그런 것처럼, 하나나 그 이상의 이와 같은 반전 봉들이 상향 반전에 앞서서 나타날 때가 많다. 반전 봉은 기술 분석에서 이용되는 유명한 캔들 패턴이다. 캔들 차트 활용과 엄청나게 다양한 캔들 형태들에 대해 자세히 설명하는 것은 이 책의 범위를 벗어나는 일인데, 캔들 차트 활용을 탐구하고 싶으면, 이 주제를 전적으로 다루는 좋은 책들이 많이 있다. 반전 봉은 하향 추세의 종식의 신호일 수도 있다. 이에 대한 예는 브로드컴(BRCM)의 갭상승을 보여 주는 표 10.18의 차트에서 확인할 수 있다.

표 10.18을 보면, BRCM이 갭상승해 매도된 뒤, 가격이 반등하기 직전에 망치형 반전 봉이 나타난 것을 볼 수 있다. 망치형은 하향 추세의 종식을 알

(BAC - 뱅크오브아메리카, 5) 180일, 0:00-0:00

.07 갭하락

오전 10시 저점 진입

표 10.16 BAC 갭과 하락 지속 차트

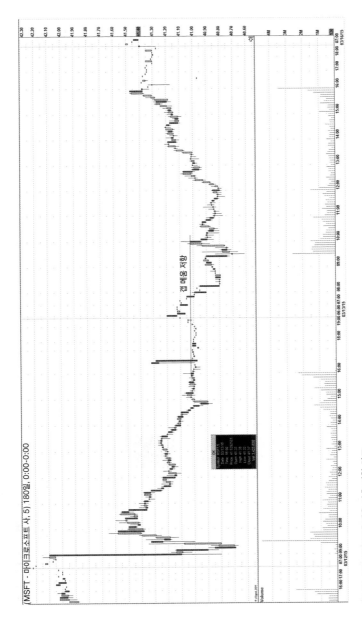

[MSFT - 마이크로소프트 사, 5] 180일, 0:00-0:00

갭 메움 지향

표 10.17 MSFT 갭 메움 이후 지향 차트

(BRCM - 브로드컴 시;-5) 180일; 0:00-0:00

.65 갭상승

망치형 경고

표 10.18 BRCM 갭상승 차트

릴 때가 많다. 비록 나는 항상 반전 봉 출현만 보고 포지션에서 나가지는 않지만, 반전 봉을 적신호로 간주한다. 반전 봉을 목격하면, 나는 상황에 따라 이익의 일부를 거두어들이고 트레이딩을 더 자세히 지켜보면서 손실 제한의 폭을 줄이거나, 아니면 포지션을 완전히 종료한다.

이익 거두어 챙기기

앞 장들에서 나는 이익을 거두어 챙기는 것의 중요성에 대해 논의했다. 이익을 챙기는 것은 기술 분석 전략들을 포함한 모든 종료 전략들에 적용되기 때문에, 나는 여기서 이 장에서 논의된 기술적 지표들을 고려한 추가 사항들을 제시하고자 한다. 일반적으로, 일단 종료를 위한 가격 타깃에 이르면, 체계적으로 최소한 이익의 일부라도 챙기는 것이 중요하다. 그런 다음 남은 주식에 대해 손실 제한을 손익평형을 이루는 선이나 그보다 좋은 조건으로 조정해야 한다. 이 시점에서 무슨 일이 있어도 성공한 트레이딩이 실패작으로 돌아가게 해서는 안 된다. 그런 일이 벌어지면 당신의 트레이딩 자본이 잠식될 뿐 아니라, 심리적으로도 큰 타격을 입을 수 있다. 따라서 그것을 반드시 시행해야 할 핵심 역할로 간주해야 한다. 승자가 패자가 되도록 하지 말라! 앞에서 설명한 것처럼, 나는 트레이딩이 내게 유리하게 돌아갈 때 이익을 챙기는 것을 좋아한다. 나는 대개 가격이 첫 번째 저항점 근처에 갈 때 일부 금액을 챙기는데, 보통 갭이 메워질 때 그런 일이 발생한다. 하지만 발생한 이익이 상당할 때는 훨씬 더 일찍 이익을 챙길 수도 있다. 제자리로 돌아갈 기회를 허용할 이유가 어디 있는가? 물론 갭의 규모와 이익 액수도 내 결정에 영향을 미치며, 따라서 이것이 모든 상황에 정확히 똑같이 적용되는 보편적 가이드라인은 아니다. 내가 주로 취하는 방식은 갭이 메워질 때에 이르면 주식의 절반에서 이익을 챙기는 것이다. 트레이딩이 얼마나 강세 또는 약세를 보이느냐에 따라, 포지션 전체에서 이익을 챙길 수도 있다. 하지만 더 상승할 요지가 다분하다는 느낌이 들면, 주식의 절반을 팔고 남은 주식(수수료를 포함해)에 대해 최소한 손익평형을 이루도록 하거나, 상황이 허용하면 손익평형보다는 약간 더 나은 수준으로 손실 제한 주문을 조정한다. 때로는 연동형 손실 제한도 그 수준으로 폭을 좁히기도 한다. 예를 들어, 처음에 0.75달러의 연동형 손실 제한을 설정했다고 하자. 보유한 주식의 절반을 판 다음, 나는 연동형 손실 제한을 0.30달러나 0.40달러로 폭을 좁힐 수 있다. 남은 주식에서 상당한 이익이 발생했다면, 나는 남은 주식으로 이익을 챙기거나, 아니면 다시 한 번 남은 주식의 절반을 팔고 트레이딩이 중단될 때까지 계속 움직임을 따라갈 수 있다. 하지만 반등 봉을 하나라도 발견하면, 곧바로 이익을 챙기거나 적어도 연동형 손실 제한의 폭을 좁힐 것이다.

물론 이익을 챙기는 방법에는 수많은 변형들이 있을 수 있다. 특히 당신의 위험 감수 능력이 고려 사항이 될 때는 더욱 그렇다. 많은 트레이더들이 상당한 이익이 발생하거나 갭이 메워지면 곧바로 모든 이익을 거두어들인다. 내가 선호하는 방식은 이익이 발생할 때 한 번에 일부만을 챙기는 것이지만, 여러분은 여러분에게 가장 잘 맞는 방식을 취하면 된다. 가장 중요한 것은, 이익을 챙겨야 한다는 것이다! 그렇지 않으면 발생한 이익이 전부 도로 사라질 수 있다. 트레이딩을 더 오래 지속했더라면 더 많은 이익이 발생할 뻔했다 해도, 자책하지 말라. 쉽사리 모든 것이 날아가 버릴 수도 있었으니 말이다. 트레이딩에서 돈을 벌었다면—축하한다, 잘해냈다! 흔히 들을 수 있는 격언에, 이익을 챙기고 망하는 사람은 없다는 말이 있다. 이 말은 갭 트레이딩에도 해당한다. 마찬가지로, 완벽한 최고점과 최저점을 잡아내는 사람 역시 아무도 없다. 당신의 계획에 따라 트레이딩을 실행했다면, 돈을 벌었거나 트레이딩이 중단되어 자본은 보전했을 것이니 자책할 일은 없다. 경험에서 배울 수 있는 모든 것을 배워라. 쓸 만하다면 계획을 바꾸고, 다음 트레이딩을 시작하라.

언제 접어야 할지를 알라

이 절에서는 손실 제한 주문을 설정할 때 고려할 수 있는 몇 가지 구체적인 방법에 대해 설명한다. 하지만 언제나 그렇듯이, 당신 자신의 위험 감수 능력에 따라 감당할 수 있는 최대한도에 맞추어 손실을 제한해야 한다. 갭 트레이딩을 설명한 곳 어디에선가 언급했듯이, 갭은 변동성이 더 큰 경향이 있으므로 나는 대개 다른 유형의 트레이딩의 경우보다 약간 더 폭넓게 손실 제한 주문을 설정한다. 하지만 정확한 설정은 구체적인 트레이딩에 연관된 다양한 요소들에 따라 결정된다. 따라서 여기서 추천하는 내용들은 그저 일반적 가이드라인으로 간주하고, 구체적인 상황과 당신 자신의 위험성 한도에 따라 조정해야 한다.

최초의 손실 제한

갭 트레이딩을 계획할 때 나는 대개 마음속으로 그 트레이딩에 허용할 최대 한도의 손실 제한을 미리 정해 둔다. 시장의 가치, 변동성, 갭 규모, 분위기는 시간이 지나면서 바뀌기 때문에, 나는 그에 따라 처음의 손실 제한에 조정을 가한다. 물론, 특정 갭의 규모, 주가와 역대 트레이딩 범위 또한 감안한다. 예를 들어, 50.00달러에 거래되는 주식에는 2달러에 거래되는 주식의 경우보다 분명히 더 넓은 범위의 손실 제한을 이용할 것이다. 일반적으로 가격이 높은 주식은 트레이딩 범위도 더 넓다. 하루 동안 2.00달러나 3.00달러, 아니면 그 이상 움직일 수 있는 데 반해, 2.00달러짜리 주식은 0.05달러, 0.10달러, 또는 0.20달러 정도만 움직인다. 그러므로 손실 제한 주문을 넣을 때 당연히 이런 요소들을 고려하지 않을 수 없다. 어떤 주식이 0.50달러나 0.60달러의 폭으로 갭을 형성하면, 나는 첫 최대 손실 제한 한도를 0.40달러나 0.50달러 정도로 설정할 것이다. 예를 들어, 주식 XYZ가 0.50달러 갭상승하고 있으며 내가 50.30달러에 트레이딩에 들어갔다면, 손실 제한은 49.90달러로 설정할 것이다(50.30달러 - 0.40달러 = 49.90달러).

일시적으로라도 저항이나 지지가 흔히 이루어지는 심리적 지점은 10달러, 25달러, 50달러, 100달러처럼 어림수로 딱 떨어지는 액수들이다. 그 점을 염두에 두고, 손실 제한을 하기에 적절한 범위 안에 있으면 나는 딱 떨어지는 금액에서 약간 낮은 액수로 손실 제한을 설정할 때가 많다. 규모가 더 작은(또는 더 큰) 갭의 경우에는 그에 따라 합리적인 범위에서 손실 제한 설정을 조정한다. 그 말은 곧, 임의적으로 지나치게 폭을 좁히지도, 너무 범위를 크게 하지도 않겠다는 뜻이다. 상당히 큰 폭의 갭을 형성한 높은 가격의 주식에는 약 1달러를 최대 한도로 설정하겠지만, 갭 트레이딩이 1.00달러 훨씬 넘게 내게 불리하게 돌아가도록 하는 일은 없을 것이다. 가장 좋은 방법은 당신이 갭 트레이딩을 하는 주식들을 시험 관찰하면서 그 주식들이 개장하고 한동안 어떻게 트레이딩되는지를 보는 것이다. 주식들은 보통 패턴(추세)을 갖고 있으며, 따라서 특정한 주식에 알맞는 손실 제한이 어떤 것인지 알 수 있을 것이다. 그날그날의 저점과 고점은 내가 최초의 손실 제한을 설정할 때 흔히 이용하는 가격 타깃이기도 하다. 이전의 저점과 고점들이 지지나 저항 영역을 형성하는 경우가 많기 때문에, 이 저점과 고점의 돌파는 갭을 형성한 주가가 예상과는 달리 반전을 보이지 않고 있다는 것을 의미할 수 있으며, 이런 경우 나는 트레이딩을 중단하려 할 것이다. 하지만 저점과 고점을 이용할 때, 손실 제한의 폭이 너무 좁거나 너무 넓다면 좀 더 합리적인 범위 안에 들어가도록 조정할 것이다.

당신이 손실 제한을 위해 고려할 수 있는 다른 잠재적 기술적 지지 및 저항선으로는 갭 메움, 피보나치 격자점, 또는 핵심 이동 평균이 있다. 이런 목적으로 눈여겨보아야 할 핵심 이봉 평균은 10일, 20일, 50일, 200일 이동 평균이다. 기술적인 지지 및 저항 영역을 이용해 손실 제한을 설정한다면, 대부분의 경우 원하는 가격 타깃을 약간 넘어서(또는 좀 더 폭넓게) 설정하는 것이 가장 좋은데, 왜냐하면 이 영역들은 홀딩 전에 살짝 한도를 넘는 경우가 많기 때문이다. 지지나 저항의 기술적 영역은 앞에서 설명한 방식에 근거한 손실 제한 설정이 너무 폭이 좁거나 너무 범위가 넓을 때, 유용한 대안이 될 수 있다. 가능하다면, 여러 개의 기술적 지표들로 구성된 환경이 훨씬 더 바람직한데, 왜냐하면 그 쪽이 더 강력한 경향이 있기 때문이다. 예를 들어, 최근의 고점, 200일 평균 이동, 갭 메움이 합쳐진 환경은 어떤 하나의 지표보다도 더 강력할 가능성이 크다.

기술 분석을 이용해 진입을 계획할 때, 손실 제한 설정을 위해 기억해 두어야 할 훌륭한 일반 지침 하나는 진입에 이용되는 구체적 패턴의 실패에 관한 것이다. 다시 말해, 가격 움직임이 차트 패턴의 실패를 야기할 때는 트레이딩을 중단해야 한다. 손실 제한은 당신이 한 건의 트레이딩에서 잃을 용의가 있는 총 금액이 얼마나 되는지에 근거를 둘 수도 있다. 예를 들어, 한 건의 트레이딩에서 당신이 잃을 용의가 있는 최대 액수가 500달러이고 로트 사이즈가 1,000주라면, 당신의 최대 손실 제한 설정은 진입 가격에서 0.50달러를 넘으면 안 된다(500달러/1,000주 = 0.50달러). 물론 총 매매 가격과 백분율 손에 근거해 해당 트레이딩의 합리적 수준도 고려해야 한다. 예를 들어, 총 1,000달러의 비용으로 1.00달러짜리 주식 1,000주를 사면서 최대 손실 액수를 여전히 500달러로 잡거나 0.50달러를 손실 제한으로 설정하지는 않을 것이다. 500달러, 즉 가진 돈의 반을 잃고서 트레이딩을 중단하게 될 테니 말이다! 물론 이 예는 그저 예시를 위한 것이다. 일반적으로 우리는 갭 트레이딩을 할 때 10.00달러 이하의 주식은 취급하지 않는다. 나는 10.00달러 이하의 주식은 보통 지속적으로 이 테크닉을(또는 대부분의 어떤 테크닉도) 이용해 트레이딩되지 않는다는 것을 알았다. 주가가 높을수록 갭이 더 지속성을 띠는 것이 일반적인 경험 법칙이다. 가격이 높은 주식은 변동성도 큰 경향이 있다. 더 많은 7.00달러짜리 주식이 아니라 70.00달러짜리 주식 100주를 트레이딩하는 것을 두려워하지 말라. 솔직히 말해, 70.00달러짜리 주식으로 본전을 뽑고도 남는 일이 많다는 것을 알게 될 것이다.

손실 제한 이용

시간이 지나면, 또는 보유한 주식의 가격이 크게 움직일 때, 당신은 손실 제한 설정을 조정할 필요가 있다. 최소한 초기 손실 제한 설정에 대한 최초의 검토는 오전 10시에 이루어져야 한다. 이때 어느 선으로 손실 제한을 설정해야 할지 결정하는 데 오전 10시 법칙을 지침으로 삼을 수 있다. 오전 10시 법칙은 이 책 곳곳에서 설명했지만, 여러분의 편의를 위해 다시 이야기하겠다. 어떤 주식이 갭상승하면, 오전 10시 이후에 새로운 고점을 형성하지 않으면 그 주식을 사서는 안 된다. 반대로, 어떤 주식이 갭하락하면, 오전 10시 이후에 새로운 저점을 형성하지 않으면 그 주식을 팔아서는 안 된다. 오전 10시 법칙을 지침으로 삼으려면 손실 제한을 오전 10시 이전에 나타난 저점 또는 상황에 따라 고점에 맞추어 조정하면 된다. 예를 들어, 시장이 갭하락하고 당신이 매수 포지션에 들어간다면, 오전 10시가 되면 그 주식에 대한 손실 제한 설정을 오전 10시 이전에 발생한 저점에 맞추어, 또는 그보다 약간 낮은 액수로 조정한다. 반대로, 시장이 갭상승하고 당신이 매도 포지션에 들어간다면, 오전 10시가 되면 그 주식에 대한 손실 제한 설정을 오전 10시 이전에 발생한 고점에 맞추어, 또는 그보다 약간 높은 액수로 조정한다.

왜 손실 제한 설정에 오전 10시 법칙을 이용하라고 제안하는지 의아할 수도 있다. 주된 이유는 투자 기관과 전문가들이 주문 흐름을 관리하는 방식과 연관이 있다. 거래량이 적은 장전 트레이딩 동안 주문이 들어오기 시작하면, 매수자와 매도자 모두 부족할 수 있다. 그러면 투자 기관과 전문가들은 보유한 주식으로 트레이딩의 반대편에 섬으로써 시세를 조종해야 한다. (이 일을 계속 하려면) 그들은 돈도 벌어야 하므로, 매수 편향인지 매도 편향인지에 따라 가격을 올리거나 내린다. 장이 열린 뒤, 첫 30분 동안 트레이딩이 진행될 때는 투자 기관들이 보유 주식을 재조정하기 때문에 불확실성과 변동성이 더 크다. 그 결과, 시장은 처음에 갭을 형성하고 더 크게 변동한다. 이어서 투자 기관들이 보유 주식의 불균형을 해소하고 돈을 벌면, 시장의 실제 매수자와 매도자들에 따라 그날의 진정한 시장 추세가 전개되기 시작한다. 따라서 시장의 진정한 방향 추세와 연계해 손실 제한을 검토하고 재설정하는 것이 적절하다.

연동형 손실 제한 주문은 주가가 움직일 때 자동적으로 주가를 따라가거나, 가격 움직임을 따라가도록 수동으로 조정되는 제한 주문이다. 연동형 손실 제한을 이용해, 주가가 오를 때 매수 포지션의 가격을 따라가거나, 주가가 떨어질 때 매도 포지션을 따라갈 수 있다. 요즈음에는 많은 트레이딩 업체들이 가격 움직임을 자동으로 따라가는 손실 제한 주문을 넣을 권한을 제공한다. 하지만 당신의 브로커가 이런 서비스를 제공하지 않거나, 당신이 과정에 대한 더 큰 통제권을 갖는 것을 선호한다면, 주식의 가격 움직임을 따라가도록 손실 제한 주문을 수동으로 조정할 수 있다.

자동 연동형 손실 제한 주문이 어떻게 작동하는지 예를 하나 들어 보겠다. 처음에 0.50달러까지 손해를 보게 되면 트레이딩을 중단하기로 계획을 세우고 50.00달러에 매수 포지션에 들어갔다고 치자. 당신은 또한 변하지 않는 고정 손실 제한 주문이 아니라 연동형 손실 제한 주문을 넣고자 하고, 그에 따라 가격이 당신이 유리하게 움직일 경우 발생하는 모든 이익을 곧바로 포착할 수 있다. 50.00달러에 포지션에 들어간 뒤에, 당신은 49.50달러에 연동형 손실 제한 주문을 넣는다. 주가가 곧바로 당신에게 불리하게 움직여 49.50달러로 떨어지면, 0.50달러의 손실에 트레이딩을 중단하게 된다. 하지만 만약 주가가 다시 떨어지기 전에 0.25달러 오르면, 당신의 손실 제한 설정 역시 자동적으로 0.25달러 높은 가격으로 조정된다. 주가가 49.75달러로 떨어지면, 당신은 이제 0.25달러의 손실로 트레이딩을 중단하게 된다. 마찬가지로, 주가가 다시 떨어지기 전에 51.00달러로 오르면, 0.50달러의 이익을 위해 50.50달러(고점 51.00달러 − 0.50달러 = 50.50달러)에서 트레이딩을 중단하게 된다. 여기서 알 수 있듯이, 손실 제한은 주가의 상향 움직임은 0.50달러를 뺀 가격으로 모두 따라가지만, 주가가 떨어질 때는 손실 제한이 낮아지지 않는다. 물론 당신은 언제든 스스로 선택한 시점에 주식을 팔아 이익을 챙기는 쪽을 택할 수 있다.

앞의 예에서 분명히 당신은 트레이딩이 중단될 때까지 기다리지 않고 51.00달러 가까운 지점에서 이익을 거두어들이면서 더 일찍 트레이딩을 종료했을 것이다. 따라서 연동형 손실 제한이든 다른 어떤 손실 제한이든, 이익을 거두어들이는 유일한 전략으로서가 아니라 위험성을 제한하고 이득을 보호하는 수단으로 이용하는 것이 가장 좋다. 자동적으로 연동되는 손실 제한 주문을 이용하는 것의 이점은, 손실 제한을 관리하는 책임의 대부분을 트레이딩 업체에 떠넘길 수 있다는 것인데, 이것은 빠르게 움직이는 여러 건의 트레이딩을 동시에 관리할 때 무척 큰 도움이 된다. 반면, 자동 손실 제한은 트레이딩에 적용될 수도 있는 독특한 환경들을 고려하지 않는다. 예를 들어, 상당한 이익이 발생했지만 설령 0.55달러나 0.60달러가 떨어진다 해도 처음에 설정한 0.50달러를 연동형 손실 제한으로 엄격히 고집하기보다는 이런저런 이유로 트레이딩을 계속 하고 싶을 때가 있을 수 있다. 예컨대 당신은 연동형 손실 제한이 발효될 지점 이하인 0.10달러에서 강력한 저항선이 있다는 것을 알게 될 수도 있다. 자세히 관찰하고 있다가 재빨리 연동형 손실 제한을 조정하거나 고정 손실 제한으로 바꾸지 않으면, 주가가 손실 제한을 발효시킬 만큼 떨어질 경우 트레이딩이 중단되고 말 것이다.

고정 손실 제한의 경우, 최초의 손실 제한 주문을 넣은 다음에는 모든 조정에 대한 책임이 당신에게 있다. 이익이 발생하면, 원하는 가격으로 손실 제한 주문을 당신이 수동으로 재설정해야 한다. 일부 트레이딩 업체의 경우는 기존의 손실 제한 주문을 취소하고 새로 주문을 넣어야 하는 반면, 다른 시스템들에서는 먼저 취소하지 않고 기존의 주문을 바꿀 수 있다. 여러 경우가 있을 수 있으므로, 지원되는 사항들에 대한 구체적 내용을 브로커에게 확인해야 하지만, 구체적 내용과 무관하게 트레이딩에서 모든 상향 움직임을 따라가도록 손실 제한 주문을 수동으로 조정하는 것은 당신의 책임이 된다. 어떤 유형의 손실 제한을 이용할 것인지는 정말이지 개인적 선호의 문제이다.

갭을 트레이딩할 때, 처음에는 앞에서 설명한 대로 고정된 손실 제한으로 시작했다가 트레이딩이 진행되면서 손실 제한을 조정하거나, 아니면 처음부터 자동적으로 연동이 되는 손실 제한으로 시작할 수 있다. 또 다른 방법은 처음에는 고정된 소실 제한으로 시작했다가, 나중에 연동형 손실 제한으로 교체하는 것이다. 어떤 방법을 취하든, 최소한 갭이 메워질 때나 그날의 (그리고 최근 며칠의) 이전 저점이나 고점을 돌파할 때 갭 트레이딩을 좀 더 밀착해서 따라가기 시작해야 한다. 그리고 앞에서 언급했던 것처럼, 이때 이익의 일부를 거두어들이고 남은 주식에 대해 손익 평형이 되도록 손실 제한을 조정하는 것이 좋다.

손실 제한 주문에 대한 설명을 마치기 전에, 내가 자주 받는 질문인 가격 역지정 주문(stop limit order), 표준적인 손실 제한 주문, 둘 중 어떤 유형의 손실 제한이 이용하기 가장 좋은가라는 문제를 논의해 보자. 표준적인 손실 제한 주문은 일단 발동되면 시장가 주문으로 실행되기 때문에, 빠르게 움직이는 시장에서는 당신의 주문이 당신이 의도한 매매 지시 지정가(stop price)보다 불리한 가격에 시행될 수 있다. 손실 제한이 발동된 뒤에 당신 주문이 제대로 시행되도록 하고 싶다면, 이와 같은 잠재적 결과를 피할 수 있는 어떤 일도 할 수 없다. 제한가(limit price)에 이르렀을 때만 시행되는 가격역지정 주문을 이용할 수 있는데, 그러면 추가적인 위험성에 노출될 가능성이 있다. 빠르게 움직이는 가격이 정확히 제한가에 이르지 않으면(이를테면 제한가를 뛰어넘는 등), 당신의 주문은 시행되지 않는다. 예를 들어, 매수 포지션에 대해 지정가 25.35달러, 제한가 25.35달러로 가격역지정 주문을 넣으면, 주가가 25.35달러가 되거나 그 밑으로 떨어질 경우 손실 제한이 발효되어 25.35달러에서 정규적인 가격역지정 주문으로 주문이 시행된다. 주가가 빠르게 움직이면서 딱 25.35달러에 이르지 않고 25.36달러로 떨어졌다가 이어서 25.34달러나 그 이하로 떨어지면(또는 어떤 이유에서든 가격이 당신의 제한가 이하로 갭을 형성하면), 손실 제한이 발동하겠지만 가격역지정 주문은 시행되지 않는다. 25.34달러라는 가격은 당신이 정한 최저 한도인 25.35달러보다 낮은데, 이 때문에 가격역지정 주문이 시행되지 않는다. 이어서 가격이 22.00달러나 그 이하로 떨어질 수 있는데, 그래도 트레이딩은 중단되지 않는다. 시장가 주문으로 시행되는 정규적인 손실 제한 주문이라면 트레이딩이 틀림없이 중단된다. 정확히 특정한 지정가에 당신의 주문이 시행된다는 보장은 없지만, 어쨌든 주문이 시행된다.

실질적으로 보자면, 유동적인 주식들을 트레이딩할 때 대부분의 경우 당신의 주문은 당연히 지정가 근처에서 시행된다. 반면, 빠르게 움직이면서 거래량은 적은 주식들의 경우, 시행이 원활치 않을 수 있다. 어찌 되었든 간에, 앞의 예에서라면 나는 트레이딩을 중단하지 않는 것보다는 25.20달러나 어떤 가격에서든 중단하는 편을 택하겠다. 그것이 내가 선호하는 방식이기 때문에, 나는 일단 발동하면 시장가 주문으로 시행되는 표준적인 손실 제한 주문을 이용할 것을 권하며, 나도 그것을 이용한다. 하지만 언제나 그렇듯이, 트레이딩의 구체적 상황을 고려해야 한다. 가격역지정 주문을 이용하는 것이 적절한 고유한 상황들이 있을 수 있다. 이를테면 스윙 트레이딩을 오버나이트로 유지하는데, 갭이 형성되어 당신이 미처 상황을 점검하기도 전에 손실 제한이 발동될 때처럼 말이다. 나는 이런 일은 신경 쓰지 않는데, 왜냐하면 매일 폐장하기 전에 손실 제한을 모두 없애고 다음 날 아침 새로 설정하기 때문으로, 이렇게 하면 갭으로 인해 손실 제한이 발동될 가능성을 피할 수 있다. 고려할 수 있는 또 다른 방법은, 주문이 틀림없이 시행될 수 있도록 가격역지정 주문의 제한가를 지정가보다 약간 낮게 설정하는 것이지만, 일반적인 트레이딩을 목적으로 한다면 역시 표준적인 손실 제한 주문이 가격역지정 주문보다 낫다고 생각한다.

우위 점하기

트레이더들은 언제나 가외의 우위를 획득할 방법을 찾는다. 즉, 다른 사람들보다 약간 앞설 방법을 말이다. 주식의 가격 움직임의 잠재적 가능성이나 시장의 전체적 방향을 일찍 알려 줄 수 있는 것이라면 무엇이라도 상당한 도움이 되고 이익을 올릴 근거가 될 수 있다. 선행 지표들, 즉 시장에 앞서서 나타나는 경향이 있는 지표들은 트레이더들이 우위를 점할 수 있는 방법 중 하나다. 선물은 선행 지표의 한 유형이다. 선물은 시장의 방향 편향성을 간파할 수 있는 대단히 훌륭한 방법으로, 비즈니스 중심의 뉴스 방송에서 흔히 볼 수 있는 것도 바로 그래서다. 거의 모든 전문 트레이더들이 선물을 예의 주시한다. 선물은 선행 지표이기 때문에, 선물이 치솟거나 급락하면 시장이 그에 따를 가능성이 크다. 트레이더들은 대부분 나스닥 100과 S&P 500 지수를 자세히 살핀다. 직접 접근하는 대부분의 증권사들이 선물을 따라갈 수 있는 방법을 제공한다. 트레이딩 플랫폼을 이용해 선물 견적과 차트를 어떻게 얻을 수 있는지에 대한 좀 더 구체적인 정보를 증권사를 통해 확인할 수 있다.

나스닥 종합주가지수는 테크놀로지 주식들의 방향 편향성에 대한 선행 지표로도 이용될 수 있다. 나스닥은 주로 테크놀로지 주식들로 이루어져 있고, 테크놀로지는 흔히 시장을 선도한다. 왜냐고? 테크놀로지는 바로 미래이고, 모든 사람들이 과거가 아니라 미래에 투자하고 싶어 하기 때문이다. 따라서 테크놀로지는 선행 지표가 되는 것이다. 마찬가지로 반도체 지수(Semiconductor Index: SOX)를 선행 지표로 이용할 수도 있다. 컴퓨터 칩은 점점 더 다양한 제품들에 들어가고 있고, 이런 추세는 현재 끝없이 지속될 것으로 기대되고 있다. 따라서 SOX 역시 선행 지표라 할 수 있다.

방향을 알려주는 도구로 이용할 때, 대개 선행 지표 자체를 트레이딩하지는 않는다(몇몇 경우에 옵션이나 선물을 이용해 트레이딩할 수 있긴 하지만 말이다). 여기서 논의된 용도는, 선행 지표를 살펴서 주식들이 어떻게 움직일 가능성이 있는지 파악하는 것이다. BKX(은행 지수)나 SOX(반도체 지수)나 나스닥 같은 선행 지표들을 지침으로 삼고 싶다면, SOC나 나스닥과 함께 움직이는 경향이 있는 주식들을 살펴야 한다. 지금 드는 몇 가지 예에는 애플(AAPL), 인텔(INTC), 페이스북(FB), 어플라이드 머티어리얼즈(AMAT) 같은 테크놀로지 주식들이 포함된다. 이 주식들은 예시를 위한 몇 가지 예일 뿐이지 구체적인 추천 주들이 아니다. 최고의 주식이 무엇인지는 시간이 지나면서 달라진다. 하지만 며칠 동안 몇몇 좋은 후보들을 그저 지켜보기만 할 수도 있다. 당신이 추적하는 선행 지수가 오르거나 내릴 때마다 특정한 주식들이 함께 오르거나 내리는 것이 거듭해 관찰된다면, 그 주식들은 잠재적인 트레이딩 후보들이다. 선행 지수들이 움직이기 시작했지만 당신이 점찍었던 관련 주들이 (뉴스 등등의) 뚜렷한 이유 없이 움직임을 따라가지 않는 경우, 그 주식들은 어느 순간 선행 지수를 따라잡고 그로 인해 잠재적인 트레이딩 기회를 제공할 가능성이 매우 크다. 12장 '소외주 트레이딩'에서는 이와 비슷한 주제들도 논의된다. 표 10.19와 10.20의 두 개의 차트는 나스닥과 다우존스지수(DIA)를 보여 준다.

표 10.19에서, 잠재적인 시장 반전과 그날의 고점을 예고할 뿐 아니라, 앞으로 있을 저항 지점을 표시하기도 하는 별똥별형 반전 봉을 주목하라. 다음 날 아침, 시장은 이전 고점의 저항을 통해 갭을 형성하지만, 이전 저항과 같은 영역에서 지지 지점을 만나면서 일시적으로 멈칫하며 하락한다. 과거의 저항은 비록 일시적이라 해도 미래의 지지 영역이 될 때가 많다. 이번에도 역시 별똥별형 반전 봉이 갭상승 직후에 발생하는 반전을 알리는 것을 볼 수 있다. 또 다른 중요 지지 영역은 이전의 스윙 포인트 저점과 200일 이동 평균이다. 지지는 하나 이상의 지수가 포함되면 훨씬 더 강력해지는 경향이 있다. 표 10.20의 차트를 보면, 이 근처에서 지지선이 형성되는 것을 볼 수 있다. 표 10.21의 차트는 표 10.19의 나스닥 차트와 같은 시기에 DIA가 어

($COMPQ - 나스닥종합지수, 5) 180일, 0:00-0:00

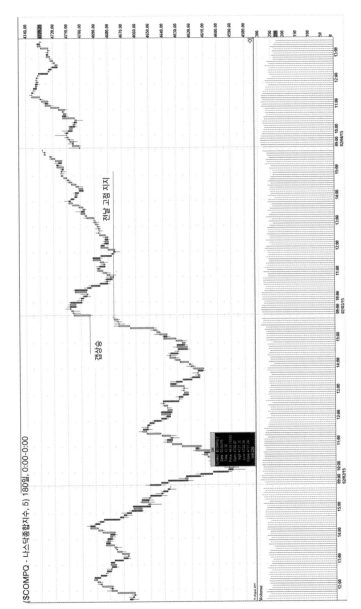

전날 고점 저지

갭상승

표 10.19 나스닥 차트

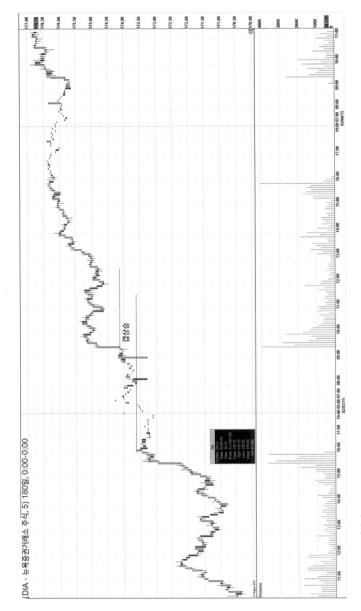

표 10.20 DIA 지지선

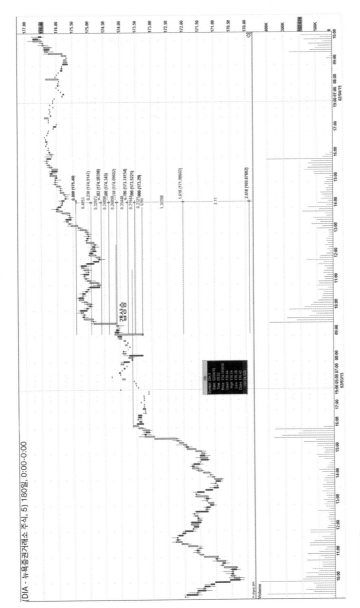

표 10.21 DIA 차트

떻게 움직였는지를 보여 준다.

두 차트가 비슷한 것을 볼 수 있다. 나스닥과 마찬가지로, DIA는 역시 그 날의 고점을 기록한 별똥별형 반전 봉을 형성했다. 그다음 날 아침 갭상승 이 이루어진 뒤, 또 다른 반전 봉들이 뒤이은 하락을 알렸다. 나는 또한 이 차트에 피보나치 격자를 포함시켰다(가장 훌륭한 차팅 소프트웨어는 피보나치 격자를 덮어씌울 수 있게 해준다). 피보나치 격자 선들은 기술 분석에서 잠재적 인 지지와 저항 영역, 또는 잠재적 가격 중심점을 나타내는 데 널리 쓰인다. 피보나치 격자에 대해 자세히 설명하는 것은 이 책의 범위를 벗어나는 일이 며, 이것의 사용에 대해 설명하는 기술 분석에 관한 좋은 책이 많이 나와 있 다. 이 경우 지지선이 피보나치 격자선의 50퍼센트 근처에서 형성되며 그 것이 다음 날에도 계속된다는 것만 알아 두면 된다. 선물, 나스닥종합지수, SOX에서 반전 신호들이나 지지 및 저항 영역을 살피는 것으로 당신은 추가 적인 우위를 확보하거나, 당신이 보유한 주식들이 앞으로 어떻게 될지 미리 예측할 수 있다. 반전 봉을 확인하거나 시장이 지지 또는 저항 영역에 다가 가고 있는 것을 목격하면, 최소한 트레이딩에 더 주의를 기울여야 한다. 몇 몇 경우 선행 지수들을 관찰한 것에 근거해 심지어 포지션에 들어가거나 나 가는 것, 또는 포지션에 대한 손실 제한의 폭을 줄이는 것을 고려하고 싶어 질 수도 있기 때문이다.

제11장 뉴스가 중요하다! 뉴스를 이용한 트레이딩

끝없이 변화하는 오늘날의 세계에서 우리가 때로는 매초마다 자극을 받는데, 이 자극은 피하려고 해도 텔레비전이나 라디오 같은 전통적인 매체들을 통해 강제로 주어질 때가 많다. 하지만 이제는 소셜 미디어로 인해 그 정도가 더욱 심해졌고 적어도, 속보에 대한 방어책 정도는 준비해 둘 필요가 있다. 그런데 훌륭한 공격책을 갖추고, 뉴스를 이용해 성공적인 트레이딩 아이디어를 만들어 낼 수 있다면 더할 나위가 없을 것이다.

주식 시장이나 특정 주식에 영향을 미칠 잠재성이 있는 각양각색의 뉴스들이 매일 터져 나온다. 국제 사건 뉴스가 있는가 하면 국내 사건 뉴스도 있고, 개별 산업이나 기업에 관한 뉴스들도 있다.

더딘 뉴스

우리가 그렉시트(즉 그리스가 유럽연합을 탈퇴하는 것)를 걱정하거나, 연방준비제도에서 무엇인가를 발표할 것인가 아닌가가 미확정 상태일 때 …… 경제 담화나 실적 발표 또는 다른 뉴스가 어떤 기업의 성과에 영향을 미칠 때, 시장은 비슷한 다른 기업들도 영향을 받을 것이라고 예상할 때가 많다. 그 뉴스가 다른 기업들에 영향을 미칠 합리적인 이유가 없을 때조차도, 그럴 수 있다는 인식만으로도 충분히 주가가 움직일 수 있다. 그 결과, 어떤 기업에 대한 긍정적인 뉴스가 나와 주가가 오르면, 트레이더들과 투자가들은 좀 더 싼 가격에 살 수 있는 다른 비슷한 주식들을 찾기 시작한다. 반대로 부정적인 뉴스가 나와 주가가 떨어질 때도 마찬가지다. 트레이더들은 매도 기회를 잡기 위해 다른 유사한 주식들을 찾을 수 있다.

예를 들어, 길리어드(GILD) 같은 바이오테크 분야의 어떤 주식이 큰 수익을 올렸다는 발표를 하거나 다른 긍정적인 뉴스를 내놓으면, 바이오테크 분야의 다른 주식들에도 좋은 소식으로 인식될 수 있다.

셀진(CELG) 같은 다른 바이오테크 분야 주식의 가격과 GILD 가격이 함께 움직이는 경향이 있다는 것을 알면, 당신은 가능한 트레이딩 기회를 잡기 위해 CELG를 살펴보게 될 것이다.

결국, 몇몇 인기 있는 모멘텀주들 사이의 연관성이 완연해져, 특별한 이유가 없어도 이 주식의 주가들은 함께 움직이게 된다. 어떤 주식의 가격이 움직이면, 특히 그것이 중요한 움직임이라면, 경쟁자들과 친숙한 트레이더들은 잠재적인 트레이딩 기회를 위해 그들을 살펴보기 시작한다. 12장에서는 이런 유형의 행동에 대해서도 좀 더 설명하겠다.

특정 유형의 뉴스가 과거에 개별 주식이나 시장 전체에 어떤 영향을 미쳤는지, 또한 다른 유사한 주식들도 영향을 받았는지에 대한 역사적 관점을 갖는다면, 뉴스를 이용한 트레이딩에서 이익을 얻을 가능성이 있다. 이 장에서는 뉴스를 이용한 트레이딩에 관련된 문제들을 논의하고 다양한 유형의 뉴스들이 시장이나 개별 주식들에 어떻게 영향을 미치는지를 보여 주는 예들을 제시하겠다.

뉴스를 이용해 트레이딩할 때, 내가 결정을 내리는 데 영향을 미치는 두 가지 중요한 요소가 있다.

- **시장의 전반적 상태**
- **뉴스의 역사적 맥락**

시장 상태

나는 뉴스 속보에 근거에 트레이딩을 할지, 어떻게 할지 결정할 때는 언제나 현재 시장 상태를 고려한다. 구체적인 상황에 따라 다르지만 일반적으로 나는 시장의 방향을 거스르지 않는 쪽을 선호하며, 아마 더 중요한 것일 수도 있는데, 시장의 심리 또는 인식을 거스르고 싶어 하지 않는다. 어떤 기업에 대한 긍정적인 뉴스가 나왔지만 시장은 강한 하향세를 보인다면, 나는 그 뉴스를 이용해 트레이딩을 하지 않을 가능성이 더 크다. 반면, 뉴스가 긍정적이고 시장 역시 긍정적인 분위기에서 상향세를 보인다면, 나는 아마 십중팔구 그 뉴스에 트레이딩을 결정하고 매수 포지션에 들어갈 것이다. 2009년 3월부터 최소한 이 책을 쓰고 있는 2015년 초반까지 거의 중단 없이 시장은 하락이 있을 때마다 언제나, 항상 매수장이었다. 따라서 이 시간단위 동안에는 분명히 긍정적인 방향에서 트레이딩을 하는 것이 좋다. 그런 상황이 바뀌면, 그리고 물론 바뀌게 마련인데(시장은 인생과 마찬가지로 늘 변화하고 있다), 뉴스를 이용해 트레이딩하는 것은 시장이 전체적으로 어떻게 트레이딩되고 있는지 아는 것을 포함하게 된다.

물론 어느 날이든 또는 짧은 시간 동안에는 늘 소강상태가 있게 마련이며, 따라서 부정적인 뉴스에 대해서도 같은 말을 할 수 있다. 시장이 약세로 보이고 뉴스가 부정적이면, 나는 매도 포지션에 들어가 그 뉴스를 이용한 트레이딩을 할 가능성이 크다.

하지만 시장 심리도 마찬가지로 중요하며, 어떤 경우에는 이전 시장 추세에 대한 고려보다도 훨씬 더 중요할 수도 있다. 만약 시장이 특정한 유형의 부정적 뉴스를 잘 감당하지 못하면, 어떤 주식의 가격에 미치는 영향은 더 엄청날 수 있다. 이런 상황에서는 개별 주식의 가격이 시장의 방향과 반대로 쉽사리 움직일 수 있다.

특정한 시점에서 똑같은 뉴스에 시장이나 개별 주식들이 서로 다르게 반응할 수 있다는 데 다음에 자세히 논의하는 것처럼 여러분이 역사적 시각을 가져야 할 뿐 아니라, 시장의 현재 분위기에 편승해야 하는 까닭이 있다.

최고의 트레이딩 기회는 다양한 요소들이 합쳐지고 서로를 강화할 때 흔히 찾아온다. 즉 시장이 상향 추세를 이루고 있을 때 어떤 기업에 대한 긍정적인 뉴스가 나오고, 뉴스에 대한 시장 정서 역시 긍정적일 때 말이다. 이 모든 요소들이 부정적인 방식으로 서로를 강화할 때 역시 같은 말을 할 수 있다.

뉴스의 역사적 맥락

앞에서 말한 것처럼, 속보를 이용해 트레이딩을 할 때 중요한 것은 뉴스의 영향을 고려하는 역사적 시각을 갖는 것이다. 특정한 유형의 뉴스가 비숫한 뉴스가 나온 다른 주식들에 어떻게 영향을 미치는지, 특히 경쟁사들, 그 주식들이 속한 업종, 또는 전체 시장에 어떻게 영향을 미치는지 이해할 필요가 있다. 뉴스를 적절한 맥락에 위치시키는 참조틀이 있으면, 당신은 영향받은 주식들이나 경쟁주들이 트레이딩하기에 적합한 후보인지 여부를 결정하는 위치에 있게 된다.

역사적 시각을 갖는 것이 바람직하므로, 자본을 위험 속에 몰아넣기 전에 일정 시간 동안 속보를 지켜보며 그것이 개별 주식들, 업종, 전체 시장에 어떻게 영향을 미치는지 연구하는 것이 좋다. 이윽고 트레이딩 시행에 도움이 되는 역사적 관점을 기를 수 있을 것이다.

뉴스의 중요성 역시 중요한 고려 사항이다. 큰 뉴스일수록 더 좋은데, 왜냐하면 중요 사건 뉴스는 더 심한 변동성과 더 큰 가격 흔들림을 야기하며, 이것은 다시 더 훌륭한 트레이딩 기회를 제공하기 때문이다.

다음은 사건 속보들과 그것이 개별 주식들 그리고/또는 전체 시장의 움직임에 어떤 영향을 미쳤는지를 보여 주는 몇 가지 예들이다.

뉴스 이야기

앞에서 말한 것처럼, 속보의 영향력은 전체 시장의 상황들과 시장 심리에 좌우된다. 속보가 어떤 시점에 특정한 영향력을 발휘했다고 해서 반드시 나중에도 똑같은 효과가 나타나리라는 법은 없다. 특정한 유형의 뉴스에 대한 시장의 반응은 시간이 지나면서 바뀔 때가 많다.

진부함

뉴스가 계속해서 특정 문제를 파고들어가는 경우, 뉴스는 일정 기간 동안 진부한 것이 될 수 있다. 뉴스가 낡아빠진 것이 되면, 주식의 움직임에 미치는 영향력은 줄어들 것이다. 실제로, 15년이 넘게 트레이딩을 하면서 내가 경험한 것 가운데, 이것이 가장 안전하고 훌륭한 트레이딩 환경 중 하나라 할 수 있다. 따라서 다음 예들을 살펴볼 때, 현재의 시장 상황을 염두에 두는 것을 잊지 말기 바란다. 또한 이 예들은 어떤 주식이나 시장 전체에 영향을 미칠 수 있었을 여러 뉴스 이야기들 중에서 그저 사례로 보여 주기 위해 임의로 고른 것이라는 점을 명심해야 한다.

기업의 주식 분리

이런 유형의 뉴스는 자주 나오지는 않지만, FCAU의 반응에서 볼 수 있는 것처럼 이에 대한 반응은 대단히 강력할 수 있다. FCAU는 페라리를 분리할 것이라고 선언했는데, 시장은 이 뉴스에 환호성을 올렸다(표 11.1 참조)!

이에 대한 또 다른 예는 이베이(표 11.2 참조)가 페이팔을 분리할 것이라고 발표한 경우이다. 이번에도 주식이 이 뉴스에 우선 엄청나게 긍정적인 반응을 보인 것을 볼 수 있다.

이것은 매우 강력한 추세이지만, 사실 실제로 일어나는 것은 최초의 급등이 아니라 분리 추세(spin-off trend)로, 이에 대해서는 13장에서 설명할 것이다.

내부자 거래 (MSO)

어떤 뉴스는 시간이 지나도 영향력을 발휘하고, 100퍼센트나 그에 가까운 연관성을 갖는다. 내부자 거래와 관련된 뉴스는 주식의 움직임에도 영향력

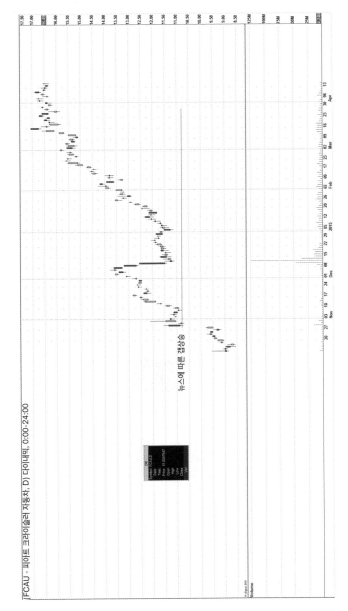

표 11.1 FCAU 차트

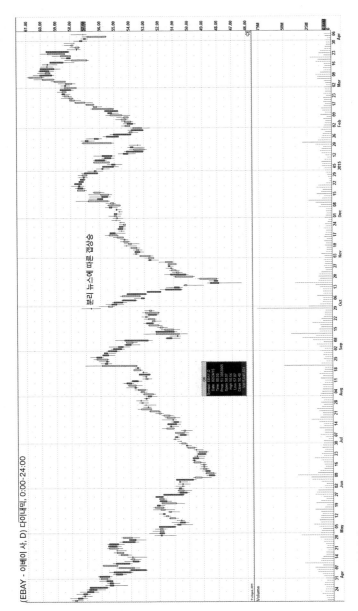

(EBAY - 이베이 사, D) 다이내믹, 0:00-24:00

분리 뉴스에 따른 급상승

표 11.2 이베이 차트

을 미칠 수 있다. 다음은 몇 해 전에 발표된 마사 스튜어트 리빙 옴니미디어 사(MSO) 관련 뉴스 보도이다. 여러분 가운데 2002년 6월 7일「뉴욕 타임스」 에 실린 이 기사를 기억하는 분도 있을지 모르겠다.

「뉴욕 타임스」는 MSO의 CEO이자 IMCL의 전 CEO의 가까운 친구인 마 사 스튜어트가 IMCL이 FDA의 제재를 받게 된다는 발표를 하기 1~2일 전에 자신이 보유한 IMCL 주식을 전부 판 것으로 드러났다고 해당 기업에 대한 의회 조사 관계자의 말을 빌려 보도했다. 하원 에너지상업위원회는 IMCL에 대한 감사를 실시하면서 IMCL의 전 CEO인 닥터 왁살의 친척과 친구들이 FDA의 결정이 나기 전에 주식을 판 사실에 대한 자료를 요청했다.

표 11.3은 이 뉴스에 대한 반응을 보여 주는 MSO 차트이다. 게다가 이 뉴 스는 시장이 기업 스캔들에 대해 관용을 보이지 않았던 시기에 터져 나왔 다. 여러 대기업의 최고 경영진들이 불법적인 회계 처리, 내부자 거래, 부정 등등으로 조사를 받았다. 설상가상으로, MSO는 회사의 이미지, 회사명, 제 품 브랜드가 모두 회사의 CEO 한 사람의 신뢰와 명망에 연결되어 있는 특 수한 상황에 있다. 회사명에 CEO의 이름이 들어가고 제품에도 CEO 이름이 붙는다. 따라서 만약 CEO의 명성에 금이 간다면, 회사의 판매량과 주가에 악영향을 미칠 가능성이 훨씬 더 크다. 많은 애널리스트들이 주식과 CEO를 보호하기 위해 발 벗고 나섰지만, 나는 특히 회사명과 제품 브랜드가 CEO의 명성과 긴밀히 연결되어 있는 경우에는, 이런 뉴스에 주식이 제자리를 지키 기는 힘들 것으로 생각했다. 또한 시장이 이런 유형의 뉴스에 어떻게 반응 하는지도 나는 알고 있었다. 그래서 나는 주가가 떨어질 것이라는 예상으로

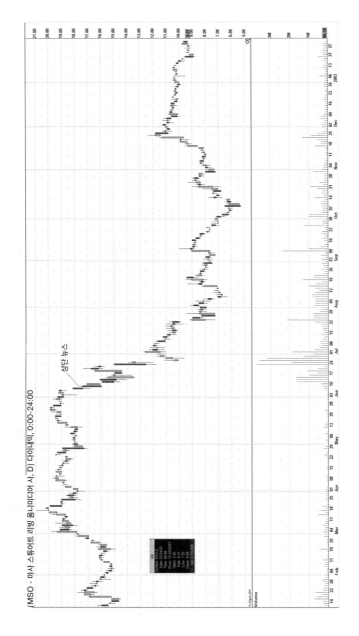

(MSO - 마사 스튜어트 리빙 옴니미디어 사, D) 다이내믹, 0:00-24:00

상단 뉴스

표 11.3 MSO 차트

고객들을 위해 주식을 매도했고, 표 11.3에서 볼 수 있는 것처럼 이후 주가는 정말로 떨어졌다. 이것은 내가 보기에 장기 스윙 트레이딩을 할 만한 상황이었고, 그래서 우리는 이 주식의 풋 옵션을 매수했다. 하지만 매도 포지션을 취하는 것도 효과가 있었을 것이다. 나는 부분적으로 풋 옵션을 선택했고 그래서 우리는 최대 손실이 미리 정해진 상태로 주식을 거래할 수 있었다.

말도 안 되게 저렴하다는 뉴스 (THC)

때로는 어떤 주식이 너무 싸고 지나치게 가격이 떨어져 있어서, 무슨 일만 있어도 주식이 쇼트 스퀴즈(short squeeze) 상황에 들어가게 되기도 한다. 과거에서 찾을 수 있는 또 하나의 좋은 사례가 태닛 헬스케어 사(THC)의 주식으로, 2002년 11월 18일 아래와 같은 「배런」지의 뉴스가 보도되고 나서 주가가 폭락했다.

태닛 헬스케어는 "말도 안 되게 저렴하다." 델타 파트너의 매니저 찰스 잡슨은 태닛 사의 주식에 물타기를 하고 있다. 헤지 펀드 매니저인 그는 올해에만 자산이 25.5퍼센트 상승했는데, THC가 28달러를 처음으로 돌파하자 주식을 사들이기 시작했고, 14-15달러에 더 공격적으로 사들이고 있다. "아무리 나빠진다 해도 주가가 떨어지는 것만큼 나빠질 수는 없다. 이 주식은 말도 안 되게 저렴하다." 잡슨은 퍼시피케어(PHSY)에서도 실적 반등에 근거한 매매를 통해 상승세를 올리고 있다.

표 11.4는 이 뉴스에 THC 주식이 어떻게 반응했는지를 보여 준다.

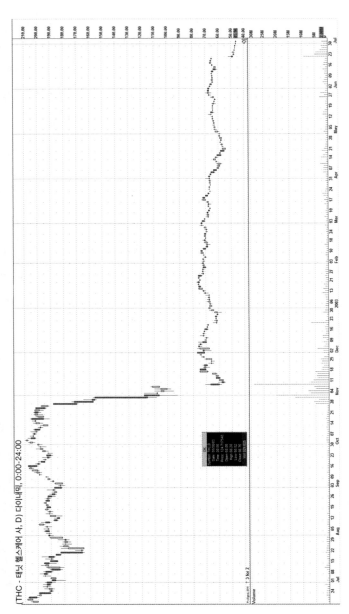

표 11.4 THC 차트

이전의 나쁜 소식 때문에 THC 주식은 상당한 양이 매도되었다. 따라서 무엇이든 좋은 뉴스가 나오기만 하면 매수를 촉발해 쇼트 스퀴즈와 강력한 가격 상승 움직임을 유발할 수 있었다. 언제나 그렇듯, 트레이딩의 잠재적 위험성/이익 비율을 고려하고 싶을 것이다. 뉴스는 해당 기업의 가치의 실질적또는 인식상의 변화를 반영한 것일까? 그날의 단기적인 기준에서 말한다면 확실히 그렇고, 따라서 전체적인 위험성/이익 비율은 트레이딩에 유리했다. 이번에도 역시, 나는 주식에 대해 장기적 포지션을 유지하는 데는 관심이 없었다. 내가 관심을 가진 것은 오로지 트레이딩으로 일중 이익을 남길 수 있는지 여부였다. 이 뉴스가 그렇게까지 대단한 것은 아니었지만, 주가가 워낙에 떨어져 있었고 워낙 많이 매도되었기에, 데이 트레이딩에서 이익을 남기는 데 충분히 긍정적인 역할을 했다.

수익 목표치 (TWTR)

수익 발표 역시 트레이딩 기회를 제공할 수 있다. 다음은 잭스(Zacks)의 허가를 받아 소개하는 트위터(TWTR) 수익 목표치에 대한 2014년 10월 28일 자 뉴스다.

트위터 사(TWTR) 주식이 3사분기에 월간 이용자 수 증가세가 연속으로 감소했다는 보고 이후 9.8퍼센트 급락했다. 트위터 사의 4사분기 예상 수익 역시 애널리스트들의 기대에 못 미치는 수준이었다.

표 11.5는 TWTR가 이 뉴스에 어떻게 반응했는지 보여 준다.
앞의 뉴스가 그다지 긍정적이지 않았고, 처음 몇 시간 동안은 주식 매도

가 쇄도했지만, 뉴스 때문에 끝까지 매도세가 이어지지는 않았다. 오히려 주식이 갭상승하더니 상승이 지속되었다. 왜일까? 나쁜 소식인 것 같은데 말이다! 이것은 '소문에 사고 뉴스에 팔기'의 전형적인 예라 할 수 있다. 이 뉴스에서 말하는 문제점은 이미 잘 알려져 있었고, 뉴스가 나오기 전에 주식은 매도가 쇄도하고 있었다. 마침내 뉴스가 보도되자 회복세가 나타나면서 주식이 높은 가격에 트레이딩되었다. 거의 모든 사람들이 TWTR의 월간 순 이용자 수가 정체하거나 감소할 것으로 예상했고, 따라서 그 뉴스는 이미 새로울 것이 없었다. 모든 사람들이 예상했던 대로 나쁜 뉴스가 나왔지만, 매도할 사람은 이미 남아 있지 않았으며, 사실 주식은 그다음 날 매우 강력한 움직임을 보여서 장후 저점이 36달러 남짓 되던 것이 이튿날 일중 고점이 약 49달러가 되었다! 만약 이 기회를 낚아챘다면 이것이야말로 굉장한 스윙이 되었을 것이다! 우리는 어떤 일이 벌어질지 예상하고, 장후에 TWTR이 조금이라도 하락세를 보이면 매수하라는 알림 메시지를 보냈다. 언제나 들어맞는 것은 아니지만, 일단 들어맞으면 얼씨구나다!

뉴스가 보도되는 방식도 좀 더 낙관적인 인식에 도움이 된다. 뉴스가 미리 '충분히 선전'되었고, '예상했던 내용을 벗어나지 않았다'는 점과, 목표치가 '약간' 놀라운 일인 것처럼 보도되긴 했지만 뉴스의 전체적인 어조는 긍정적이었다는 점이 지적되었다. 이런 점들과, 뉴스 보도 이전에 이미 주식이 거센 매도 물결을 거쳤다는 사실이 어우러져, 매도 움직임이 더 나오지 않고 회복세가 나타났던 것이다. 뉴스가 부정적인 어조를 내비쳤다면, 뉴스 때문에 주식 매도가 쇄도했을 수도 있다. 내가 이 예를 드는 것은 무엇보다도 트레이딩에서 시장 심리와 인식이 어떻게 작용하는지를 보여 주기 위해서다. 시장과 개별 주식들이 특정한 유형의 뉴스에 최근 어떻게 반응했는지

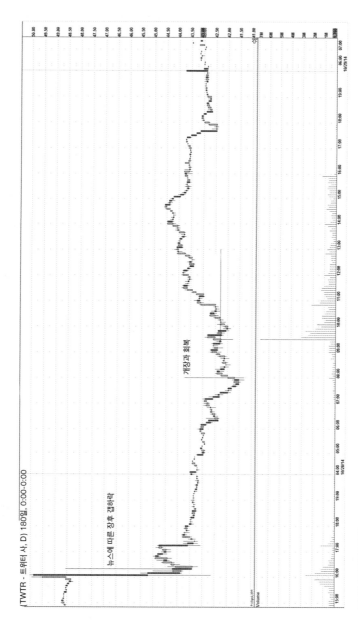

(TWTR - 트위터 시, D) 180일, 0:00-0:00

뉴스에 따른 장후 갭하락

개장과 회복

표 11.5 TWTR 차트

알아야 하며, 또한 그 뉴스에 대한 의견이 부정적이었는지 긍정적이었는지를 고려해야 한다. 그에 더해, 그 뉴스가 나오기 전에 주식이 어떤 가격 움직임을 보이는지와, 그것이 같은 문제를 다룬 이전의 뉴스와 연관되어 있는지, 즉 '뻔한' 뉴스인지 '신선한' 뉴스인지를 고려해야 한다.

시간단위 역시 중요한 고려 대상이다. 같은 뉴스라도 3개월 전에 나왔더라면 매도 쇄도로 이어질 수도 있었을 것이다. 시장 상황에 따라 기업들은 상향된 수익 목표치를 내놓고도 주식을 매도할 수 있으므로, 상대적으로 최신 시장 상황과 최신 뉴스에 대한 반응에 근거해 결정을 내려야 한다. 이 경우, 최초의 갭상승이 그리 폭이 크지 않았기 때문에 매수 포지션에 들어가기 어려웠을 수도 있다. 하지만 적어도 단순히 나쁜 내용이라는 이유로 이 뉴스에 주식을 매도하면 안 된다는 것 정도는 알았을 것이다. 많은 트레이더들이 그런 실수를 저지르긴 하지만 말이다. 위에서 논의된 모든 주제들을 염두에 둔다면, 뉴스와 관련된 트레이딩에서 잘못을 범할 확률은 줄어들 것이다.

소문

많은 트레이더들이 소문에 따라 트레이딩을 하고, 나 역시 가끔씩 그렇다. 우위를 찾겠다는 것이므로, 고객들이 돈을 벌 수 있는 일이라면 나는 거의 어떤 것으로도 트레이딩을 한다. 하지만 사실에 근거한 소문이어야 하며, 가격 움직임을 유발할 가능성이 있어서 다른 트레이더들도 관심을 기울일 것으로 보이는 소문이어야 한다. 아무개 씨의 웹사이트에 AAPL의 걸출한 CEO인 팀 쿡이 퇴임할 것이라는 소문이 올라와 있으면, 나는 그 소문에 따라 트레이딩을 하지는 않을 것이다. 팀 쿡이 아무개 씨가 올린 소문에 근

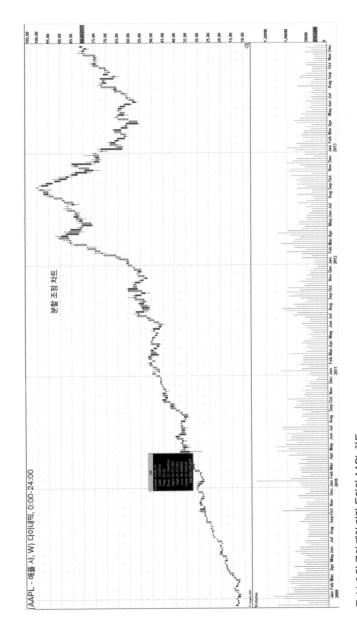

표 11.6 팀 쿡의 재임 기간 동안의 AAPL 차트

거해 퇴임할 가능성은 없다. 반면, 예전에도 여기서 올린 소문을 이용한 트레이딩으로 성공을 거둔 적이 있는 믿을 만한 서비스 기관에서 나온 소문이라면, 이 소문에 따라 트레이딩을 할 수도 있다. 만약 팀 쿡이 재임 기간 동안 AAPL을 300달러 중반대에서 700달러대로 올려놓고 퇴임한다면, 그것은 AAPL에 크게 부정적인 일이 될 것이 틀림없다.

물론 트레이딩할 수 있는 소문이어야 한다. 예를 들어, 이런저런 기업이 다른 기업을 인수할 것이라는 소문을 거의 매주 듣는다. 대부분의 경우, 이런 유형의 소문들은 누군가가 주가가 움직일까 싶어 웹사이트에 그저 한번 올려 본 것들이다.

소문은 합리적으로 믿을 만하고 사실에 근거한 것이어야 한다. 그렇지 않으면 나는 트레이딩하지 않는다.

잠재적 뉴스

내가 엄격히 고수하는 규칙이 있다. 잠재적 뉴스에 따라 트레이딩하지 않는다는 것이다. 잠재적 뉴스를 이용한 트레이딩의 단적인 예는, 많은 트레이더들이 기업이 실적 보고 이후 무엇을 할지를 두고 도박을 하는 것이다. 이들은 자기가 우위를 확보했다고 (대개는 잘못) 생각하고, 흔히 옵션으로 모험을 건다. 그들은 TWTR의 실적 보고가 나쁠 것이라 생각하는데, 맞는 생각이지만 주식은 오른다. 또는 다른 기업이 대단한 실적을 보고할지 모른다고 생각하는데, 주식은 떨어진다. 실적은 한 기업의 주식에 거센 흔들림(스윙)을 만들어 낼 때가 많다. 나는 실적 보고 이후 주식이 어느 쪽으로 흔들릴지 추측하는 것을 피하려고 노력한다. 내가 실적 보고 때까지 주식을 보유하고 있던 적이 있었을까? 물론 있었고 성적도 전반적으로 꽤 괜찮았지만, 내가 그렇게 할 때는 대개 같은 업종의 다른 주식들이 실적 보고 이후 어떻게 되었는가 등, 다른 요소들에 근거를 둔다. 나는 인식상의 우위가 아니라, 실질적인 우위를 점하려고 노력한다. 오만은 좋은 트레이딩 심리가 아니라는 것을 반드시 기억해야 한다. 무엇인가를 알아내어 '절대로 실패할 리가 없다'고 생각하는 순간이 바로 돈을 모조리 날려 버리기 십상인 순간이다. 후회하는 것보다 안전한 쪽이 낫다!

내 의견으로는 잠재적 뉴스는 위험을 감수할 만한 가치가 없다. 실적 보고가 나오기 전에 주식을 파는 것이 좋다. 그것이 추세다!

위험성 관리

예상치 못했던 사건 뉴스 때문에 위험에 노출될 수 있다는 점을 항상 염두에 두어야 하며, 한꺼번에 너무 많은 실적 보고 트레이딩을 과도하게 진행해서는 안 된다.

사실, 어떤 추세를 이용해 트레이딩을 하든 이 점을 지켜야 한다. 아무리 실적 추세가 강력한 추세라 해도, 2001년의 9.11 사태 같은 예상치 못했던 대형 사건 뉴스가 터져, 추세의 강도와는 상관없이 시장과 당신이 보유한 주식이 급락할 수 있다. 개별 주식에 관한 뉴스도 마찬가지다. 어떤 기업이 실적 보고 이틀 전에 폐업을 선언하면, 주식이 오를 리가 없다. 따라서 어떤 추세에도 당신이 보유한 총 자산의 일부만을 투자해야 한다. 윈도우 드레싱 추세(자세한 내용은 13장에 설명되어 있다)와 마찬가지로, 실적 보고 추세가 유리한 것은 역시 상대적으로 짧은 시간단위 동안 위험성을 미리 정해 두었기 때문이다. 두 가지 방식, 즉 손실 제한 주문을 이용해 금전적 위험성을 제한하고, 트레이딩을 하는 시간을 조정하는 방식으로 위험성을 미리 정하고 제한할 수 있다.

시간에 따른 위험성을 더 줄이려면, 실적 보고 때까지 기다렸다가 트레이딩에 들어가면 된다. 여느 트레이딩과 마찬가지로, 어떤 포지션에 들어갈 때는 당신의 위험 감수 능력에 맞게 곧바로 손실 제한 주문을 넣어서, 어떤 이유로든 트레이딩이 당신에게 불리해질 때 지나친 금전적 손실로부터 스스로를 보호해야 한다.

제12장 소외주 트레이딩

　사자는 점박이가 아니고, 표범은 얼룩덜룩한 점을 없앨 수 없다 해도, 둘 다 본질적으로는 고양잇과 동물이다. 둘은 서로 다르지만 비슷한 특성들을 보일 때도 많다. 주식들도 마찬가지다. 비슷한 사업이나 산업, 업종에 있는 주식들의 가격은 함께 움직이는 경우가 많다. 어떤 주식의 가격이 오르거나 떨어지면, 다른 유사한 주식들의 가격도 함께 오르거나 떨어질 수 있다. 예를 들어, 암젠(AMGN)과 바이오젠 아이덱(BIIB)처럼 긴밀한 연관성이 있는 두 개의 바이오테크 주식들의 차트를 살펴보면, 이 주식들의 가격이 함께 움직일 때가 많다는 것을 알 수 있다. 이것을 단적으로 보여 주는 예 중 하나는, 배리 딜러의 IACI가 인수해 두 주식 모두 이제는 존재하지 않지만, 위의 사실을 증명하는 증거로 이용할 수 있다. 바로 여행업체 주식인 익스피디아 (EXPE)와 호텔스닷컴(ROOM)이다. 이 두 주식은 거의 같이 움직이는 것으로 알려져, 훌륭한 트레이더라면 이 주식을 따라가면서 이 장에서 논의할 소외주 테크닉을 이용해 종종 2~3달러의 움직임을 잡아낼 것이다.

소외주란 무엇인가?

어떤 주식의 가격 움직임이 유사한 사업, 산업, 또는 업종의 다른 주식들보다 뒤처질 때, 그 주식을 소외주라고 부른다. 소외주와 동종 주식 간의 가격 차이는 일중이나 그다음 날 등 어느 시점에 저절로 메워지는 경우가 많다. 소외주의 가격 움직임은 대개 동종 주식의 가격 움직임을 따라잡지만, 이 또한 구체적인 환경, 뉴스, 또는 전체적인 시장 상황에 따라 달라진다. 어떤 경우에는 동종 주식의 가격이 소외주 가격 쪽으로 거꾸로 움직이기도 한다. 어떤 주식이 제자리로 돌아올 가능성이 가장 큰지 판단하려면, 시장 전체의 강도와 방향을 살펴보면 된다. 시장이 상승세를 타고 있고 소외주의 동종 주식도 상승하고 있다면, 뒤처진 주식 역시 상승해 이들을 따라잡을 가능성이 크다. 반대로, 시장이 하락세를 타고 있고 소외주의 동종 주식도 하락하고 있다면, 뒤처진 주식 역시 결국 하락할 가능성이 크다.

소외주처럼 보이고 소외주 냄새가 난다면 …

소외주는 엄청난 데이 트레이딩 기회를 제공할 수 있다. 예를 들어, 바이오테크 부문이 주목을 받기 시작할 수 있다. 일부 주식들이 함께 움직이는 경향이 있는 것이 눈에 들어오기 시작할 것이다. 다시 한 번 AMGN과 BIIB를 예로 들지만, 다른 주식들도 마찬가지다. AMGN이 2달러가 올랐는데 BIIB는 본질적으로 아무 변화가 없는 것을 알게 되었다고 치자. BIIB가 AMGN보다 뒤처지고 있는 만큼, 관련된 나쁜 뉴스가 없다면(이 부분을 꼭 확인해야 한다), 결국 BIIB도 상승해 AMGN을 따라잡을 것이다. 따라서 트레이딩에서 BIIB를 매수하려 할 수 있을 것이다. 이와 같은 데이 트레이딩 기회가 많이 있다. 함께 움직이는 주식들을 찾아내 주목하고 있다면, 그 주식들 간에 일중 가격 차이가 발생하기를 기다릴 수 있을 것이다.

주목 리스트

가장 저평가되고 있으며, 어떤 유형의 트레이더라도 충분히 이용하고 쉽게 설정할 수 있는 트레이딩 도구 중 하나가 바로 관련테마 리스트(watchlist)이다.

관련테마 리스트를 이용할 수 없는 플랫폼으로 트레이딩을 하고 있다면, 플랫폼을 옮길 것을 강력히 권한다. 논리성을 띠도록 여러 부문을 분류하는 것만으로 간단히 관련테마 리스트를 설정할 수 있다. 이 부분을 게을리 했다가, 성공을 거둘 수도 있었을 대박 트레이딩을 놓치고 땅을 치며 후회하는 일은 없도록 하자! (항상 종목들을 관련테마로 묶는 연습을 해야 한다. 예를 들어 바이오제약 테마, 전기차 테마, OLED 테마 등등. 또한 각 테마별로 대장주와 소외주 또는 후발주를 구분하는 노력을 해야 한다 - 감수자)

부문

나는 내가 일반적으로 트레이딩하거나 다른 부분보다 자주 트레이딩하는 부문들부터 관련테마 리스트를 만든다. 예를 들어, 나는 기술 부문을 많이 트레이딩하고(기술 주목 리스트 참조), 그래서 대개 기술 부문이 관련테마 리스트에서 가장 위에 올라 있다.

나는 기술 부문을 4개의 하위 부문으로 나누었다.

1. **구 기술** - CSCO, INTC, IBM, MSFT **등이 여기 속한다.**

2. **인터넷** - GOOG, AAPL, YHOO, EBAY **등이 여기 속한다.**

3. **소셜 미디어** - FB, TWTR, LNKD, ANGI, GRPN **등이 여기 속한다.**

4. **인터넷 보안** - PANW, CYBR, FTNT, FEYE **등이 여기 속한다.**

이것을 시작으로 해서, 하위 부문에 넣어도 되겠다 싶은 새로운 종목이 나타나면 추가한다. 또는 잘 트레이딩하지 않는 주식이지만 구미가 당기는 뉴스가 나오면 추가하기도 한다. 물론 어떤 주식이 관련이 없어지거나, 소외주나 다른 유형/추세로 정의할 수 없게 되면, 그 주식을 리스트에서 지우면 그만이다.

기술 관련테마 리스트:

QQQ - **나스닥 지수**

CSCO - **시스코**

INTC - **인텔**

IBM - IBM

MSFT - **마이크로소프트**

SNDK - **샌디스크**

AMAT - 어플라이드 머티어리얼즈

EMC - EMC

BRCD - 브로케이드

GOOG - 구글

GOOGL - 구글

AAPL - 애플

YHOO - 야후

EBAY - 이베이

NFLX - 넷플릭스

PCLN - 프라이스라인

EXPE - 익스피디아

AMZN - 아마존

BABA - 알리바바

BIDU - 바이두

SINA - 시나

WB - 웨이보

TWTR - 트위터

FB - 페이스북

LNKD - 링크드인

GRPN - 그루폰

GPRO - 고프로

PANW - 팔로알토네트웍스

FEYE - 파이어아이

CYBR - **사이버아크**

FTNT - **포트넷**

이어서 바이오테크로 넘어가 같은 작업을 시작한다. 바이오테크 분야는 대개 부침이 심하지만 역시 하위 부문들로 나눈다. 물론 하나나 그 이상의 주식 또는 특정 부문에 기업 또는 부문 관련 뉴스가 나오지 않으면, 내 판단이 틀린 것이 아닌가 하는 생각이 들기도 한다. 시장 움직임에 따라, 그리고 내가 주식들을 스윙하는지 아니면 그저 데이 트레이딩을 진행하는지에 따라, 내 관련테마 리스트에는 때로는 몇 가지 주식만 포함되어 있기도 하고, 때로는 30~40종의 주식이 들어 있기도 하다. 설명하느라 시간을 들이고 종이를 낭비하느니, 몇 개의 주식이 담긴 예를 소개하겠다. 물론 이 예는 시간이 지나면 바뀌지만, 여러분이 편한 대로 여러분 방식에 맞게 쉽게 설정할 수 있다.

나의 관련테마 리스트:

BBH - **바이오테크 지수**

AMGN - **암젠**

BIIB - **바이오젠**

REGN - **리제네론**

ALKS - **알케마이트**

CELG - **셀진**

GERN - **제론**

BMY - **브리스톨 마이어스**

그 시점에 한창 떠오르거나 신선미를 잃은 주식들이 있으면 추가한다.

표 12.1은 유사한 가격 움직임을 보이는 두 주식 익스피디아(EXPE)와 프라이스라인닷컴(PCLN)의 또 다른 예이다. 두 기업 모두 호텔과 비행편의 온라인 예약, 휴가 여행, 그 밖의 다른 여행 서비스를 제공한다. 두 주식 모두 유사한 온라인 사업에 속하기 때문에, 한쪽의 가격에 영향을 미치는 뉴스나 다른 발표들은 흔히 다른 쪽 가격에도 영향을 미친다. 표 12.1의 차트를 보기 바란다. 이 차트는 두 주식의 일중 가격 움직임을 비교한다. 한쪽의 전반적인 가격 움직임이 다른 쪽의 가격 움직임과 얼마나 일치하는 경향을 보이는지 알 수 있다.

차트에서 PCLN이 강세로 하루를 시작해 더 강한 강세로 하루를 마감하는데, EXPE는 약세로 시작하는 것을 주목하라. EXPE는 개장하자마자 PCLN에 뒤처지기 시작했다. 시간이 가고 PCLN이 점점 더 강해지자, EXPE가 따라잡으며 긍정적으로 바뀌었다. 그런 다음 두 주식이 거의 똑같은 양상으로 트레이딩되는 것도 볼 수 있다. 때로는 소외주가 다음 날이 되어서야 다른 주식을 따라잡기 시작하는 경우도 있다. 하지만 나는 하루를 넘겨 포지션을 유지하면서 생길 수 있는 추가적인 위험성을 싫어하기 때문에, 소외주는 그날 중으로 트레이딩하는 쪽을 선호하고 하루를 넘겨 보유하는 일은 드물다. 소외주로는 수지맞는 트레이딩을 할 수 있는데, 왜냐하면 최소한의 위험성에 성공률은 높은 경향이 있기 때문이다. 예를 들어, EXPE 같은 주식에 대해 위험성을 최소화하기 위해 1달러 정도의 상대적으로 좁은 폭의 손실 제한 주문을 넣을 수 있지만, 주식은 2~3달러의 일중 움직임을 보일 수 있는데, 대단히 유리한 위험성/이익 비율이라 할 수 있다. 나스닥 시장이 정말로 비명을 지르고 있을 때, 이 두 주식 모두 데이 트레이딩으로 이익을 올릴 수 있

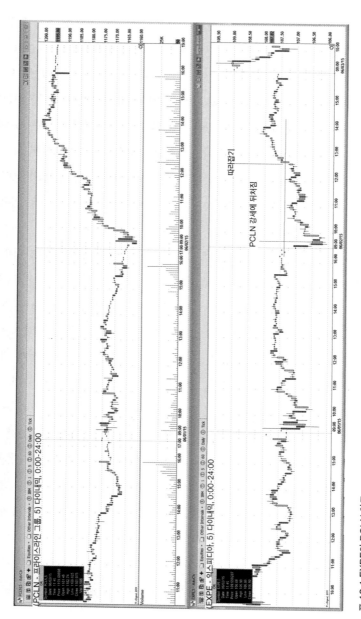

표 12.1 EXPE와 PCLN 차트

는 훌륭한 후보이다.

다른 모든 것과 마찬가지로, 성공적으로 트레이딩하고 당신 자신의 마력(mojo)을 찾는 데는 시행착오가 핵심이다. 내게는 효과가 있는 것이 당신에게는 효과가 있을 수도 있고 없을 수도 있다. 좋은 관련테마 리스트를 설정함으로써 하루 단위로 이 추세를 쉽게 추적하며, 유사한 부문의 주식들이 유사한 업종의 다른 주식들과 어우러지거나 역행해서 움직일 때 이를 따라갈 수 있다.

뉴스와 소외주

우리는 뉴스가 어떻게 주식들에 영향을 미치는지에 대해 이야기했다. 그런데 뉴스는 소외주에도 영향을 미칠 때가 많다. PCLN이 유례없는 수익을 기록해 10퍼센트가 뛰어올랐다면, 그 뉴스에 EXPE도 올랐을 것이라고 거의 장담할 수 있다. PCLN의 좋은 뉴스를 상쇄할 만한 나쁜 뉴스가 없다는 전제 하에 말이다. 기억하라. 모든 것이 그렇듯이, 뉴스가 정말이지 중요하다.

제13장 추세는 당신의 친구

추세는 당신의 가장 절친한 친구가 될 수 있다. 아니면 최악의 적이 되거나! '추세는 당신의 친구'라는 말을 들어 보았을 수도 있는데, 도대체 무슨 뜻일까? 그러니까, 추세와 같은 방향으로 트레이딩을 하면 추세는 친구가 된다는 말이다. 추세의 동력은 가격 움직임이 당신에게 유리하게 진행되는 데 도움이 될 수 있다. 반면, 추세와 반대 방향으로 트레이딩을 하면, 또 그만큼 쉽게 가격 움직임이 당신에게 불리하게 돌아가도록 한다. 이 경우 추세는 당신의 적이다. 따라서 추세를 거스르지 않고 추세에 맞게 트레이딩을 하는 것이 좋다. 당신의 친구는 대부분 '든든한 버팀목'이 되어 준다.

추세란 무엇인가? 주식 시장에 익숙한 분들이라면, 가격 움직임의 방향에 적용되는 추세라는 단어의 의미를 알고 있을 것이다. 예를 들어, 일정 기간 동안의 가격 움직임의 전반적 방향이 상향이라면, 상향 추세(uptrend)라고 불린다. 반대로, 가격 움직임이 하향이면 하향 추세(downtrend)라고 불린다. 상향 추세와 하향 추세 외에도, 추세라는 용어는 특정한 시장 움직임, 가격 움직임, 또는 반복되는 패턴의 역사적 경향을 가리키는 데도 쓰인다.

다양한 추세들이 있으며, 어떤 추세들은 다른 추세보다 좀 더 예상 가능하고 믿을 만하게 반복해 일어난다. 추세는 특정한 사건이나 시기, 인식, 그 밖의 다른 요소들과 연관이 있을 수도 있다. 추세의 지속 기간과 빈도 역시 다양하다. 예를 들어, 갭 추세는 일중에 일어나는 반면에 어닝 추세는 분기별로 일어나며, 1월 효과 추세는 1년에 딱 한 번만 일어난다. 시장이 늘 끊임없이 변하듯이, 추세 역시 변한다. 새로운 추세가 나타나고, 한때는 믿을 만한 추세였던 것이 그만큼 효과를 발휘하지 못하거나 아예 아무 효과도 내지 못할 수도 있다. 어떤 추세는 상대적으로 짧은 시간 동안 효과를 내는 반면, 어떤 추세들은 오랜 세월 동안 지속될 수도 있다(이를테면, '소문에 사고 뉴스에 팔아라'라든가 1월 효과, 어닝 추세 같은 것). 이유는 각양각색이다. 너무 많은 사람들이 추세에 대해 알게 되어 더 이상 믿을 만한 효과를 발휘하지 못하기 때문일 수도 있고, 어떤 추세에 유리한 시장 심리나 전체적인 시장 상황이 변하기 때문일 수도 있다.

예를 들어, 1990년대 말에 시장이 호황을 누리는 동안 내가 발견해 이름을 날리게 된 첫 번째 추세는 신규 상장(IPO) 분할이었다. 신규 상장과 관련된 또 다른 추세는 침묵 기간(quiet period)의 만료였다. 이 두 추세 모두 안심하고 트레이딩할 수 있었다. 몇 년 뒤, 시장 상황의 변화로 인해 신규 상장주가 공급이 달리게 되었고, 시장에 나온 신규 상장주들은 그만큼 열광적으로 트레이딩되지 않았다. 신규 상장주들에 시장이 더 이상 같은 식으로 반응하지 않게 되었던 것이다(시장 심리에 대한 좀 더 자세한 내용은 다음 절을 참조하라). 그에 따라 신규 상장주를 분할한 모기업이나 침묵 기간이 만료된 기업의 주식을 트레이딩하는 것이 더 이상 안정적 수익을 내지 못했다. 하지만 추세들은 다시 유행하기도 한다는 것을 증명하듯, 우리 고객들은 야후 주식

(YHOO)을 트레이딩했는데, 야후는 2013년과 2014년의 내 최고 관심주였다. 왜냐하면 야후는 알리바바 주식(BABA)을 무척 많이 보유하고 있어서 틀림 없이 훨씬 더 가격이 올라 BABA가 신규 상장될 것이라고 생각했기 때문인 데, 실제로 그렇게 되었다. 이 책에 쓴 것처럼, 2015년 초반에서 중반에 이르 는 시기에 우리는 피아트 크라이슬러와 이베이를 트레이딩하고 있는데, 왜 냐하면 전자는 페라리를, 후자는 페이팔을 분할할 예정이었기 때문이다. 두 포지션 모두 고객들에게 어마어마한 이익을 안겨 줄 것이며, 나는 앞으로 몇 주, 몇 달 사이에 가격이 더 오를 것으로 예상한다.

추세를 고수하라!

추세가 누구라도 쉽게 이용할 수 있을 만큼 간단하지는 않지만, 현재 추 세를 거스르기보다는 그에 맞춰 트레이딩하면 성공 확률을 높일 수 있는 추 가적인 우위를 누릴 수 있게 된다. 많은 추세들이 엄청난 위험성/이익 비율 을 지닌 매우 확률 높은 트레이딩을 제공한다! 사람들은 종종 내게 주식 시 장에 관한 무슨 책들을 읽었느냐고 묻는다. 사실, 나는 책은 그리 많이 보지 않았다. 안 그런 것처럼 보일지 몰라도, 사실이다. 내가 많이 읽은 것은 심리 학책들이다. 나는 사람들이 무슨 생각을 하는지, 어떻게 생각하는지 알고 싶 었다.

시장이 과장되게 움직여 우리가 돈을 벌 수 있게 되는 까닭은, 사람들이 항상 무엇인가를 예상하는 데 있다. 사람들은 좋은 뉴스를 예상하거나 나쁜 뉴스를 예상하거나, 둘 중 하나다. 9.11 테러 이후 오랫동안 시장은 테러 위협이 전해지면 하락했다. 새로운 테러 위협이 있을 때마다 시장은 폭락했다! 사람들은 신경증에 시달렸고, 물론 충분히 그럴 만했지만, 문제는 최악의 상황을 예상했다는 것이다! 누군가가 CNBC에 나와서 테러 위협이 있다고 말할 때마다 시장에서는 매도가 쇄도했고, 그러다가 마침내 사람들은 거기에 면역력이 생겼다. 결국 시장은 상승할 수 있었다. 테러 경고는 이제 문제가 되지 않았다. 사람들의 마음가짐이 달라졌다. 9.11을 극복하지는 못했지만—그것은 극복할 수 있는 성질의 것이 아니다—사람들은 다행히 현실화되지 않는 위협에 무감해지게 되었다. 다 이미 들었던 이야기들이라 더 이상 위협에 귀 기울이지 않았다. 그래서 위협 따위에는 신경을 쓰지 않게 되었다.

반대로, 시장이 상승할 때마다 사람들은 기회를 놓치는 것이 아닌가 조바심을 낸다. 시장이 끝없이 상승하지는 못한다는 것이 분명한데도, 바닥을 놓칠까 봐 걱정하는 한, 사람들은 계속 사들인다! 시장 정서를 파악하기 위해 내가 즐겨 참조하는 기준은 CNBC가 낙관적이 되는가 여부이다. 모두가 같은 것을 생각하기 시작하면, 그때가 바로 좀 더 신중해져야 할 때이다. 통념과는 반대되는 지표이다. 수영장에 마지막까지 남는 사람은 오물 속에서 헤엄치게 마련이다, 그렇지 않은가? 흔히 일어나는 일은, 모두가 긍정적일 때 우리는 물러서는 것이다. 모두가 시장에 돌아와 있으므로, 새로 시장에 들어와 가격을 유지하거나 더 끌어올릴 매수자가 충분하지가 않은 것이다. 어쨌거나 내 요점은, 인간의 심리가 시장과 추세를 이끈다는 것이다.

물론 컴퓨터를 이용하는 '매도'와 '매수' 프로그램이 있지만, 그것을 다루는 것은 인간이다. '사, 사, 사!'라고 짖어 대는 개나 앵무새가 아니라 말이다. 당신이나 나 같은 인간이 운영하는 기업에서 나온 프로그램일 뿐이다. 뭐, 사실 일부는 인간 이하일 수도 있지만, 그것은 다른 문제다. 대개는 피가

흐르는 인간이 운영하는 기업들이고, 매도나 매수 프로그램을 활용할지 결정하는 것은 바로 사람이다. 마찬가지로, 추세가 효과를 발휘하는 것은 충분하지만 너무 많지는 않은 사람들이 추세에 대해 알고 그것이 효과가 있으리라고 믿기 때문이다. 상당 부분, 그것은 자기충족적 예언이 된다. '소문에 사고 뉴스에 팔아라'라는 추세, 어닝 런, 이동 평균을 지지선으로 이용하는 것, 그리고 다른 많은 추세들이 효과를 발휘하는 것은 사람들이 그것에 대해 알고 그것이 효과를 발휘하리라고 믿기 때문이다.

예를 들어, 200일 이동 평균은 매우 강력한 지지선으로 인식된다. 따라서 어떤 주식의 가격이 200일 이동 평균 선으로 떨어지면, 사람들은 지지선이 작동할 것으로 예상하고 그 주식을 사들이기 시작한다. 추가로 사들이는 것으로 인해 가격이 반등하고, 이 덕분에 추세가 한층 더 강화된다. 다른 추세들도 마찬가지다. 시장보다 한 발 앞서 나가는 것이 요체다. 상대적으로 적은 수의 사람들만 발견한 추세를 발견하는 것이 최상의 시나리오다. 왜냐하면 역사적으로 추세는 모든 사람이 아니라 몇몇 사람들이 알게 되었을 때 효과를 발휘하기 때문이다. 일단 모든 사람들이 알게 되면 추세는 효과가 사라지는 경향이 있다. 일단 모든 사람이 어떤 추세에 대해 알게 되면, 사람들은 추세를 예상하고 트렌드를 이용한 트레이딩을 하려고 달려들고, 그러면 추세를 더 추동할 매수자나 매도자가 없어지고 만다. 추세가 효과가 없으면, 나는 더 이상 그것으로 트레이딩을 시도하지 않는다. 추세가 사라지지 않으면, 나는 그 이유를 알고 싶어서 추세에 영향을 미쳤을지도 모르는 변수가 없었는지 파악하기 위해 조사를 시행한다. 그런 변수를 하나도 찾지 못하고 추세가 그저 불발탄이라면, 그것은 위험 신호이지만 그렇다고 꼭 어떤 추세가 더 이상 유효하지 않다는 뜻은 아니다. 그래서 나는 다음번에 그 추세를 지켜본다. 두 번째에도 효과가 없었다면, 나는 다음에 추세를 추적해 효과가 없었던 것이 그저 일시적인 문제인지 아니면 그 추세가 더 이상 효과가 없는 것인지 확인하기 전까지는 트레이딩하지 않는다.

어찌 되었든 나는 이런 유형의 것들, 즉 추세 움직임, 전반적인 시장 정서, 시장 심리, 인간 본성을 추적하고, 이것들을 내 트레이딩 계획의 한 요소로 포함한다. 내 목표는 증명된 추세를 발견하고 그것이 제공하는 추가적인 우위를 확보하기 위해 그 추세를 이용하는 것이다. 앞에서 논의한 것처럼, 추세는 왔다 가거나 시간이 지나면서 시장 정서가 변하는 데 따라 변하기도 한다. 어떤 추세를 트레이딩하기 전에, 그 추세가 현재의 시장 상황에서도 유효한지 확인하기 위해 일정 기간 동안 지켜보는 것이 최선이다.

윈도우 드레싱

윈도우 드레싱(Window Dressing)은 매우 신뢰도가 높은 강력한 추세이다. 펀드 매니저들은 매 분기 말마다 자신의 포트폴리오 구성을 보고하도록 되어 있기 때문에, 분기 말이 다가오면 그들은 분기 내내 성적이 좋았던 주식들을 보유하고 있었던 것 같은 모양새를 갖추려고 특정 주식들을 사고파는 경우가 많다. 현재 보유한 주식들 중에서 해당 분기 동안 성적이 좋지 않았던 주식들은 팔고, 가지고 있지 않은 주식 중 성적이 좋았던 주식은 사들일 것이다. 사분기가 끝난 뒤에, 특정한 주식을 얼마나 호의적으로 여기느냐에 따라, 매니저들은 이미 매도한 주식을 다시 사들이거나 사들인 주식을 다시 팔 수도 있다. 이런 목적으로 사고파는 주식들을 윈도우 드레싱이라고 부른다.

트레이딩 시점 잡기

뚜렷한 이유 없이(이를테면 나쁜 뉴스가 다시 터지거나 하지 않았는데도) 분기의 마지막 4~7일 동안 매도가 쇄도하는 성적 나쁜 주식들을 지켜보는 것으로 이 추세를 트레이딩할 수 있다. 일단 매도가 진정되는 듯하면, 분기가 끝나기 직전에 매수 포지션에 들어가면 된다. 다음 분기의 첫 주에 이 주식들은 펀드 매니저들이 다시 사들이거나 다른 사람들이 급락한 가격을 이용하기 위해 매수에 나서면서 반등하는 경향이 있다. 반대로, 분기가 끝날 무렵에 윈도우 드레싱 때문에 급등한 주식들에 대해서는 매도 포지션에 들어가는 것을 고려할 수 있다. 이런 주식들은 분기가 끝나면 도로 하락할 가능성이 크기 때문이다.

위험성 관리

이 추세는 흔히 그룹이나 부문 전체의 주식들, 심지어 시장 전체에 적용된다. 예를 들어, 바이오테크나 반도체 주식들이 특정 분기에 좋은 성적 또는 나쁜 성적을 올릴 수 있다. 이런 경우 이 추세를 트레이딩하는 또 하나의 방법은 특정한 그룹의 주식들과 연관된 지수(QQQ, SPY, OEX 등등)나 홀더스(BBH, SMH 등)를 사는 것이다. 개별 주식을 트레이딩하지 않는 방법으로 위험성을 더 줄이고 싶을 때는 이것이 훌륭한 대안이 될 수 있다. 위험성을 훨씬 더 정확하게 미리 정하려면, 콜이나 풋 옵션을 사는 방법을 고려할 수도 있다. 이 추세의 장점 가운데 하나는 트레이딩에 소요되는 시간이 상대적으로 짧다는 것이다. 며칠이나 일주일 안에 트레이딩의 결과를 알 수 있다. 확률이 높은 추세이기 때문에, 손실 제한 주문을 통해 전체적인 위험성을 제한하고 미리 정하면 대단히 유리한 위험성/이익 비율로 강력한 트레이딩을 수행할 수 있다.

윈도우 드레싱의 예

표 13.1의 애플 사(AAPL) 차트는 윈도우 드레싱의 예를 보여 주는데, 이 사례는 분기 성적이 너무도 뛰어나 차려입기를 한 경우이다.

차트에서 이 주식이 분기 중에 얼마나 좋은 성적을 거두었는지를 볼 수 있다. 워낙 성적이 좋아서, 자신의 장부에 AAPL이 올라 있는 것을 보여 주고 싶은 펀드 매니저들이 분기가 끝날 무렵에 이 주식을 사들이기 시작했고, 이 덕분에 가격이 한층 더 올랐다. 차트에서 '가격 인상' 시기를 확인하라. 분기가 끝난 뒤 차트의 '가격 하락' 시기에서 볼 수 있는 것처럼, 정말로 이 주식을 장기적으로 보유하고 싶어 하진 않았던 펀드 매니저들이 포지션에서 나가면서, 그리고/또는 매매 차익을 노리는 다른 투자가들이 가격의 과잉 상승을 이용해 이익을 얻기 위해 포지션에서 나가면서 주식이 대량으로 매도되었다. 표 13.2는 브로케이드 커뮤니케이션 시스템 사(BRCD)의 차트로, 윈도우 드레싱의 또 다른 예를 보여 주는데, 이번에는 분기 성적이 좋지 않아 벗어던지기를 한 경우이다.

BRCD가 분기 동안 성적이 좋지 않았고, 그러다가 분기가 끝날 때 윈도우 드레싱으로 인해 더 큰 대량 매도가 발생한 것을 차트에서 볼 수 있다. 차트 상의 '가격 하락' 기간을 보라. 다음 분기의 첫 주 동안, 차트의 '가격 상승' 기간에서 볼 수 있는 것처럼, 주식이 반등했다. 이 경우에는 분기가 끝나기 전에 윈도우 드레싱을 위해 BRCD를 팔았지만 여전히 이 주식을 장기적으

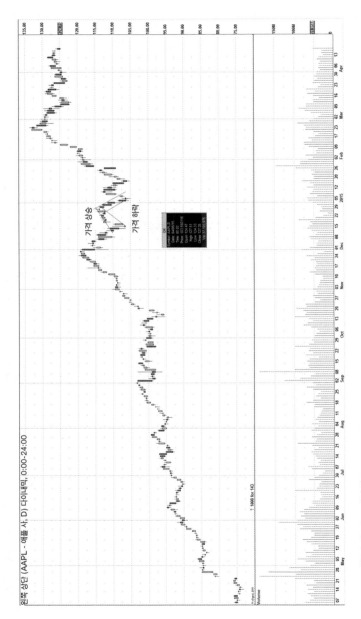

표 13.1 애플의 윈도우 드레싱 차트

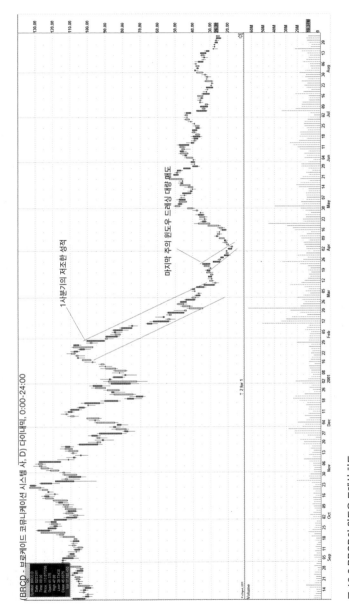

(BRCD - 브로케이드 코뮤니케이션 시스템 사, D) 다이내믹, 0:00-24:00

1사분기의 저조한 성적

마지막 주의 윈도우 드레싱 대량매도

표 13.2 BRCD의 윈도우 드레싱 차트

로 보유하고 싶어 하는 펀드 매니저들이 새로운 분기가 시작되자 주식을 사들였거나/사들이고, 다른 매수자들이 비정상적으로 하락한 가격에서 이익을 취하기 위해 매수 포지션에 들어간 것이다. 투자자의 관점에서 보자면, 윈도우 드레싱은 펀드를 소유한 사람들의 이익에 정말로 가장 잘 부합하는 것은 아니다. 그 말은 곧, 펀드 매니저들이 어떤 주식을 얼마 전에 판 것보다 더 많이 다시 사들이거나, 반대로 지불한 것보다 더 낮은 액수로 팔 때가 많다는 것을 뜻한다. 그리고 많은 경우 트레이딩에 따른 수수료가 추가로 든다. 어쨌거나 윈도우 드레싱은 분기마다 흔하게 이루어지는 관행 또는 추세로, 트레이더들은 이를 이용해 이익을 올릴 수 있다. 우리는 우리 고객을 위해 윈도우 드레싱을 활용한 트레이딩을 시행해 수없이 성공을 거두었다. 앞에서 언급했듯이, 이 추세는 시장 전체에 적용될 때가 많다. 그럴 경우, 이것을 분기 말 또는 다음 분기 초에 시장이 어떤 성적을 올릴지 예측하는 추가적인 지표로 활용할 수 있다. 예를 들어, 테크놀로지 주식들이 집단적으로 분기 내내 형편없는 성적을 올렸다면, 분기 마지막 주에는 나스닥 시장이 하락세를 보이는 경우가 많다. 왜냐하면 대부분은 아니라 해도 많은 대형 테크놀로지 기업들이 NYSE보다는 나스닥에 상장되어 있기 때문이다.

어닝 런 시행자

나는 어닝 추세를 여러 해 전에 추적하기 시작했는데, 매우 강력하고 믿을 만한 추세이다. 흔히 인기 있는 모멘텀주들은 매 분기 실적 보고 이전에 10~20퍼센트 이상 가격이 상승한다. 항상 그런 것은 아니지만 대부분의 경

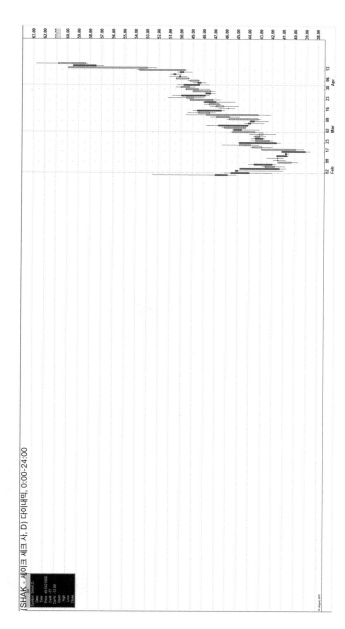

표 13.3 SHAK의 수익 보고 차트

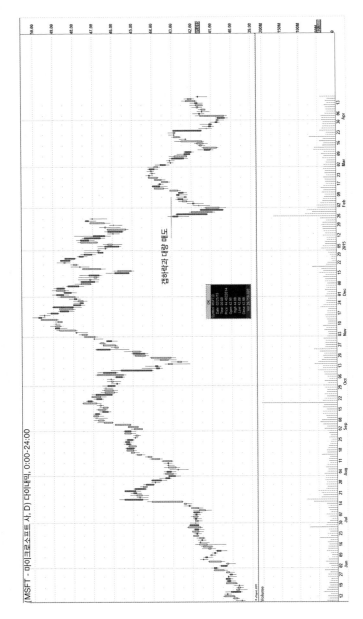

표 13.4 MSFT의 수익 보고 이후 대량 매도 차트

우, 실적 보고가 발표된 뒤에 이런 주식들은, 설령 발표된 실적이 양호하다 해도 다시 가격이 떨어진다. 대개는 '소문에 사고 뉴스에 판다'에 해당하는 상황이 벌어진다. 하지만 때로는 실적 보고 다음 날 개장하자마자 10퍼센트 선에서 대량 매도된 최근의 신규 상장 주식 셰이크 셰크(SHAK)처럼, 급격한 반전이 일어나 그날 중에 녹색이 되기도(상승) 한다(표 13.3 참조). 이런 예측 불가능성 때문에 나는 실적 보고 때까지 주식을 보유하지만 실적 보고가 끝난 뒤에도 계속 보유하지는 않는다. 언제나 그렇듯이, 위험성/이익 비율을 정하고 계획을 세우는 것이 가장 중요하다. 그런데 실적 보고 이후 개장 때 주식이 5퍼센트나 10퍼센트, 심지어 40퍼센트가 오르거나 내린 가격이 되는 상황에서는 계획을 세우기가 어렵다.

추세의 시점 잡기

이 추세는 실적 보고 전, 대개는 수익 보고 5~14일 전에 주식의 가격과 거래량이 늘어나는 것을 보고 해당 주식의 이익이 증가할 것이라는 신호를 깨닫기 시작하면서 잠재적인 트레이딩을 위해 주식을 사는 것이다. 실적 보고가 있는 날에 폐장하기 전이나, 아침에 실적 보고 발표가 있다면 그 전날 마감 때까지 주식을 판다. 시장이 강세일 경우에는 좀 더 일찍 포지션에 들어가는 것을 고려할 수 있다. 반대로, 시장이 약세인 것 같다면 실적 발표가 있을 때까지 기다림으로써 시간에 따른 위험성 노출을 제한하고 싶어질 수 있다. 나는 실적 발표가 있을 때까지 주식을 계속 보유한 적이 거의 없다. 실적 보고 때까지 주식을 보유하는 것은 일종의 도박인데, 왜냐하면 보고 내용이 어떨지 미리 알 길이 없기 때문이다. 실적 발표 때까지 주식을 보유하고 있는데 보고된 수익이 예상보다 나쁘면 큰 타격을 입을 수 있다.

또한 앞에서 언급한 것처럼, 많은 주식들이 실적 보고 뒤에는 설령 보고 내용이 양호하다 해도 대량 매도된다. 몇 번이고 나는 기업이 실적 보고를 근사하게 치르고도 그 뒤로 주식을 대량 매도하는 경우를 보았다. 실적 보고 뒤에 주식이 계속 오를 때도 있는데, 깜짝 놀랄 정도로 큰 폭의 실적 상승이 보고되고 전체 시장이 강력한 상향 추세를 보일 때 특히 더 그렇다. 하지만 실적 보고가 어떨지 미리 알 수 없으므로, 내 의견으로는 위험을 감수할 필요가 없다. 실적 보고가 나오기 전에 파는 것이 상책이다. 그것이 추세다!

위험성 관리

예상치 않았던 뉴스가 터지면서 위험에 처할 수 있다는 것을 늘 염두에 두어야 하며, 동시에 너무 많은 어닝 트레이딩을 진행해서는 안 된다. 사실, 그것은 어떤 추세 트레이딩도 마찬가지다. 어닝 추세가 강력하다고는 해도, 9.11 테러 사건 같은 예상치 않았던 큰 사건 뉴스가 추세의 강도에 상관없이 시장과 당신의 주식을 폭락하게 할 수 있다. 개별 주식 관련 뉴스도 마찬가지다. 어떤 기업이 수익 보고 이틀 전에 폐업을 선언하면, 주가가 오르기는 힘들 것이다. 따라서 하나의 추세를 트레이딩하는 데는 총 자산의 일부만을 이용해야 한다. 윈도우 드레싱 추세와 마찬가지로, 실적 보고 트레이딩이 훌륭한 점은 역시 비교적 짧은 시간단위 동안의 위험성을 정할 수 있다는 것이다. 위험성을 정하고 한정하는 데에는 두 가지 방식이 있는데, 손실 제한 주문을 이용해 금전적 위험성을 미리 정하는 것과 트레이딩할 시간을 조정하는 것이다. 시간에 따른 위험성 노출을 더 줄이고 싶으면, 실적 보고일이 다가올 때까지 기다렸다가 트레이딩에 들어가면 된다. 또한 다른 모든 트레이딩과 마찬가지로, 포지션에 들어가자마자 곧바로 당신의 위험 감수 능력에 따라 손실 제한 주문을 넣어, 어떤 이유에서든 상황이 당신에게 불리해질 때 지나친 금전상의 손실을 입지 않게 해야 한다. 위험성을 미리 정하는 또 하나의 방법은 옵션을 이용해 추세를 트레이딩하는 것이다. 이 추세들 중 많은 것이 사실은 스윙 트레이딩, 즉 며칠 동안 주식을 보유하고 있는 트레이딩이기 때문에, 그리고 주식이 상향 움직임을 보일 가능성이 매우 크기 때문에, 옵션을 이용하는 것은 위험성을 미리 정하고 상승 경향을 최적화할 수 있다.

역사적 관점

실적 보고를 이용해 트레이딩할 때 필요한 것 중 하나는 당신이 관심을 갖는 개별 주식들의 역사에 익숙해지는 것이다. 내가 선택하는 모멘텀주들은 실적 보고에 앞서 상승한 역사를 지녔다는 것을 내가 경험을 통해 알고 있는 주식들이다. 각 분기의 상황에 맞추어 실제 선택을 진행하기는 하지만, 내가 주목하는 몇몇 주식들의 예로는 AAPL, 페이스북(FB), 뱅크오브아메리카(BAC), 암젠(AMGN), GOOG를 들 수 있다. 하지만 여러분이 고려할 수 있는 주식들은 어도비(ADBE), BIIB, 골드만 삭스(GS), AMZN 등, 이 밖에도 많이 있다. 대부분의 경우, 주식들은 실적 보고를 약 1~2주 앞선 시점에서 상승하기 시작하는 경향이 있지만, 주식과 시장의 상황에 따라 달라질 수 있다. 역사적 관점을 지니면, 개개의 트레이딩에 들어가고 나오는 시기를 잡는 데 유리한 위치에 설 수 있게 된다.

어닝 추세의 예들

표 13.5는 FB의 가격 움직임을 보여 주는 차트로, 우리는 이 주식에 대한

어닝 트레이딩을 하라고 회원들을 불러 보았다. 실적 보고를 약 1주일 앞둔 시점에서 가격 폭발이 일어나 실적 보고 때까지 지속된 것을 볼 수 있다.

앞에서 언급했듯이, 실적 보고 때까지 시간이 많이 남아 있을수록, 나쁜 뉴스나 시장 상황 변화로 트레이딩이 당신에게 불리해질 위험성이 더 커진다. 따라서 진입의 정확한 시점은 당신의 위험 감수 능력, 전체적인 시장 상황, 그리고 해당 주식이 역사적으로 실적 보고를 앞두고 어떤 트레이딩 양상을 보였는지에 따라 달라진다. 표 13.6은 실적 보고를 앞둔 AAPL의 가격 움직임을 보여 주는 또 다른 예이다.

이 차트에서 AAPL이 실적 보고를 2주 앞둔 시점에서 5퍼센트 상승한 것을 볼 수 있다. 얼핏 보기에는 그리 대단치 않은 것 같아 보일지 모르지만, AAPL 정도 되는 시가총액과 거래량을 지닌 주식으로서는 무척 큰 움직임이다. FB와 AAPL 같은 대형 주식이 상대적으로 짧은 기간에 이처럼 큰 움직임을 보일 수 있다는 사실은 어닝 추세의 힘을 단적으로 보여 준다. 어닝 추세의 힘이 이처럼 강력하기 때문에 나는 대형 주식들을 어닝 추세로 자주 트레이딩한다. 하지만 나는 약간 더 적은 시가총액의 다른 모멘텀주들을 트레이딩하는 것을 더 선호한다. 그렇다고 유동성이 없는 소형 주식들을 말하는 것은 아니다. 내가 일반적으로 트레이딩하는 모멘텀주들은 상당한 시가총액과 유동성을 지닌 꽤 큰 주식들이다. 트레이딩에 쉽게 들어가고 나올 수 있기 때문이다. 이런 주식들의 몇 가지 예로는, 샌디스크(SNDK), 트위터(TWTR), 링크드인(LNKD), 그루폰(GRPN), 인트렉슨(XON) 등을 들 수 있다. 대형 주식/기업들에 비해 시가총액이 적은 모멘텀주들은 실적 보고에 앞서 더 큰 움직임을 보이는 경향이 있다.

실적 보고를 앞둔 TWTR의 가격 움직임을 보여 주는 표 13.7의 차트를 보

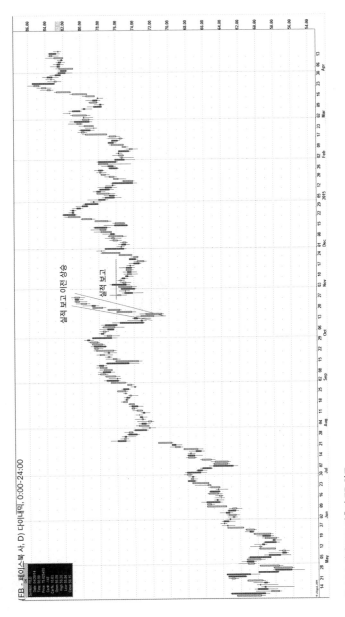

표 13.5 실적 보고 전후의 FB 차트

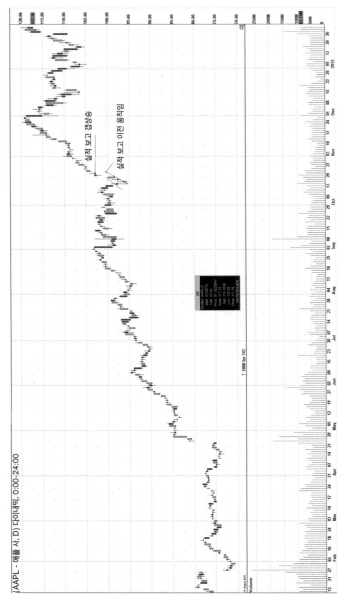

(AAPL - 애플 사; D) 다이내믹, 0:00-24:00

실적 보고 개선율

실적 보고 이전 움직임

13.6 실적 보고 전후의 AAPL 차트

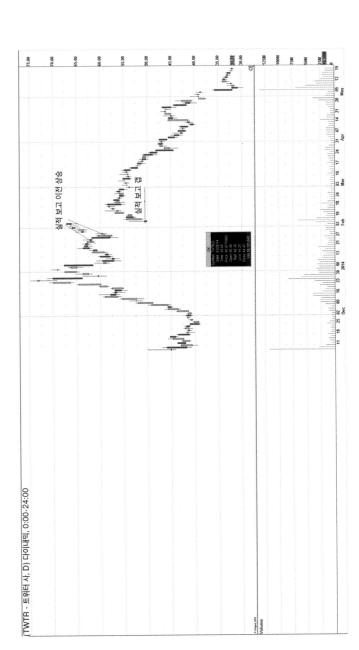

표 13.7 실적 보고 전후, 이후의 대량 매도의 TWTR 차트

라. 이것은 우리가 어닝 트레이딩을 요청한 또 하나의 주식이다. 차트에서 볼 수 있는 것처럼, TWTR은 실적 보고를 앞두고 순조로운 행보를 보였다. 이 주식은 또한 왜 항상 실적 보고 이전에 트레이딩에서 나가야 하는지를 보여 주는 좋은 예이기도 하다. TWTR의 실적 보고 이후에 어떤 일이 벌어졌는지 보라. 주식은 큰 폭으로 갭락해, 실적 보고 이후까지 주식을 보유하고 있던 사람들은 모두 큰 손해를 보았다. 나는 결과를 통제할 수 없는 경우에는 위험을 감수하고 싶어 하지 않는다. 실적 보고 이후에 주식이 오를지 내릴지 알 수 없는데, 무엇하러 위험을 감수하겠는가? 그저 트레이딩을 종료하는 것이 최선이다. 주식이 오른다 한들, 무슨 상관인가? 다른 트레이딩 기회가 널려 있는데 말이다. 당신의 통제를 벗어난 미지의 요소들에 도박을 하는 것보다는 위험 노출을 관리하면서 자본을 보존하는 것이 더 바람직하다.

FOMC 런

FOMC(Federal Open Marke Committee: 연방공개시장위원회)는 금리와 신용 정책을 결정하는 역할을 하는 12인 위원회이다. 오랜 세월 강력한 힘을 발휘한 또 하나의 추세는 금리나 다른 통화 정책 발표와 관련된 FOMC 회의를 전후한 주식 상승과 하락과 관련이 있다. 특히 사람들이 시장에 이득이 될 것으로 보이는 FOMC 발표를 기대할 때는 더욱 큰 힘을 발휘한다. FOMC 발표 이전과 이후에 여러 방식으로 트레이딩을 진행할 수 있다. FOMC 회의를 둘러싼 역학은 흥미로운데, 왜냐하면 그것이 상호 연관된 여러 추세들과 연결되어 있고, 그 추세들은 모두 트레이딩될 잠재성이 있다.

트레이딩 시점 잡기

FOMC 런은 FOMC 회의 1~2주 전에 흔히 발생하지만, 이미 여러 번 언급했던 것처럼 추세는 변하고 우리도 그에 따라 변하거나 타격을 받을 때가 많다. 요즈음에는 움직임이 1~7일 전 아무 때나 일어나는 경우가 많다. 그리고 회의 당일에는 그 밖의 다른 일중 추세들이 작동하는 것을 흔히 보게 되는데, 이 추세들에 이어 여러 날에 걸친 다른 역추세 반응들이 일어나기도 한다. 일반적으로 FOMC 회의 당일에는 변동성이 심한 경향이 있고, 따라서 이때도 역시 현재의 시장 상황을 고려해야 한다. 회의 결과가 어떻게 나올지, 또한 그것이 시장에 긍정적일지 부정적일지에 대한 인식에 따라, 시장은 회의 이전에 상승하거나 하강하는 일이 빈번하다.

FOMC 회의 결과가 발표되면, 대개 뉴스에 대한 매우 빠른 속도의 자동반사적인 또는 충동적인 반응이 나타나는데, 그러고 나서 곧바로 제자리를 찾아가는 그에 대한 역추세가 이어지고, 그런 다음 처음 움직임과 같은 방향으로 또다시 반전이 나타나는데, 이것이 그날 끝까지 이어질 때가 많다. 이 추세는 내가 따라가기 시작한 이래로 거의 100퍼센트의 효과를 거두었다. 나는 주로 FOMC 뉴스 발표에 이어지는 최초의 충동적 움직임에서 기인하는 역추세 반등과, 원래 방향과 같은 방향의 마지막 움직임을 트레이딩한다. 나는 최초의 움직임을 페이드하거나 최초의 급등을 페이드한다, 그러고는 이것을 페이드를 페이드한다고 부른다. 최초의 충동적인 움직임이 상향이든 하향이든 간에, 반대 방향으로 페이드하는 경향이 있다. 이 추세들은 모두 트레이딩이 가능하지만, 그날의 뉴스 발표를 이용해 트레이딩하기 위해

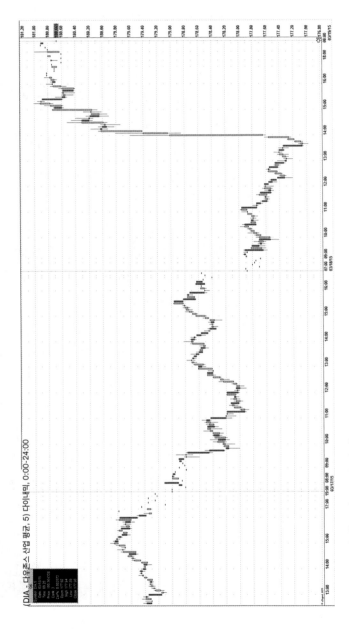

표 13.8 2015년 3월 18일 DIA FOMC 차트

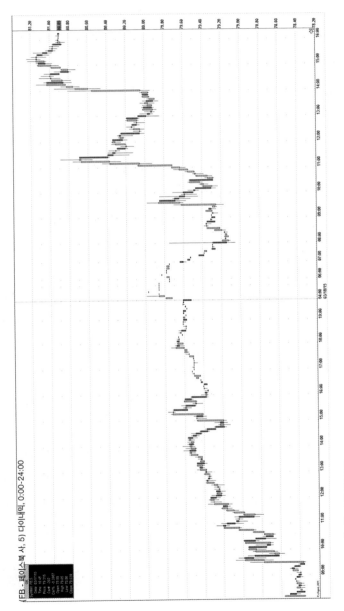

표 13.9 2015년 3월 18일 FB 차트

서는 신속해야 하고 직접 접근형 플랫폼이 있어야 한다. 매우 빠른 가격 움직임에 준비가 되어 있어야 하며, 그에 따라 트레이딩해야 한다. 웹에 기반을 둔 증권사들은 일중 FOMC 움직임을 믿을 만하게 트레이딩하는 데 필요한 주문 접수 및 주문 시행 속도를 갖추고 있지 못한 경우가 대부분이다. (우리나라 증권사의 경우 인터넷과 IT기술의 발달로 이러한 문제는 거의 없다. - 감수자) 일중 FOMC 움직임은 5~10분 정도 지속될 수 있지만, 몇 분 만에 몇 초 사이로 운명이 갈리며 끝날 수도 있다. FOMC 추세를 트레이딩할 때 나는 FB, AAPL, 골드만 삭스(GS) 같은 인기 있는 모멘텀주들을 찾는다. 이 추세를 트레이딩하는 진정한 길은 DIA, SPY, QQQ 등의 상장지수펀드(ETF)들로 트레이딩하는 것이다. 표 13.8은 다우존스 산업평균 상장지수펀드(DIA)를 예로 들어 FOMC의 움직임을 보여 주는 차트이다.

최초에 엄청난 크기의 상승이 있고, 이어서 적당한 규모의 하락이 발생한 다음 결국 시장이 요동치다 마감한 것을 볼 수 있다. 우리는 이 움직임을 월스트리트 전설의 트레이딩 코너(affinitytrading.com)에서 분석했는데, 여기서 나는 시장이 150포인트 정도 하강했을 때 그것을 녹색(green)으로 불렀다. 표 13.9는 같은 시간단위 동안의 FB 차트이다. DIA 차트와 직접적으로 연관된 것을 볼 수 있을 것이다.

모멘텀주를 선택해야 한다면 나는 시장과 함께 움직이며, 더 바람직하게는 시장보다 나은 결과를 내는 경향이 있는 주식을 고를 것이다. 개별적인 주식을 트레이딩하는 것보다 전체적인 위험 노출을 줄이는 쪽을 더 선호한다면, 상장지수펀드 중 하나를 고르면 된다.

1월 효과

1월 효과 추세는 내가 추적한 이래로 한두 번을 빼고 매년 효과를 발휘했던 또 하나의 강력한 추세이다. 1월 효과는 잘 알려져 있고 많은 사람들이 이용하는 추세다. 윈도우 드레싱 추세와 비슷한 추세라 할 수 있다. 사실, 일종의 연말 윈도우 드레싱이라 볼 수도 있다. 이번에도 역시 펀드 매니저들이 자기 장부에 1년 내내 좋지 않은 실적을 거둔 주식들이 올라 있는 것을 원하지 않아서, 한 해의 마지막 분기 어느 시점에 그런 주식들을 팔아 버릴 때가 많다. 1월 효과에 기여하는 또 다른 요소들에는 절세 손실 매도(tax-loss selling), 다음해 초에 시장으로 들어오는 새로운 돈, 펀드 매니저들이 자기가 좋아하는 가치 하락된 주식들을, 특히 연말의 매도로 인해 더 매력적인 가격이 되었기에 되사는 자금 등이 있다. 1월 효과의 결과로 매우 높은 비율의 이익을 올리는 경우를 자주 목격할 것이다.

트레이딩 시점 잡기

조금 이를 수도 늦을 수도 있지만, 일반적으로 분기 초에 대량 매도된 주식들은 약 12월 20일 정도에 1월 효과가 나타나기 시작한다. 이번에도 역시 1월 효과 주식들을 새해까지 장기적으로 보유하고 싶지는 않을 것이다. 1월 효과 주식들은 일반적으로 새해 1월 5일 정도에 대량 매도되기 시작하는 경향이 있다. 이 시기에 이르면 새로운 들어온 뭉칫돈과 이전 매도자들이 시장에 존재하고, 그래서 매수 압력이 줄어들기 시작한다. 나는 대량 매도되었지만 아직 확실한 반등을 보이지 않은 주식들을 즐겨 트레이딩한다. 실제로 내가 매년 선택하는 주식들은 시장 상황과 개별 주식들의 가격 움직임에 따

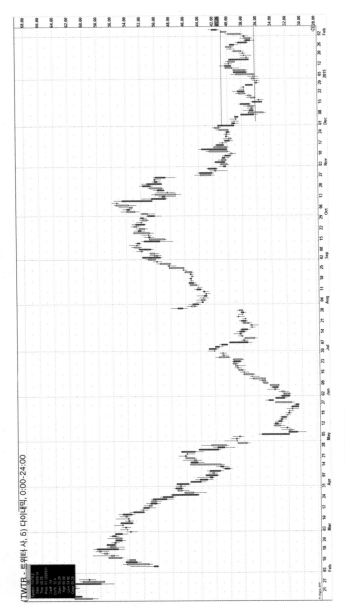

표 13.10 2014년 12월/2015년 1월 TWTR 차트

라 달라지긴 하지만, 2014~2015년의 1월 효과로 우리가 트레이딩한 주식들의 최근 예로는 마켓 벡터 오일 서비스 상장지수펀드(OIH), TWTR, 고프로(GPRO) 등을 들 수 있다(표 13.10의 TWTR 차트 참조).

이 밖에도 나는 스몰캡 기회들을 찾는다. 옵션을 이용해서 1월 효과를 트레이딩하는 것 역시 좋아한다. 이것은 위험성을 정확히 정할 수 있게 해줄 뿐 아니라, 이 덕분에 훨씬 더 고비율의 이익을 올릴 수 있을 때도 많다. 몇몇 경우에는 옵션을 이용해 수백 퍼센트의 이익을 올린 적도 있다. 옵션을 이용해 추세를 트레이딩하는 내 고객들 중 어떤 사람들은 트레이딩에서 수백 퍼센트, 또는 심지어 수천 퍼센트의 이익을 올리기도 했다. 이후 이 주식들은 새해 전반기에 그동안 올린 이익을 모두 도로 잃을 때가 많으며, 그래서 왜 새해 들어 며칠이 지나도록 주식을 보유해서는 안 되는지를 보여 주는 사례라 할 수 있다. 나는 다른 많은 주식들에서 여기에 소개한 예들과 본질적으로 동일한 1월 효과를 보이는 것을 목격했다. 가끔씩 나는 1월 첫째 주에 매도로 1월 효과의 하향 움직임을 트레이딩하기도 하지만, 언제나 그것은 구체적인 시장 상황과 트레이딩의 잠재적 위험성/이익 비율에 달려 있다. 일반적으로, 하향 움직임에 매도에 나서는 것은 상향 움직임에 트레이딩하는 것보다 믿을 만하지 않다.

제14장 당신 자신의 동물의 영을 찾아라

아, 끝에서 두 번째 질문. 당신은 어떻게 당신 자신이 선호하는 전략, 당신 자신의 성공 공식을 발견할 수 있는가? 당신은 어떤 동물의 영을 체화하고 있는가?

지금쯤이면 다음 단계로 나가는 데 무엇이 당신에게 호소력을 갖는지 조금이라도 감을 잡았기를 바란다.

다음 단계

만약 그렇다면, 그리고 내가 설명한 아이디어들 가운데 하나 또는 대여섯 가지가 당신에게 호소력을 갖는다면, 바로 그거다, 그것은 바로 당신이 당신 자신의 트레이딩 계획을 세울 수 있는 방향으로 제대로 나아가고 있다는 소리다! 또는 반대로, 이 책을 읽고 "뭐야, 이건 나하고는 맞지 않잖아."라고 결론을 내리는 것도 괜찮다. 그것도 정말 멋진 판단이다. 멋지다는 것은 기술 분석 용어가 아니라 그저 이해를 돕기 위한 말이다. 중요한 것은, 고객들에게나 당신에게나 나는 같은 말을 한다는 것이다. 즉 이것이 내게 효과가 있다고 해서 반드시 당신에게도 옳은 방법이라는 법은 없다는 것이다. 나는 경력에 관한 문제에서는 옳고 그른 답이 거의 없다는 것을 알게 되었다. 사람들이 결국 하게 되는 일을 하기로 결정하는 데는 수많은 변수들이 작용하고, 그것을 다루려면 책 몇 권은 필요할 것이다. 이것은 개인적 결정, 호소력, 그리고 현실적인 것에 관한 문제이다. 몇 해 전 내 막내딸에게 1형 당뇨병과 몇 가지 다른 질환이 있다는 진단이 내려졌다. 나는 더 이상 예전에 하던 식으로 트레이딩을 할 수 없었다. 이 변화는 너무도 급격해서 적응하는 데 무척이나 애를 먹었고 돈도 많이 잃었다. 나는 계좌를 몽땅 날려 버리고 허우적거렸다. 한 마리 길 잃은 강아지 같았다. 나는 가르치는 일에 지금까지보다 훨씬 더 힘을 쏟기로 결심했다. 우선순위가 변한 것이다. 분명히 내가 그런 변화를 원한 것은 아니었지만, 당시 8살이던 딸을 홀로 돌보아야 하는 홀아버지로서 내게는 선택권이 그리 많지 않았다. 그리고 어쨌건 상관없었다. 인생은 우리에게 레몬을 주는데, 빨아 먹든 그것으로 피자를 만들든 그것은 우리가 결정할 일이 아닌가? 물론 레몬에이드를 만들기로 할 수도 있다는 것은 알지만, 너무 뻔한 일만 하는 것은 지겹지 않은가. 또 내 딸아이는 당뇨병이 있기 때문에 우리는 레몬에이드는 많이 마시지 않기도 하고 말이다!

선택

어쨌거나 우리가 한 일은 2016년이나 2017년까지는 우리 딸아이들을 위한 실질적인 사업이 되기를 바라는 어떤 것의 틀을 짜기 시작한 것이다. 우리는 '엠마와 조엘의 달콤한 하트'라는 이름으로 설탕, 글루텐, 견과류가 없는 디저트 사업에 착수했다. 어쨌거나 우리는 곤경에 빠졌지만 최대한 그것을 긍정적인 것으로 바꾸었다.

어쩌면 당신은 아직 트레이딩을 전업으로 할 준비가 되어 있지 않거나, 그러고 싶어 하지 않을 수도 있다. 좋다, 그렇다면 여기서 논의된 추세들 중 몇몇은 제외해야 할 것이다. 만약 하루 종일 일한다면, 하루 종일 파워 트레이딩을 할 수는 없다. 이런 상황은 당신의 가능성의 지평을 약간 좁힌다. 그렇다면 당신은 얼마나 많은 시간을 트레이딩에 투자하고 싶은가를 자문하고, 그런 다음 얼마나 많은 시간을 트레이딩에 쏟을 수 있는지 자문하게 된다.

나는 모든 것을 문제로 여기거나 피해자처럼 굴기보다는, 모든 것을 선택사항으로 만들려고 한다. 그러므로 이것을 선택사항으로 생각해 보라. 그래, 당신에게는 먹여 살려야 할 세 아이와 개가 있어서 안정적인 직장을 때려치우는 것은 당장은 현실적인(또는 현명한) 선택이 아니고, 따라서 전업으로 트레이딩을 하기를 원한다 해도 지금 당장은 할 수 없을지 모른다. 하지만 그것은 당신이 선택한 결정이다.

끌림의 법칙

끌림의 법칙에 따르면, 우리는 긍정적인 또는 부정적인 생각에 초점을 맞춤으로써 우리의 운명을 통제할 힘이 있다고 한다. 긍정적인 생각에 집중함으로써 우리는 긍정적인 결과를 이끌어 낼 수 있다. 반대로, 부정적인 생각에 초점을 맞추면 부정적인 결과들을 끌어오게 된다. 우주에서 에너지가 같은 에너지를 끌어들이는 것처럼, 같은 것은 같은 것을 끌어들인다. 청구서들이 가득할 것이라고 예상하고 스트레스를 받으며 우편함으로 갈 때 어떤 일이 벌어질지 생각해 보라. 아마 생각한 그대로의 결과가 나올 것이다. 긍정적인 생각을 하려고 노력해 보면, 어쩌면 받을 돈이 좀 더 많은 것을 알게 될수도 있다!

회의적인 사람들은 이 이론을 뒷받침하는 과학적 증거가 없다고 말할 것이다. 하지만 나는 그것이 효과를 발휘하는 것을 몸소 체험했다. 긍정적인 태도를 가지면 나쁜 일이 하나도 일어나지 않는다는 소리가 아니라, 나쁜 일을 다루는 방식이 최대한 긍정적이 될 수 있다는 말이다. 사람들은 여전히 늙어 죽고, 내 딸 엠마는 여전히 소아 당뇨병을 앓고 있지만, 그것에 어떻게 대처할지, 그것을 어떻게 치료할지는 바로 우리 손에 달려 있다. 내 인생 최고의 날 중 하나는 자신의 끔찍한 병에 힘껏 맞서 싸워 온 우리 딸 엠마가 누가 써준 것도 아닌데 내게 이런 말을 했을 때였다. "아빠, 당뇨병이 있어서 기쁘지는 않지만, 기왕에 병을 앓고 있으니까 이 병을 앓는다는 게 어떤 건지 알 수 있게 돼서 기뻐요. 그 덕분에 나처럼 이 병을 앓는 사람들을 도울 수 있잖아요."

당연히 여러분은 우리 딸아이를 모르시겠지만, 이런 말이 한두 해 만에 아이 입에서 나왔을 리는 없다는 것쯤은 알 수 있을 것이다. 우리 아이는 병을 어떻게 다룰지 결정할 준비가 되어 있는 지점까지 이르러야 했다.

우리 사회에서 우리는 부정적인 것들에 절어서 산다. 텔레비전을 켜거나 스마트폰을 들면 무엇을 보게 되는가? 뉴스는 거의 부정적인 일들 일색이다. 뉴스가 하는 최고의 일은 내가 응원하는 팀이 이겼는지 여부를 전해 주는 것이다. 다른 모든 것은 세상이 어디가 잘못되어 있는가, 지금 우리는 무엇을 두려워해야 하는가 등에 관한 것뿐이다.

두려움은 (항상은 아니라도) 대개 진짜처럼 보이는 거짓 증거다. 물론 세 사람이 강도를 당한 어두운 골목을 지나갈 때면 두려워하는 것이 마땅하다. 그것은 건강한 두려움이지만, 많은 경우 우리 모두는 진짜가 아닌 것에 두려움을 느끼는 것 같다. 우리는 재정 파탄을 두려워하고(그런 일은 많이 일어난다), 배우자가 떠날까 봐 두려워하고(아, 내가 겪은 일이다), 아이들이 아플까 봐 두려워하는데, 가끔씩 아이들은 정말로 병이 든다. 이렇게 우리는 많고 많은 일들을 두려워할 수 있고, 실제로 두려워한다. 하지만 여러분에게 말하고 싶은 것은, 나는 바로 지금 이 순간 잘 지내고 있다는 것이다. 미래에 잘 지내는 것이 아니고, 과거를 고치거나 바꾸지도 못한다. 현재를 프레젠트 (present)라고 부르는 것은 그래서다. 그것은 선물인 것이다!

언젠가 배우이자 자선가인 폴 뉴먼의 인터뷰를 본 적이 있다. 이런 질문이 나왔다.

"어떻게 폴 뉴먼이 될 수 있었습니까?"

폴 뉴먼의 대답은 현명하고, 아름답고, 영감마저 주는 것이었다.

"그저 내게 선물로 주어진 것들을 받았을 뿐이죠."

이 말이 얼마나 순수하고 또 진실한지 생각해 보라. 어떤 것이, 또는 어떤 사람이 당신에게 주어졌는데, 그것을 두려움 때문에 물리친 것이 살면서 얼마나 많았던가? 미지의 것에 대한 두려움, 안전함과 가짜 안정을 잃을지도 모른다는 두려움 때문에 말이다. 솔직히 말하면, 우리 대부분은 수많은 선물들을 물리친다. 나는 정말이지 끔찍한 환경에서 자랐다. 모든 것을 두려워하라고 배웠고, 두려워하지 않는 것에 대해서는 죄책감을 느끼라고 배웠다. 그래서 내가 좋아하는 여자아이가 나를 좋아할 때, 나는 내가 싫어서 그 여자아이를 물리치기 일쑤였다. 우디 앨런의 그 유명한 농담처럼 말이다. "나 같은 사람을 회원으로 받아 주는 클럽에는 가입하고 싶지 않아."

트레이딩에 성공했을 때조차, 쉽게 훨씬 더 큰 성공을 거둘 수도 있었을 텐데도, 그 선물을 받아들이는 데 어려움을 겪었다. 수많은 재정상의 실수를 저질렀는데, 웃기는 것은 금전적인 면에서 절정에 올랐을 때, 다시 노숙자가 될지도 모른다는 두려움이 그 어느 때보다 커졌다는 것이다. 아마 이상하거나 말도 안 되는 소리처럼 들리겠지만, 한 치의 거짓도 없는 사실이다. 결국 거리에서 생을 마감하게 될까 봐 너무나 걱정이 되어 잠도 잘 수 없었다. 앞으로 그렇게 될지도 모른다. 인생사에는 많은 굽이가 있지만, 그런 두려움을 품고 살다 보니 필사적으로 트레이딩을 하다가 많은 돈을 잃게 되었다. 당연히 그런 일을 하지 않으려 애써야 한다. 필사적일 이유가 없었지만, 어릴 때 나는 필사적이었고, 오랜 두려움은 쉽사리 극복되지 않는 법이다.

마침내 두려움을 있는 그대로 바라볼 수 있게 된 것은 한참이 지나고서였다. 성공한 많은 사람들이 큰 실패를 겪거나 재정적인 파탄을 경험하고서야 그것이 아무 도움이 안 된다는 것을 깨닫는다. 어쩌면 당신도 그런 경험을 했을지도 모른다.

다 괜찮다! 그것이 내가 여기서 여러분에게 하려는 말이다. 그것에서 무엇인가를 배우고, 변화가 필요하면 다르게 해볼 수 있다면, 무슨 일이든 다 좋은 것이다. 그리고 트레이딩이나 가정생활, 다른 작업, 인간관계와 관련해 당신이 내리는 결정들은, 당신이 마음만 먹는다면 모두 값을 따질 수 없는 소중한 교훈이 되어 준다.

당신은 표범인가?

나는 트레이딩 일로 세계 곳곳에서 수많은 사람들을 만났다. 나는 변할 수 없는 것이란 아무것도 없다고 생각하지만, 인생과 인생을 사는 방식을 바꾸는 것은 말할 수 없이 어려운 과제라고도 생각한다. 어떤 사람들은 자신의 위치를 바꾸지 못한다. 전과자의 재범률이 그렇게 높은 것은 그래서이다. 중심을 바꾸는 데는 엄청난 힘이 든다. 매일 아침 일어나 이것이 '새로운' 내가 될 수 있는 기회라고 진심으로 되뇌어야 한다. 여러분은 어떤지 모르지만, 나는 매일 아침 샤워를 할 때마다 새로운 사람이 된 기분이 든다. 이처럼 간단하고 기본적인 일을 감사한 마음으로 실행에 옮기면(수십억 사람들이 그러지 못한다!) 하루하루를 바라보는 방식과 살아가는 방식에 얼마나 심원한 변화가 일어날 수 있는지, 정말 경이로울 따름이다. 성공하기 위해서는 성공하기로 당신이 마음먹어야 한다.

얼마나 많은 고객들이 내게 '절대로 성공하지 못한다'거나 '늘 잘못된 방법만 택한다'고 말하는지 모른다. 내가 뭐라고 대답하느냐고? 스스로에게 계속 그런 말을 하다가는 그것이 자기충족적인 예언이 되고 만다고, 내 말이 틀린지 두고 보라고 말한다. 당신이 트레이더로 성공할지 장담할 수는 없지만, 이런 짓을 하면 틀림없이 실패한다는 것은 장담할 수 있다. 정말이다.

제15장 선(禪)과 부의 기술

성공을 위해 당신에게 정말로 필요한 것은 무엇인지 생각해 본 적이 있는가? 반사적으로 답을 내놓기 전에, 15분 동안 무엇인가를 써볼 것을 권한다. 말 그대로 종이 몇 장을 가져와—제발 컴퓨터를 이용하지 말기 바란다—적어도 15분 동안 당신에게 성공이란 무엇인가에 대해 적어 보라. 맞고 틀린 답이 있는 것이 아니고, 성적을 매기는 것도 아니며, 당신이 누군가에게 보여 주지 않는 한 볼 사람도 없다.

적어도 15분 동안 적는 것이 중요하다. 왜냐하면 대개 사람들은 처음 5분 동안에는 가슴이 아니라 머리에서 나온 이런 식의 글들을 적기 때문이다. 그들은 '올바른' 것, 즉 정치적으로 옳은 것들을 적는다. '좋은 아빠나 엄마가 되는 것, 나를 사랑하는 친구들이 생기는 것' 등등 말이다. 또는 이렇게 적는 사람도 있다. '억만장자가 되어서 개인 전용 비행기를 타고 다니는 것.' 어느 쪽도 옳지도, 그르지도 않다. 어쩌면 당신이 보기에는 둘 다 옳거나 그를지도 모른다.

이 글은 당신 말고는 아무도 볼 사람이 없는 만큼, 끝없이 솔직해지는 것을 목표로 한다. 우리는 당신을 판단하거나, 당신의 진실에 대해 당신이 불쾌감을 느끼도록 할 생각이 없다. 우리는 그저 당신 내면의 본심이 당신에게 성공이란 무엇이라고 믿는지 솔직하게 적기를 바랄 뿐이다!

사회

우리 사회에서는 많은 사람들이 판단하거나 판단당하는 데는 많은 시간을 들이지만, 우리가 누구이며, 무엇을 의미하는지, 그리고 무엇이 되고 싶은지에 대해 자기 조사를 실시해 진정한 자기를 규정하는 데는 별로 신경을 쓰지 않는 경우가 많다. 세상에서 어떻게 행동하고 싶은지는 중요하다. 당신이 나와 같다면, 우리는 특정한 사람이나 상황에 우리가 어떻게 대응하느냐를 보고 우리가 어떤 사람인지 규정할 수 있다고 믿는다. 과제가 힘겨울수록, 우리의 진정한 자아가 더 확실하게 검증된다.

나는 우리 모두가 완벽한 존재로 출발하는데, 살면서 좋거나 나쁜 온갖 종류의 것들이 우리에게 와서 쌓인다고 믿는다. 우리는 우리 부모님과 친척들의 신념 체계에서 많은 것을 물려받거나, 문제 있는 어린 시절을 보낼 경우, 그분들의 체계에 반항해 정반대로 행동하기도 한다. 대개는 두 가지가 섞인다. 나는 상당한 학대가 이루어지는 환경에서 자랐다. 여기서 자세한 내용을 밝힐 필요는 없을 것이다. 그 부분은 자서전에서 털어놓겠다. 그저 6주 동안 트라우마 치료 센터에 다녔고, 처음 치료를 담당한 여성에게 25년 동안 트라우마 환자들과 함께했지만 내 경우가 최악이라는 말을 들었다는 것 정도만 이야기하겠다. 자랑할 일은 아니고, 그저 그랬다는 말이다. 내가 선택한 일이 아니었다. 사이비 종교를 믿는 집안에서 태어나는 것이 자기가 선택한 일이 아닌 것처럼 말이다.

하지만 인생의 어느 시점에서 우리는 우리 자신, 진정한 자아가 되는 것을 선택해야 한다. 그렇지 않으면 우리는 그저 우리 자신을 가두고 스스로를 부정하면서 살아가게 된다. 무의식적인 선택이지만, 어쨌든 선택은 선택이다.

통제…

…란 환상이다. 우리는 우리 인생에서 많은 것을 통제할 수 있다고 생각하지만, 실은 아주 적은 통제력만을 행사할 수 있다는 것을 나는 경험으로 깨달았다. 아이 때 나는 부모님이 내게 하거나 하지 않는 일을 통제할 수 없었고, 7살부터 9살까지 2년 동안 살았던 두 소아과 병동의 어떤 어른도 통제할 수 없었다. 나는 당신이 상상할 수 있는 모든 방법으로 고문당하는 동안, 매일 신께 도와 달라고 빌었다. 아무 응답도 없었다. 어른이 되어, 나는 7년이 넘는 끔찍한 양육권 분쟁을 벌이면서 호통도 듣고, 모욕과 위협도 받았으며, 재정적으로 파산하기도 했다. 그 일이 시작되기 전에는 내가 경제적으로 안정되어 있고, 나와 아이들이 '부유한' 삶을 살 수 있을 만큼 돈이 있다는 환상 속에 살았다. 하지만 7년 동안 변호사에게 수백만 달러를 갖다 바치고, 전 부인 변호사에게도 자기 수임료를 지불하라고 고소를 당한 뒤, 나는 근본적으로 파산하고 말았다. 내 변호사가 계속 지적하는 바에 따르면 내가 '이겼다'. 막내딸에 대한 양육권을 가졌지만, 내가 '이긴' 것이 아닌 것은 확

실했다.

　그리고 엠마가 제1형 당뇨병과 다양한 다른 문제들을 진단받았을 때, 내가 발휘할 수 있는 진정한 통제력이 얼마나 적은지 지금껏 깨닫지 못했다면, 그때는 확실히 깨달을 수 있었다.

　하지만 이 책의 중심 논지 중 하나는, 우리가 통제할 수 있는 것들이 있으며 그것은 환상이 아니라는 것이다. 트레이더로서 또는 투자자로서 우리가 할 수 있는 일은, 우리 자신을 올바른 때에 올바른 위치에 있도록 설정하는 것이 고작이다. 우리는 트레이딩이 배후에 논리를 갖추어 합리적으로 이루어지도록 설정할 수 있고, 그것을 실행에 옮길 수 있다. 궁극적으로 우리는 결과를 통제할 수는 없지만, '올바른' 트레이딩을 한다면, 우리 숙제를 제대로 해내고, 그냥 되는 대로 눈을 감고 찍거나 벽에 걸린 표적판에 다트를 던져서 트레이딩과 투자를 할 대상을 고르지 않는다면, 대개는 성공할 것이고 성공을 통해 우리의 재정적 자유를 보장할 발판을 마련할 수 있을 것이다! 그것이 우리가 할 수 있는 모든 것이자, 내가 여러분에게 부탁하는 모든 것이다.

　우리가 누리는 이점은 우리의 자리를 선택하는 데 있다. 이 이점을 포기하는 순간, 우리는 우리가 가진 통제력을 포기하는 것이다. 무턱대고 사들이는 것은 성공할 수 있는 재정 전략이 아니라 도박일 뿐이다. 그런데 도박에서조차 다른 방식보다 더 현명한 방법들이 있다.

　포커를 쳐본 적이 있는가? 훌륭한 플레이어는 유리한, 또는 매우 유리한 기회라는 것을 알면 가진 돈을 몽땅 건다. 당신에게 에이스 두 장이 있는데, 딜러가 또 한 장의 에이스를 깔았을 수 있다. 올인할 좋은 기회로 보일 것이다. 상대편이 잭과 텐을 보여 준다 해도 여전히 당신이 이길 확률이 높다. 홀

룡한 포커 플레이어는 제대로 플레이를 펼쳐 이기거나 질 것이다. 그리고 때로는 정말로 진다. 때로는 우리가 제대로 된 트레이딩을 하고도 돈을 잃는 것처럼 말이다. 딜러가 뒤집은 카드가 퀸이라면 식은땀이 살짝 흐를 것이다. 다음으로 뒤집은 카드가 킹이면, 당신이 든 근사한 패는 못 쓰게 되고 만다. 포커에서는 그것을 한 끗 차이 패(bad beat)라고 부른다. 당신이 든 패가 정말로 유리해 보였는데, 딜러가 상대방에게 유리한 카드들만 뒤집은 것이다. 역시 우리가 유일하게 통제할 수 있는 것은 올바르게 움직이는 것이지 결과가 아니다. 설령 다른 사람에게 행운이 돌아간다 해도, 당신이 든 에이스를 활용하는 것이 여전히 최선의 행보다. 우리는 결과는 개의치 않고 계속 올바르게 플레이해야만 한다. 보장되는 것은 아무것도 없지만, 역사를 살펴보면 장기적으로 보면 앞서 나가게 되고, 때로는 한참을 앞서 나가게 된다는 것을 알 수 있다.

돈

나는 아주 가난하게 자랐다. 아버지는 내가 두 살 때 집을 나가 그 뒤로 다시는 얼굴을 볼 수 없었다. 다른 사람들이 그러는데, 그 사람은 몹쓸 인간이어서 아기인 나를 때리고 어머니에게 폭력을 휘둘렀다고 한다. 그는 나만이 아니라 갓 태어난 내 동생도 버렸다. 놀고먹는 아빠라고 할 수도 없었다. 그 사람은 결단코 '아빠'나 '아버지'라는 칭호를 들을 자격이 없다. 그저 놀고먹는 인간일 뿐이었다. 그는 당시 스무 살이던 내 어머니가 혼자서 생계를 이어 가도록 했다. 아이 양육비로 단 한 푼도 내놓지 않았고, 손 하나 까

딱하지 않았다. 우리는 누추하게 살았다. 식료품 구매권과 복지 기금을 받아 연명했고, 어머니가 일자리를 2~3군데를 나갔다. 어머니가 가정부와 보모 일을 해서, 서너 살배기인 내가 혼자서 아기 동생을 돌보아야 할 때가 많았다. 다른 것은 몰라도, 어머니는 최소한 자신과 내 동생 로리와 내가 살아가기 위해 해야 하는 일을 하셨고, 그 점에 대해서 나는 늘 어머니께 존경과 경탄과 감사의 마음을 지닐 것이다.

이런 환경은 내게 돈에 대해서는 물론, 좋은 아버지가 된다는 것은 어떤 것이며 아이들에게 어떤 모습을 보여 주어야 하는지에 대해서도 많은 것을 가르쳐 주었다. 때로는 인생에서 가장 값진 교훈은 가장 힘겨운 경험을 통해서 얻게 된다. 내가 가장 좋아하는 책인 빅토르 프랑클의 『죽음의 수용소에서(Man's Search for Meaning)』에는 우리는 고통을 통해서 가장 절실한 교훈을 깨닫게 된다고 나와 있다. 나는 내가 좋다. 나는 너그러운 사람이고, 나는 나의 그런 점을 좋아한다. 나는 그것을 어린 시절 내가 겪은 시련과 어른이 되어서 맞닥뜨린 시련을 통해 알게 되었다.

돈은 경이로운 선물도, 파괴적인 무기도 될 수 있다. 나는 이 책이 당신이 당신의 재정적 자유를 달성하거나 최소한 그것을 향한 여정을 계속하는 데 도움이 되기를 바란다. 일단 그 목표를 달성하면(열심히 일하고 훈련이 잘 되어 있다면 여러분 대부분은 해낼 수 있다), 다른 사람들과 돈 자체를 어떻게 대하는가가 당신을 가늠하는 시험대가 된다. 돈이 당신의 전부가 되었는가? 아니면 더 나은 사람, 베풀 줄 아는 사람이 되게 해준 유용한 도구—당신 가족과 다른 사람들을 돌볼 능력을 강화해 준 어떤 것—일 따름인가?

이 이야기를 나는 여러 번 했다. 나는 가난해서 비참했고, 가난해서 행복했다. 또한 부자여서 비참했고 부자여서 행복했다. 부자이고 행복한 쪽을 더 좋아하긴 하지만, 부자이고 비참한 것과 가난하고 행복한 것 가운데 하나를 고르라면, 기꺼이 가난하고 행복한 쪽을 고르겠다. 돈으로 살 수 있는 것은 정말 많지만, 흔히들 말하듯 행복이나 사랑은 돈으로 살 수 없다. 그것은 다인의 삶을 더 나은 것으로 만드는 데 이용할 수 있는 도구이며, 당신 역시 앞으로 틀림없이 벌게 될 돈으로 그런 일을 하기를 바란다.

바퀴벌레

이 이야기도 여러 번 했다. 아마 내 어머니와 내 유년 시절에 대한 많은 것을 함축해 보여 주는 이야기일 것이다. 우리는 한때 어느 집 지하실에서 살았다. 집세가 한 달에 155달러였는데, 우리는 그 돈을 낼 수가 없었다. 집세가 한 달이 밀리자, 집주인이 우리를 집에서 쫓아내겠다고 협박했다. 어느 날 어머니가 하루 종일 밖에서 일하다 집으로 돌아왔다가 내가 머리부터 발끝까지 바퀴벌레에 뒤덮여 있는 것을 보았다. 온몸이 벌집처럼 되어 있어서 어머니는 황급히 나를 병원으로 데려갔다. 다음 날 어머니는 시가 상자를 들고 가 집주인 방문을 두드렸다. 어머니는 상자를 집주인에게 건네며 여기 집세를 가져왔다고 말했다. 그러고는 돌아서서 가버렸다. 집주인이 시가 상자를 열자, 안에는 어머니가 잡은 바퀴벌레 155마리가 들어 있었다.

그 시점에서 어머니에게 살아남는 것이 곧 성공이었다. 어머니는 악전고투 끝에 성공을 거두었지만, 어머니 내부의 악마들과도 사투를 벌여야 했다.

진실성

그럼, 다른 무엇을 우리는 통제하는가? 다른 사람들을 대하는 방식과 특정한 상황에 반응하는 방식이다. 바로 우리의 진실성이다. 누구도 우리에게서 진실성을 앗아갈 수 없으며, 그것은 우리의 선택이다. 때로는 어려운 선택인데, 어느 누구도 완벽하지는 않다. 당연히 나 역시 마찬가지다. 여기서 좋은 점이면서 때로는 형편없는 점이기도 한 것은, 소시오패스가 아니면서 지각이 있는 사람들은 무엇인가 잘못을 저지른 것을 알게 되었을 때 결코 그 생각을 정말로 떨쳐 버리지 않는다는 것이다. 옳고 그른 것에 대한 감각을 갖는 것, 우리는 언제나 그것을 안다. 우리가 어떤 것을 가장 생생하게 기억하는 것은 아드레날린이 분출될 때라는 것이 과학적으로 증명되었다. 가장 극적이고 가장 트라우마적인 사건이 우리 기억 속에 각인된다. 어디에 열쇠를 두었나, 언제 피자를 오븐에 넣었던가 같은 다른 일들, 우리는 이런 일들은 쉽게 잊어버린다(나이가 들면 더 그렇다). 나는 6학년 때 … 웬디 K에게 가슴이 납작하다고 말했다가 … 해부학적으로 가장 소중하고 민감한 부분을 걷어 차인 날을 기억한다. 나는 내 생물학적 아버지가 우리를 떠난 날을 기억한다. 나는 두 살이었는데, 그는 내게 테디베어 인형을 안겨 주고는 좀 있다 보자고 말했다. 죄책감을 느끼거나 무섭거나 화가 날 때는, 그로 인해 생물학적 반응이 촉발되어 그 일들을 잊기가 어렵게 된다. 기억하고 싶지 않은 일들조차 말이다.

어머니는 내게 많은 것을 주셨다. 그중 하나가 죄책감을 느끼는 재능과 그 공포였다. 나는 심지어 내가 하지 않은 일에도 죄책감을 느끼는 아이였다! 자라면서 나는 어머니한테서 나를 낳느라 18시간 동안이나 산통을 겪었다는 이야기를 들었다. 어머니는 미처 깨닫지 못하고 내게 그런 말을 하셨을 것이라고 나는 확신하지만, 그 때문에 어머니가 슬퍼하거나 화를 낼 때는 언제나 나는 죄책감을 느꼈다. 숨 쉬는 것조차 죄스럽게 느껴질 때가 있었다! 그래서 적어도 내게는 가장 쉬운 최상의 인생길은 인간으로서 할 수 있는 한 속마음을 열고 솔직해지는 것이었다. 그러지 않으면 괴로워졌기 때문이다. 하지만 그렇게 할 때조차(감사하게도 대부분의 시간은 그럴 수 있다) 그 때문에 괴로워지기도 한다. 하지만 한 가지만큼은 확실한데, 내가 진실성을 유지하면 나 말고는 어느 누구도 내게서 그것을 앗아갈 수 없다는 것이다. 어떤 상황이 아무리 힘겨워 보여도, 올바른 일을 하는 것은 흔히들 말하듯 궁극적으로 자신을 자유롭게 한다!

선(禪)

그나저나 이 모든 것이 트레이딩과 무슨 상관이란 말인가? 사실은 무척 큰 상관이 있다. 트레이딩과 인생에서 거둔 성공의 대부분은 그에 대해서는 생각도 안 하고, 결과에 개의치 않을 때 일어났다는 것을 나는 깨달았다. 잘 나가는 포커 선수에게 '한 끗 차이로 질 때' 기분이 나빴느냐고 물어보면, 십중팔구 "네, 기분 더럽죠. 하지만 언제라도 똑같이 칠 겁니다."라고 대답할 것이다. 트레이더로서 우리가 할 수 있는 것은 '올바른' 트레이딩을 하는 것이 전부다. 우리는 선(禪) 트레이딩을 하는데, 마음을 비우고 올바른 결정을 내리는 것이 그중 일부다. 이 책에서 내내 이야기했던 것처럼, 결과는 우리가 통제할 수 있는 것이 아니고, 우리는 다만 트레이딩을 계획하고 계획을 트레이딩할 뿐이다! 그렇게 하면 장기적으로 성공을 거둘 때가 많다는 것을 나는 깨달았다. 단기적으로는 물론 부침이 있다. 나는 그 순간에 온전히 집중하며 큰 그림을 그리는 사람이 되려고 노력한다. 그것이 나의 '선'이다. 우주의 흐름에 따르는 것은 우리 인간들에게 너무도 중요하다. 정말로 그렇다. 인생은 우리에게 수많은 변화구를 던진다. 나는 당신이 얼마나 돈이 많은지 또는 돈이 없는지에는 관심이 없다. 지금 이 순간 우리가 얼마나 건강한지에도 관심이 없다. 그런 것들은 어느 순간에도 중요치 않다. 나는 정말 정말 힘겨운 유년 시절을 보냈지만, 지금은 성인이 되었고, 이미 말한 것처럼 통제할 수 있는 것이 많지 않지만 매 순간 순간 내가 내리는 결정들을 통제할 수 있으며, 통쾌하게도 어떤 일이 있든 내가 원하는 그런 사람이 될 수 있다.

어린 시절의 트라우마를 치유하는 데 도움이 되었던 것 중 하나가 바로 용서였다. 피아 멜로디, 존 브래드쇼 같은 위대한 치유자들과 심지어 빅토르 프랑클 같은 사람도 우리에게 가르친 것이 바로 그것이었다. 자라면서 나는 분노가 치밀어 올랐고 어른이 되어 그 분노를 늘 가슴에 품고 다닌 적도 있었다. 나와 내 동생, 우리 어머니를 버렸다는 이유로 나는 내 생물학적 아버지를 증오했다. 나는 나를 성추행하고 고문했던 인간들이나, 나와 내가 있던 그곳의 다른 많은 아이들 같은 어린아이들에게 이런 비인간적인 짓을 하는 것을 못 본 척 눈감아 준 인간들을 증오했다. 그리고 그 증오가 나를 집어삼켰다. 나는 그 모든 인간들이 비참한 최후를 맞기를 바랐고, 온통 복수를 꿈꾸거나 나 자신을 측은히 여기며 시간을 보냈다. 나는 오래도록 자기연민에 빠져 있었다. 술을 마시고, 약을 하고, 고통에서 도망치기 위해 할 수 있는 일이라면 무엇이든 했다.

그런데 어떻게 되었는지 아는가? 그들을 용서하고 최고의 '복수'는 최고로 성공하는 것이라는 것을 깨닫기 시작하면서, 그 모든 것이 사라지기 시작하더니, 나는 치유되고, 삶의 여러 영역에서 성공을 거두기 시작했다. 증오와 그런 일이 안 일어났더라면 하는 바람으로 보낸 그 모든 시간들은 한 마리 짐승을 키웠을 뿐이다. 그 짐승은 분명히 내게 아무 도움이 되지 않았다. 그저 시설에 갇혀 있게 하고, 내 자신의 운명을 창조하는 것을 방해했을 뿐이다. 나는 가해자들을 용서하고, 이런 일이 왜 일어났는지 이해하려 하기보다는 더 큰 그림을 바라보는 것으로 나 자신을 치유해야 했다. 내가 나 자신을 사랑하고 나 자신에게 친절하다면, 그런 일들이 왜 일어났는지, 또는 왜 일어날 것이지 따위는 중요하지 않다. 중요한 것은 내가 큰 그림을 바라보는 것이며, 그 그림은 훌륭하고 정직한 사람, 딸들에게는 좋은 아버지, 사람들 틈에서 남을 배려하고 베풀 줄 아는 사람인 내 모습을 담은 그림이라는 것이다. 내 자신에게 진정으로 사랑받는 사람이 되어야 비로소 다른 이들에게도 진정으로 사랑받는 사람이 될 수 있다.

매 분, 매 시, 매일마다 우리는 우리 삶을 다시 시작해 우리가 되고 싶어 하는 사람이 될 수 있다. 다른 사람들과 우리 자신을 어떻게 대할지 우리는 선택할 수 있다. 우리는 고개를 당당히 들고 세상을 활보하고, 참석한 자리의 분위기를 환히 밝힐 수 있다. 올바른 트레이딩을 하면서 재정적 자유를 성취하기 위한 올바른 길을 가기로 결정할 수 있다!

선택은 현명한 선택을 내리는 한, 경이로운 것이다. 당신도 현명한 선택을 내리기를 바라며, 이 책이 당신의 가장 올바르고 고결한 자아를 향한 길을 가는 데 도움이 되는 통찰력을 당신에게 선사하기를 바란다!

제16장 당신은 어떤 동물의 영인가?

    지금까지 여러 다른 추세와 전략들, 돈 관리, 황소와 곰, 그리고 다른 동물들에 대해 이야기했으니, 이제 마침내 당신이 어떤 동물의 영인지, 어떤 동물의 영이 되고자 하는지를 결정할 때가 왔다.

    다음은 넷실릭 에스키모의 '마법의 언어'라는 시에 나오는 구절이다.

태초의 시간에

인간과 동물들이 함께 지상에 살 때,

사람은 원하면 동물이 되고

동물은 원하면 사람이 될 수 있었네.

때로는 사람

때로는 동물

서로 아무런 차이도 없었네.

모두 함께 같은 언어로 말했네.

퓨마가 되어 에고(ego) 없는 지혜를 구현할 수 있는가? 장애물과 장벽을 없애며 인내와 조용한 자신감을 나타내는 코끼리는? 아니면 날렵하고 강하며, 용기와 예리한 시력, 그리고 통찰력을 지닌 독수리는? 누가 그 영을 보여 주려는가?

우리는 우리의 트레이더 자아를 발견하는 데 필요한 약간의 작업을 했는데, 대부분은 우리 자신이 누구라고, 또는 현재 누구라고 생각하는지 정의하는 것이었다. 이제는 누가 되고 싶은지를 정할 시간이다. 트레이더로서 또한 인간으로서 당신 자신의 운명을 창조할 시간인 것이다.

끌림의 법칙을 따르며, 생겨날지도 모르는 의구심에도 불구하고, 또한 과거에 입은 손해에도 불구하고, 성공하기로 결심할 준비가 되었는가?

만약 이미 성공을 거두었다면, 성공해 더 큰 성취를 이룰 준비가 되었는가?

지금의 당신과 앞으로 되고 싶은 당신에 대한—이 세상에서 어떻게 그것이 되고 싶은지에 대한—책임을 받아들일 수 있다면, 당신은 성공적인 트레이더가 되거나, 당신의 최고의 자아를 이루는 길을 찾아 나설 준비가 된 것이다.

무엇을 선택하든, 당신은 실패하러 이 세상에 나온 것이 아니라는 것을 늘 기억하라. 실패를 인생의 가장 크고 중요한 교훈으로 본다면, 실패란 환상에 지나지 않는다.

우리는 모두 속담에서 말하는 말에서 떨어진다. 말이 열정과 개인의 의욕을 상징하고, 길들 수도 야생에서 뛰놀 수도 있는 몇 안 되는 동물이라 해도 말이다. 우리는 모두 떨어진다. 그것이 인생이다. 우리로서는 어쩔 수가 없다. 문제는, 일어나 다시 말에 오르느냐, 아니면 포기하고 마느냐이다. 굶주린 사자는 몇 번이나 추격에 실패하더라도 계속 들소를 사냥하려 할까? 먹을 것이 간절하다면 그럴 것이다. "그래요, 하지만 실제로 사냥을 하는 건 암사자고, 수사자는 보호자 역할을 해요"라고 말할 수도 있겠지만, 처음 자부심에 금이 갈 때, 사자들은 스스로 사냥하는 법을 배워야 하며 … 그렇지 않으면 죽는다.

트레이더로서 당신은 당신 스스로 해야 한다. 사냥하는 법을 배우거나 아니면 굶을 수밖에 없다. 이 책을 읽으면서 당신은 스스로 사냥하는 법을 배우고 있다. 여기서 배운 것을 실전에 적용하기 시작할 때, 난제들이 생길 것이고 그 어려움에 어떻게 대처하느냐에 따라 당신은 결국 실패하거나, 살아남거나, 아니면 번창할 것이다.

긍정적 태도, 난관을 견뎌 내고 그것을 교훈으로 삼을 수 있는 능력, 그것이 당신을 성공으로 이끌 것이다.

여러분, 그저 성공하는 데 그치지 말고 번창하기 바란다.

당신은 어떤 사람이 될지, 당신 인생을 어떻게 다룰지를 통제할 수 있다. 가슴 깊은 곳에서는 위대한 동물의 영일 수 있지만, 그래도 당신은 결국 인간이다.

평화, 사랑, 모든 이를 밝히는 빛이 되고 당신의 길을 찾아 최고의 자아를 이루고 최상의 목적을 달성하기를 바란다.

주식, 나만의 원칙을 찾아가는 여정

감수자 신혁승

먼저 지금 현재 이 책을 손에 들고 있는 독자들에게 묻고 싶다.

"여러분들은 왜 주식을 하려고 하나요?"

이 질문은 내가 방송이나 강의 등을 할 때 꼭 물어보는 내용이다. 어쩌면 너무나 당연한 것이 아닌가.

그렇다!

우리는 부자가 되고 싶기 때문에 주식을 하는 것이다.

만약 이렇게 당연하면서도 뻔한 답을 바로 하지 못한 독자들은 다시 한 번 주식 투자에 대해 생각해 보기 바란다. 물론 이미 몇십 억 몇백 억 이상을 보유한 자산가들이라면 위의 질문이 의미가 없다. 그들은 그저 주식이 전체 자산의 포트폴리오 일부에 불과하기 때문일 것이며 이 책을 읽고 있을 시간도 없을 것이기 때문이다.

이 책을 펼친 독자들이라면 부자가 되기 위한 열망이 있는 사람들일 거라 나는 믿고 싶다.

주식 투자를 하는 이유가 단지 저금리 시대에 은행이자보다 좀 더 나은 수익을 내기 위함이라든지 주식 투자를 통해 좀 더 경제를 배울 수 있고자 한다든지 이러한 답을 한다면 나는 과감하게 주식 투자는 당신의 몫이 아니라고 말하고 싶다.

주식이란 자산은 엄청난 리스크를 안고 하는 것이다. 돈을 잃을 수도 있다는 말이다. 편하게 은행이자보다 나은 수익을 내고 경제를 좀 더 공부하기 위한 수단이라고 하기엔 위험이 엄청나단 말이다. 피와도 같은 돈을 잃을 때의 고통은 말로 표현할 수가 없다.

주식 시장은 그리 만만한 곳이 아니다. 세상 그 어떤 산업보다 진입 장벽이 높다고 말하고 싶다. 즉, 아무나 주식 투자로 성공을 거둘 수는 없다.

나는 통계학과를 졸업한 덕분에 2000년 말 가장 인기가 있었던 직종인 카드사 리스크관리 부서에 취업하게 되었다. 정확히 10년을 채우고 좀 더 큰 꿈을 찾고자 아니 부자가 되고자 안정적인 회사를 그만두고 증권사의 문에 노크를 했다. 연봉 1억짜리 정규직에서 연봉 1200만 원짜리 계약직으로 신분이 바뀐 것이다.

그러나 얼마 시간이 지나지 않아 예전 직장보다 훨씬 많은 연봉을 받을 수 있었고 증권업계에서도 주식 투자에서도 나름 인정받는 위치까지 올라오게 되었다. 지금은 누구보다 주식투자로 인해 행복한 삶을 살아가고 있다고 생각한다.

필자도 처음엔 많은 시행착오가 있었다. 역정보에 속아 소위 말해서 한 종목에 모든 것을 걸었다가 다음 날 감자 발표를 하면서 하한가 5방을 맞고 간신히 매도 후 와신상담 바로 산 주식이 당일 장마감 후 대규모 주주배정 유상증자를 발표함에 따라 하한가 2방! 총 7일 연속 하한가를 맞아 본 적도 있다.

그러나 그때 좌절하지 않고 정말 처자식을 생각하며 미친 듯이 매일 엄청나게 주식 공부를 했고 여러 방식 중에 나에게 맞는 방식을 찾아내어 원칙 있는 투자를 이어 간 끝에 나름의 성공이란 열매를 딸 수 있었다.

서론이 너무 길었다. 이 책은 시중에 나와 있는 교과서적인 주식 서적 중에 하나일 것이다. 이 책을 보면서 필자가 평소 느끼고 실행하던 주식 투자에 대한 철학이나 투자법 등과 배치되는 부분도 있었고 일치하는 부분도 있었다.

또한 미국 시장을 기초로 책을 써내려간 탓에 다소 국내 시장에 적용될 수 없는 부분도 있었지만 중요한 것은 이 책의 저자처럼 주식 투자로 성공한 사람들의 철학이나 원칙 있는 투자법들은 모두 접해 보는 것은 매우 중요한 사항이다.

나 또한 주식 시장에 입문하면서 많은 서적을 읽었고 다양한 성공스토리를 가지고 있는 사람들을 만나서 묻고 또 물었다. 그러면서 여러 시행착오를 겪었고 그 중에 나에게 맞는 철학과 투자법을 익히게 되었다.

감수자인 내가 말하고자 하는 것은 바로 이것이다. 나에게 맞는 투자 그리고 더해서 그것을 원칙 있게 실행하는 것이 주식 투자에서 성공을 할 수 있는 첫걸음이란 것이다.

이 책에 포함되어 있는 내용들이 독자들에게 부자가 되게 해준다고는 말할 수 없다. 다만 독자들이 앞으로 자신에게 맞는 투자법을 찾아가는데 하나의 이정표 역할 정도는 충분히 할 수 있다고 본다.

특히 이 책은 데이 트레이딩을 통해 하루하루 자그마한 수익을 챙기는 기술에 대해서는 나름 알찬 내용을 지녔다고 판단된다.

주식 투자는 만만치 않다.

아니 매우 어렵고 힘든 여정이다.

그 여정 속에 이 책이 독자들에게 큰 도움이 되길 기대한다.

여러분 모두 부자가 되는 그날을 기원하며…

옮긴이 이병무

서울대 동양사학과를 졸업하고 십 년간의 편집자 생활을 거쳐 지금은 번역과 책 만드는 일을 하고 있다. 옮긴 책으로는 『알라산의 사자들』, 『끊어지지 않는 사슬: 2천7백만 노예들에 침묵하는 세계』, 『한 번 해도 될까요?』, 『수도원에 간 CEO』, 『스프링치킨』 등이 있다.

노숙자에서 백만장자가 된 주식의 신

글   마이클 파네스
옮긴이 이병무
감수   신혁승
디자인 김태형
발행일 2016년 5월 30일 초판 1쇄

발행처 다반
발행인 노승현
출판등록 제2011-08호(2011년 1월 20일)
주소 서울특별시 금천구 가산디지털1로 196 1003호(가산동, 에이스테크노타워 10차)
전화 02-868-4979 팩스 : 02-868-4978

이메일 davanbook@naver.com
홈페이지 http://davanbook.modoo.at
블로그 http://blog.naver.com/davanbook
페이스북 www.facebook.com/davanbook